互联网时代的
企业财务会计实践发展研究

姜小花 崔 改 刘玉松 著

中国商业出版社

图书在版编目（CIP）数据

互联网时代的企业财务会计实践发展研究 / 姜小花，崔改，刘玉松著. -- 北京：中国商业出版社，2022.6
ISBN 978-7-5208-2088-2

Ⅰ.①互… Ⅱ.①姜…②崔…③刘… Ⅲ.①企业管理—财务会计—研究 Ⅳ.①F275.2

中国版本图书馆 CIP 数据核字 (2022) 第 107227 号

责任编辑：袁开春

中国商业出版社出版发行

（www.zgsycb.com　100053　北京广安门内报国寺1号）
总编室：010-63180647　编辑室：010-63033100
发行部：010-83120835/8286
新华书店经销
北京虎彩文化传播有限公司印刷

＊

710毫米×1000毫米　16开　12.25印张　248千字
2022年6月第1版　2022年6月第1次印刷
定价：50.00元

＊＊＊＊

（如有印装质量问题可更换）

前 言

　　企业财务会计是以货币为主要计量单位，采用专门的方法和程序，对企业的经济活动进行完整、连续、系统的反映和监督，旨在为会计信息使用者提供会计信息、提高经济效益的经济管理活动。同时，企业财务会计又是一种会计信息系统，为企业内外信息使用者提供及时、准确、全面、系统的会计信息，以便他们作出正确的决策。

　　在互联网时代，互联网成为连接一切的中心，促进了各行业的融合发展。互联网也改变了传统财务会计活动，提高了会计核算的充分性，改变了会计信息的载体和信息存储方式，加快了信息处理、披露和使用的及时性，增强了信息的共享性，赋予了传统财务会计理论和实务新的特征。本书立足互联网时代，通过对当前企业财务会计的现状分析，阐述了企业如何运用互联网更好地为决策者和投资者提供会计信息，降低企业经营风险。

　　本书重视知识结构的系统性和先进性。在撰写上突出以下特点：第一，内容丰富、详尽、系统、科学。第二，实践操作与理论探讨齐头并进，结构严谨，条理清晰，层次分明，重点突出，通俗易懂，具有较强的科学性、系统性和指导性。

　　在本书的策划和编写过程中，作者曾参阅了国内外相关文献和资料，从其中得到启示；同时也得到了有关领导、同事、朋友及学生的大力支持与帮助，在此致以衷心的感谢。由于笔者学识水平有限，书中难免存在不足，敬请同行和读者指正，以便进一步完善、提高。

作　者
2022 年 5 月

目 录

第一章 互联网与企业财务会计 1
    第一节 互联网时代企业财务会计的基本前提 1
    第二节 互联网时代企业财务会计的特点 4
    第三节 互联网时代企业经营环境分析 7

第二章 互联网对于财务会计的作用与影响分析 14
    第一节 互联网时代对会计数据及会计工作的影响 14
    第二节 互联网对企业竞争优势的影响 20
    第三节 互联网对企业财务决策的影响 27

第三章 互联网时代企业财务会计信息的处理 46
    第一节 互联网时代企业财务会计概念框架 46
    第二节 企业财务会计信息的特征 48
    第三节 互联网时代企业财务信息的处理内容 50
    第四节 互联网时代传统会计及会计电算化的区别与创新 55

第四章 互联网时代企业财务会计信息系统的构建 60
    第一节 企业财务会计软件的功能与运用 60
    第二节 事项驱动财务会计信息系统的分析与设计 68
    第三节 企业财务与业务信息处理一体化运作模式构建 78

第五章 互联网时代企业财务的内部控制 87
    第一节 互联网时代企业财务内部控制的特点 87

第二节　互联网时代增强企业财务内部控制的措施 ················· 89
第三节　互联网时代企业财务内部控制体系的设计 ················· 99

第六章　互联网时代企业财务会计与电子商务 ··············· 108
第一节　电子商务对传统财务系统的影响 ························· 108
第二节　互联网时代电子商务环境下企业财务会计发展的新趋势 ····· 113
第三节　电子商务企业"流量支持"业务的会计处理 ················· 115

第七章　互联网时代企业财务会计战略与模式的创新 ········· 120
第一节　互联网时代商业模式创新 ······························· 120
第二节　互联网时代的财务管理与企业战略创新 ··················· 126
第三节　互联网时代税收筹划的挑战与战略创新 ··················· 133
第四节　互联网时代成本管理战略创新 ··························· 139
第五节　互联网时代财务决策战略创新 ··························· 143

第八章　互联网时代企业财务会计管理技术与方法的创新 ····· 146
第一节　互联网时代预算管理创新 ······························· 146
第二节　互联网时代筹资活动创新 ······························· 153
第三节　互联网时代投资活动创新 ······························· 157
第四节　互联网时代分配活动创新 ······························· 161
第五节　互联网时代财务报告创新 ······························· 164

第九章　互联网时代企业财务会计信息风险防范 ············· 168
第一节　互联网时代企业财务会计信息风险的类别 ················· 168
第二节　互联网时代防范企业财务会计信息风险的措施 ············· 174
第三节　互联网时代企业运用云会计的风险与防范 ················· 181

参考文献 ··· 188

第一章
互联网与企业财务会计

第一节 互联网时代企业财务会计的基本前提

财务会计的基本前提是保证会计信息有效性必不可少的条件，也称为财务会计的基本假设。它是组织和开展财务会计工作必须具备的前提条件，是必须首先明确和解决的基本问题。不具备这些条件，不明确和解决这些基本问题，就不能有效地开展财务会计工作。财务会计基本前提包括会计主体、持续经营、会计期间与货币计量。

一、会计主体

会计主体是指使用会计的具体单位。要进行会计工作，首先要明确为谁记账、算账、报账的问题。

从理论上说，会计主体的规模并无统一的标准，可大可小。它可以是一个独立核算的经济实体，一个独立的法律个体；也可以是不进行独立核算的内部单位、班组，一个非法律个体。但是，从财务会计的角度来看，会计主体应是一个独立核算的经济实体，特别是需要单独反映经营成果与财务状况、编制独立的财务会计报告的实体。

二、持续经营

持续经营是指作为会计主体的企业，其经营活动将按照既定的目标持续下去，在可以预见的将来，不会面临破产、进行清算。这是绝大多数企业所处的正常状况，这样的会计主体，其所有资产将按照预定的目标在正常的经营过程中被耗用或出售，它所承担的债务也将如期偿还。对于处在持续经营状况的企业，在进行会计确认、计量、记录和报告时，要采用非清算基础，要着眼于企业的可持续发展。财务会计的一系列方法都是以会计主体持续经营为前提的，只有在持续经营的前提下，企业的资产才能按历史成本计价，固定资产才可以按其使用年限计提折旧。

对于处在非持续经营状况的企业，则要采用清算基础，着眼于清算资产和清算损益的核算。如果企业不具备持续经营的前提条件，而是已经或即将停止营业，则需要处理其全部资产，清理其全部债权债务。在这种情况下，会计处理要采用清算基础。

三、会计期间

对于持续经营的企业来说，既然在可以预见的将来，它不会面临停业清算，企业就不能等到结束其经营活动时才去进行结算和编制财务会计报告。为了定期反映企业的财务状况和经营成果，向有关各方提供信息，需要清楚划分会计期间，即人为地把持续不断的企业生产经营活动，划分为较短的经营期间。会计期间通常为一年，称为会计年度。从理论上讲，将会计年度的起讫点定在企业经营活动的淡季（如果有的话）比较适宜，因为在企业经营活动的淡季，各项会计要素的变化较小，便于对会计要素进行计量，特别是便于计算确定本会计年度的盈亏，而且由于淡季的经济业务较少，会计人员有较为充裕的时间办理年度结算业务，便于及时编制财务会计报告。将会计年度的起讫日定在营业活动的淡季也有其局限性，这主要表现在淡季资产负债表所反映的年末财务状况往往缺乏代表性，例如，年末所反映的短期偿债能力有可能比年中其他时间的结果要好。

会计期间分为年度和中期。中期是指短于一个完整的会计年度的报告期间，如季度和月份。

四、货币计量

货币计量是关于会计的计量尺度的规定，是指会计主体在会计的确认、计量和报告过程中，选择货币作为基础进行计量，是由货币本身的属性决定的。货币是一般等价物，是衡量一般商品价值的共同尺度，具有价值尺度、流通手段、储藏手段和支付手段等职能，而其他计量单位只能从某一个侧面反映企业的生产经营情况，无法在量上进行汇总和比较，不便于会计计量和经营管理。因此，为全面反映企业的生产经营活动和有关交易、事项，会计选择货币作为基本计量单位。当然，统一采用货币计量也存在缺陷，如某些影响企业财务状况和经营成果的因素，如企业经营战略、市场竞争力等，往往难以用货币来计量，但这些信息对企业至关重要，对于使用者决策也很重要。为此，企业可以在财务报告中补充披露相关非财务信息，以弥补货币计量的缺陷。

五、互联网对会计基本前提的影响

传统的会计理论是建立在一系列假设的基础上，当互联网走进人们的生活后，传统的会计的基本前提都受到了一定影响。

（一）对会计主体的影响

在互联网时代，会计主体发生了变化，很多网络公司都是临时的结盟体，没有固定的经营场所，可能几台电脑、几个工作人员就可以开展日常业务。传统的会计主体要到工商部门进行注册登记后才能合法经营，会计主体的消失也要去工商部门进行注销。有时网络公司为了完成一个共同的目标，在短时间内结合成一体，当特定的目标完成后则立即解散，对此类在未来可预见的时间内解散的公司，持续经营的基本前提就被破坏了。

（二）对持续经营的影响

持续经营是指假定企业在可预见的未来持续生产经营下去，不会破产或清算。有了持续经营假设，进行资产的计价和收入配比、费用分配就有了依据。在传统会计中，企业在不能持续经营的条件下适用清算会计。而在互联网环境中，虚拟公司可能会随时终止经营，持续经营假设就不存在了。在这种情况下，是使用清算会计还是使用新的理论体系是亟待研究的问题。

（三）对会计分期的影响

在互联网环境中，网络虚拟公司的一笔业务可能很快完成，也可能在网络交易结束后虚拟公司就解散了。若是这种在很短的时间内就消失的虚拟公司，仍要人为地划分会计分期似乎没有多大的意义。另外，在互联网环境中，企业的会计信息可以随时进行统计和生成相应报表，对于进行会计分期也并不十分必要。

（四）对货币计量的影响

传统会计中，我国以人民币作为计量本位币，以外币为主要业务往来的可以先采用外币作为计量本位币，但编制报表时仍要折算成人民币。在互联网环境中，突破了时间和空间的限制，不同货币之间的交易变得非常容易和频繁。同时，各国货币的汇率处在不断变化之中，这时还以人民币作为计量本位币的话，会计信息收集显得十分困难。因此，在互联网环境中，很可能出现一种公认的电子货币作为计量单位，以准确地反映企业的经营情况。

第二节　互联网时代企业财务会计的特点

一、企业成本结构发生变化

（一）传统生产制造企业的成本结构

企业总成本包括变动成本（变动费用）和固定成本（固定费用）两部分。变动成本包括直接材料费、销售费、变动人工费、研究开发费及其他费用等，固定成本包括人工费、折旧费、辅助材料费、能源费（动力费）、修缮费、租赁费、管理费、办公费及其他费用。

应该说明的是，由于国家、制度和历史的原因，不同企业在成本结构的设计、科目的设置及定义上会有一定的差异，但并不影响成本分析和成本控制方法的共通性。

（二）互联网时代企业的成本结构

进入互联网时代，企业的经营方式发生了一定变化，成本结构也随之产生了一定改变。下面以电子商务营销的成本结构为例，介绍互联网时代企业的成本结构。

一般而言，企业的营销活动表现在两个方面：一是对内部的控制和管理，二是对外部市场和客户的宣传和服务。对开展电子商务营销来说，其成本结构可以从内部和外部两个方面进行分析。

1. 内部成本结构

电子商务营销的有效实施，需要一些基本的硬件成本、软件成本和人力资源成本等，这些构成了企业开展电子商务营销的内部成本。

（1）硬件成本

电子商务营销离不开计算机、计算机网络和各种软件的支持。因此，硬件设备的购置和安装费用，包括实施电子商务营销所必需的计算机辅助设备的购买开支以及服务器、路由器和交换机等，都是企业开展电子商务必不可少的设备，而这些设备的发展和更新换代是十分迅速的，因此，硬件的投入和更新是一项经常性、长期性的投资项目。

（2）软件成本

软件成本包括系统软件部分和后期开发的应用系统的开发成本。在电子商务营销中，软件是企业成败的关键，网络硬件设备必须依靠软件开发才能发挥作用，软件开发费用包括管理软件开发费、独立域名的注册费、空间租用费和网页设计费等，这些都是企业必须投入的成本。由于软件的发展速度很快，生命周期较短，软件的应用成本相当昂贵。

（3）电子商务营销的运行费用

企业的电子商务网站建立后，需要及时更新网站上的信息，并对软硬件系统进行维护。企业信息技术部门需要倾注大量的精力提供系统维护、信息管理等服务，以确保对业务部门的技术支持，保证网络系统的可靠性、安全性和效益。

（4）人力资源成本

实施电子商务营销需要得到管理信息系统员的支持，也需要一批电子商务专业人才的参与和支持，这是电子商务营销成本的一部分。尤其是许多企业由于电子商务人才资源缺乏，就必须加强人力资源培训，这在无形中增加了员工的培训费用。大多数培训在电子商务营销实施前进行，另外还有对员工的在职培训。在职培训让正在从事电子商务营销的员工进行进修和深造，以了解、学习新技术和有关标准的新变化。

2. 外部成本结构

（1）推广成本

电子商务营销推广的目的是提高企业网站或网页的访问量，以达到营销目标。网站的经营者应该利用互联网的特性和自己对目标市场的准确定位，让更多的潜在客户关注该网站并成为购买者。采用的方法，可以通过在主要搜索引擎注册，向行业网站请求链接及交换链接，以及在访问量较大的网站中做广告；也可以通过传统媒体，如电视、报刊和户外广告等来提高知名度。随着电子商务营销进入微利时代，企业销售额虽不断攀升，但企业却始终难以盈利，其重要原因就是营销推广成本的居高不下。

（2）物流配送成本

电子商务营销的最终目的是为电子商务交易的最终完成提供条件，只有通过配送，才能使物流活动得以实现，使交易最终完成。因此，企业在评测企业成本时必须关注配送成本。配送是按用户的订货要求，在物流据点进行分货和配货工作，并将配好的货物送交收货人的活动，它是集流通加工、整理、拣选、分类、配货、配装和运送等活动于一体的增值服务。在我国，物流的发展状况滞后于电子商务的发展，成为制约电子商务营销发展的瓶颈。目前的现实是：互联网的覆盖范围要远远大于物流配送的覆盖范围，由于物流配送覆盖范围小，导致有效客户少，进一步加大了物流成本。企业的电子商务营销应该选择合理的、有盈利的配送体系，在满足特定的顾客服务水平与配送成本之间寻求平衡。

（3）售后服务成本

由于网络购物通过图片、文字等介绍商品，而非实物销售，消费者拿到手的商品和预期比较或多或少都会有差距。由于市场竞争激烈，企业纷纷承诺一定时间内无条件退、换货或其他售后服务。因此，一般电子商务的售后服务成本比例远远高于传统零售企业。

不同商业模式下导致成本结构不同。渠道费用、库存费用等这些曾经看似理所当然的成本，由于都不是客户所关注和愿意承担的，将在互联网时代被颠覆。因此，合理的成本结构是财务管理的重点工作。

二、运营成本降到最低

互联网时代的一个最大优势是其体现边际成本递减原则，即网络用户资源越多，成本就越低。随着网络化程度的不断提高，互联网时代的企业财务会计作为云计算经济时代一个不可缺少的组成部分，也把这一特点发挥得淋漓尽致。随着互联网技术与手机客户端的结合，互联网企业价格优势和便利性凸显，互联网企业运营成本控制存在一定优势：（1）互联网企业可以运用计算机将有效信息和资源整合，科学地提高管理效益和水平。同时通过远程信息交流和沟通，大幅节约了管理成本。（2）运用互联网储存商品信息，建立库存系统，库存信息掌握准确。通过互联网向供应商订货，订货成本低同时获得最优折扣。利用互联网将采购、生产、销售等信息即时对接，有助于存货管理。在网上直接下单，完成交易迅速，减少程序，降低了采购成本。（3）互联网企业信息传递便捷，能以低成本跨越时间和空间实现信息交换。企业运用网络优势进行直销，降低中间商利润分成。互联网企业相互合作，在网络平台上发布免费广告，降低了销售成本。

除此之外，企业并购时，互联网财务会计也可以有效降低企业的并购成本。（1）凭借网络财务会计，企业财务部门可随时知晓并购对象及市场的信息，并根据新情况适时调整方案来反馈给决策者，还可借助互联网通过了解并购企业的业务伙伴与竞争对手信息，估算出其真正的价值，寻找出合适的并购时机。（2）降低谈判与交易成本。并购战场现在不仅扩展到全国，全世界的并购热潮在网络财务的助威下也如火如荼地进行，以至于市场上经常出现许多的"空中飞人"。网络财务还可帮助企业直接在网上与对手进行讨价还价，不仅省去路程时间，还会产生更高的效率。尤其对上市公司的并购而言，网络财务适于证券市场电子交易系统的支付结算系统使股票成本大幅降低。（3）互联网财务会计可以进行完善的数据分析和资本预算建模，使决策者只需点击鼠标，便能得到最优的方案。互联网财务会计使企业拥有最低的运营成本。互联网财务体系下，组织的所有信息系统不再是单独存在的，实现了企业信息的交互。财务数据能实时动态地反映组织的经营情况与经营成果，实现财务和业务的协同。互联网财务支持的协同，从内部使财务各部门的资金准备、预算控制、网上结算、网上支付等工作和业务部门工作能够同时进行，充分发挥了财务部门的反映和控制各类经济活动的职能；从外部使企业可将处理得出的账簿报表及时推送到企业的门户网站或者送到有关部门，实现了电子询价、自主报税等工作，能够和其他工作同时完成。正是因为借助这种协同作用，将社会资源实现了最优化配置，将企业乃至全社会的运营成本降到了最低。

总之，互联网时代的企业财务会计能使企业降低运作成本，减少低效劳动，实现利润最大化，同时优化了企业的财务状况，从而吸引更多投资者与客户，使企业运营在激烈的市场竞争中占有优势。

三、企业财务弹性更强

财务弹性是指企业适应经济环境变化和利用投资机会的能力，具体是指公司动用闲置资金和剩余负债的能力，应对可能发生的或无法预见的紧急情况，以及把握未来投资机会的能力，是公司筹资对内外环境的反应能力、适应程度及调整的余地。财务弹性的这种能力来源于现金流量和支付现金需要的比较。当企业的现金流量超过支付现金的需要，有剩余现金时，企业适应性就强。因此，通常用经营现金流量与支付要求（指投资需求或承诺支付等）进行比较来衡量企业的财务弹性。互联网时代，市场变化极其迅速，企业很容易被市场淘汰，因此，企业必须以更快速度应对市场变化，财务弹性要更强。随着以客户为主导的市场环境的确立，市场环境发生显著的变化，企业更容易被模仿，导致创新更快，因此，必须快速应对市场的变化。竞争节奏的加快也使产品/行业的生命周期呈现不断缩短的趋势，并且缩短速度还在不断加快。如果企业不能持续地实现战略性创新，那么就有可能卷入同质性的竞争。

较强的财务弹性可以使企业在大目标不变的情况下，作好产品创新，以适应市场竞争。也就是说，财务管理要考虑到一些不确定性的状况，当调整出现的时候，要及时根据这种变化予以调整。

第三节 互联网时代企业经营环境分析

一般来说，企业外部环境可以概括为四类，即政治（Political）、经济（Economic）、社会（Social）和技术（Technological）。本节将运用PEST分析法分析互联网时代下企业经营环境。

PEST分析就是指对政治、经济、社会和技术等企业外部环境所进行的系统分析。

一、政治环境

政治环境主要是指政治变革、国家法律、政府机构的政策法规以及各种政治团体对企业活动所采取的态度和行动，还包括一些重大的政治事件。政治环境的变化显著地影响着企业的经营行为和利益关系，一个国家或地区政治与社会稳定是大多数企业顺利进行经营活动的基本前提。

国家要大力推行"'互联网＋'政务服务"，实现部门间数据共享，让居民和企业"少跑腿、好办事、不添堵"。

在全球新一轮科技革命和产业变革中，互联网与各领域的融合发展具有广阔前景和无限潜力，已成为不可阻挡的时代潮流，正对各国经济社会发展产生着战略性和全局性的影响。我国积极发挥互联网已经形成的比较优势，加快推进"互联网＋"发展，重塑创新体系，激发创新活力，培育新兴业态，创新公共服务模式，对实现创业创新，增加公共产品、公共服务"双引擎"，构建经济发展新格局，实现高质量发展具有重要意义。

二、经济环境

经济环境主要是指经济发展的规模与速度、人均国内生产总值、消费水平和趋势、金融状况以及经济运行的平稳性和周期性波动等。与其他环境力量相比，经济环境对企业的经营活动有着更广泛、更直接的影响。

（一）经济发展速度

改革开放以来，我国经济总体上保持高速发展，发生了历史性的深刻变化，与此同时，我国的综合国力显著增强，我国已连续20年成为世界上吸引外资最多的发展中国家，世界500家最大的跨国公司已有400多家来我国投资生产。这为企业进一步发展创造了更为有利的条件。

（二）购买力

根据经济学原理，一个市场的形成不仅需要人口，而且还需要社会购买力。一个有效的市场就是由一定的人口数量和社会购买力两个因素构成的。

随着我国社会主义市场经济体制的不断完善，以及政府宏观调控能力的增强，我国经济持续增长，平稳运行。经济的持续增长和平稳运行将为企业带来更加宽松的发展环境。

此外，企业还应密切关注其他经济因素变化的影响，如利率、汇率、贸易政策等。人们对外国货币的需求是由于用它可以购买外国的商品和劳务，外国人需要其本国货币也是因为用它可以购买其国内的商品和劳务。本国货币与外国货币相交换，就等于本国与外国购买力的交换。因此，用本国货币表示的外国货币的价格也就是汇率，决定于两种货币的购买力比率。由于购买力实际上是一般物价水平的倒数，两国之间的货币汇率可由两国物价水平之比表示，这就是购买力平价说。从表现形式上来看，购买力平价说有两种定义，即绝对购买力平价和相对购买力平价。

绝对购买力平价是指本国货币与外国货币之间的均衡汇率等于本国与外国货币购买力或物价水平之间的比率。绝对购买力平价认为，一国货币的价值及对它的需求是由单位货币在国内所能买到的商品和劳务的量决定的，即由它的购买力决定的，因此，两国货币之间的汇率可以表示为两国货币的购买力之比。购买力的大小是通过物价水平体现出来的，根据这一关系式，本国物价上涨将意味着本国货币相对外国货币的贬值。

相对购买力平价弥补了绝对购买力平价一些方面的不足。它的主要观点可以简单地表述为：两国货币的汇率水平将根据两国通胀率的差异而进行相应的调整，它表明两国之间的相对通货膨胀决定两种货币之间的均衡汇率。

三、社会环境

社会环境是指人类生存及活动范围内的社会物质、精神条件的总和。社会环境一方面是人类的物质文明和精神文明发展的标志，另一方面又随着人类文明的演进而不断地丰富和发展。社会环境按所含的要素可以分为三类：一类是物理社会环境，包括建筑物、道路等；二是生物社会环境，包括驯化、驯养的植物和动物；三是心理社会环境，包括人的行为、风俗习惯等。下面主要对近几年兴起的平台经济、共享经济、微经济、电子商务进行论述。

（一）平台经济

平台是互联网经济时代最重要的产业组织形式。平台企业并不生产真正有形的产品，而是通过参与动态的价值网络，为客户提供一系列的创新服务，收取适当的费用或赚取差价获得收益。这种组织形式的最大特征是有效搭建双边或多边平台，通过这一平台来连接两类或更多类型的终端顾客，让他们进行交易或者信息交换。随着互联网经济的快速发展，平台企业演化出平台经济产业已是大势所趋。

（二）共享经济

共享经济最早由美国得克萨斯大学社会学教授马科斯·费尔逊（Marcus Felson）和伊利诺伊大学社会学教授琼·斯潘思（Joe L.Spaeth）发表的论文《群落结构和协同消费》中首次提出。在论文中，两位教授用"协同消费"（Collaborative Consumption）来描述这样一种生活消费方式，其主要特点是个体通过一个第三方市场平台，实现点对点的直接商品与服务交换。

在全球范围内，各种类型的共享经济模式快速发展，它们在创造一种新的经济模式的同时，也对传统经济模式提出了挑战。关于共享经济模式的讨论，已不仅限于商业和经济范畴，同时也成为许多国家政府制定新政策所关注的议题。

（三）微经济

微经济与其说是一种经济模式，不如说是一种在科技进步下的经济形态。广义的微经济是指以最小化经营成本为目标的可以充分灵活安排产销量高低的微型企业以及其生存体系；狭义的微经济则特指随着互联网的普及以及网上交易平台的建立，通过网络和外包的物流系统接收小额高频订单和安排销售的网络商户。

相比传统的经济模式，微经济不需要复杂的企业运行体系和频繁的商务人员往来，甚至不需要车间厂房。它可以理解为脱离组织生产所创造的经济，充分的灵活性使微经济基本没有传统意义上的进入壁垒，因此，随着广大的微经济主体进入网络商户的范畴中，在淘宝网、eBay等购物网站上用支付宝等网上交易体系购物时，我们就不知不觉地参与到了微经济中，与微经济主体以及作为第三方平台的网络共同构建了一个完整的微经济链条。目前，这些网上小额交易已成为微经济的重要组成部分。

微经济主要具有以下几个明显的特征：一是不需要过多的固定成本的投入；二是主要通过技术创新的方式来降低自己的成本；三是对市场的变化反应敏感，并能根据变化的市场需求，迅速调整自己的产品类别，促进产品结构的快速优化。也正因为如此，它对风险的抵抗能力会更强，其优势在金融危机中得到了充分体现。金融危机对传统零售行业的打击很大，而网络销售额却持续上升，经济收益相当可观。

微经济也并不是商业发展的终极模式。作为对传统经济模式的一种补充，微经济在一定程度上会刺激商业模式的不断改善，并且对经济社会兼容性与适应性的提升也极为有益。微经济在迅速成长的同时，也存在着一些明显的弊端。例如，由于企业规模微小以及严格的成本控制，微经济主体往往不会主动进行大量的科技研发，也很少会生产、销售高附加值的产品。

（四）电子商务

研究发现，现今网络购物出现了新的特点：一是人们更注重购物的品质，愿意为了高品质商品支付更多的价钱，如购买有机生鲜、全球优质商品等；二是人们更关注智能产品，智能扫地机器人、智能冰箱、智能洗衣机等商品销售量均有明显增长；三是新产品消费迅猛，洗碗机、家用摄像头等新商品非常受现代人欢迎。

农村电商的发展也带动了我国整体的网络购物消费。随着全球经济一体化的发展，跨境电商带动了海外消费的能力，使我国电子商务全球化的发展越来越快。另外，国民人均收入提升、年轻群体成为网络消费主力等，也是网络购物消费升级的重要因素。

线上与线下融合更加紧密，不断向数据、技术、场景等领域深入扩展。电商企业正在不断探索在数据、供应链、支付、物流、门店、场景、产品等全方位实现整合互通和优势互补。伴随融合不断深入，线上线下边界模糊化、零售业态碎片化、消费场景智能化的全新商业形态正在形成。以便利店为代表的线下零售业态成为市场布局热点，多家便利店企业获得巨额融资。

在互联网时代，数据已成为商业竞争中企业重要的无形资产和制高点。菜鸟物流与顺丰物流数据接口之争就深刻反映了当前市场对于数据的争夺。如何获取数据以及界限，如何构建开放、公平、安全的数据信息共享机制，已成为政府和企业共同面对的问题。

四、技术环境

像经济环境一样，技术环境变化对企业的生产和销售活动有直接而重大的影响，尤其是在面临原料、能源严重短缺的今天，技术往往成为决定社会发展的关键因素。同时，技术水平及其产业化程度高低也是衡量一个国家和地区综合实力和发展水平的重要标志。

财务信息的处理依靠财务系统完成，而财务系统的特定目标和功能的实现要靠一定的会计数据处理技术的运用。随着科学技术的进步，特别是计算机的出现，会计数据处理技术不断变化，经历了从手工处理到机械处理再到计算机处理的发展过程，财务系统也随之经历了从手工财务系统到机械化财务系统再到电算化财务系统的发展过程。

电算化财务系统就是指以计算机为主的当代电子信息处理技术为基础，充分利用电子计算机能快速、准确地处理数据的特性，用计算机代替手工进行会计数据处理并部分代替人脑运用财务信息进行分析、预测和决策等的财务信息系统。20世纪70年代末，我国财会工作者将计算机应用于会计工作，并由此提出了"会计电算化"这一具有中国特色的会计术语，其实质就是电算化财务系统。当时的电算化财务系统，只是将人、纸质凭证、算盘等构成手工财务系统的要素改变成了人、磁介质数据、计算机等，只是用计算机代替了人脑的计算、储存，并没有突破财务部门内部的范围，没有实现与其他部门及企业的连接，还是一种封闭式的工作方式，信息孤岛问题较为突出。从 20 世纪 90 年代开始，一方面，计算机技术从单机逐渐向局域网及互联网方向发展；另一方面，企业已不再满足于电算化核算，而是希望进一步实现财务控制、管理和决策支持的计算机化，网络环境下的财务系统也就应运而生了。

网络环境下的财务系统是电算化财务系统的进一步发展，是基于电子商务背景，以网络计算技术为依托，集成先进管理思想和理念，以人为主导，充分利用计算机硬件、软件、网络基础设施和设备，进行经济业务数据的收集、传输、加工、存储、更新和维护，全面实现各项会计核算及财务管理职能的计算机系统。一方面，网络环境下的财务系统对外可安全、高效、便捷地实现电子货币支付、电子转账计算和与之相关的财务业务电子化，对内可有效地实施网络环境下的财务监控和管理系统；另一方面，网络环境下的财务系统是一个可对物流、资金流和信息流进行集成化管理的大型应用软件系统。

网络环境下的财务系统是一个人机系统，它不但需要硬件设备和软件的支持，还需要人按照一定的规程对数据进行各种操作。网络环境下的财务系统的构成要素与电算化财务系统相同，包括硬件、软件、人员、数据和规程，只是在具体内容上更为丰富。

（一）硬件

网络环境下的财务系统主要由服务器、工作站、移动终端及其他办公设备通过网络通信设备联网组成。

（二）软件

网络环境下的财务系统的硬件要发挥作用，必须有一套与硬件设备匹配的软件支持。网络环境下的财务系统的软件包括系统软件和应用软件。系统软件是指管理、监控和维护计算机资源的软件，包括操作系统软件、通信软件、数据库管理软件和系统实用软件等。应用软件是指为了解决用户的实际问题而设计的软件，如通用网络环境下的财务会计软件和专用网络环境下的财务会计软件。

（三）人员

网络环境下的财务系统的核心人员包括两类：一类是系统开发人员，包括系统分析员、系统设计员、系统编程和测试人员等；另一类是系统的使用人员，包括系统管理员、系统维护人员及系统操作人员等。除此之外，向系统提供信息的各种人员，如供应商、客户、政府主管部门人员及分析师等也是网络环境下的财务系统不可缺少的运行要素。

（四）数据

网络环境下的财务系统的数据来自企业内、外部的多个渠道，主要包括：外部环境数据，如宏观经济数据、消费者偏好数据等；外部交易数据，即企业与其他企业或个人发生的经济业务，如采购业务和销售业务；内部业务数据，如发放工资、产成品入库等；会计核算数据，如往来业务核算、成本核算、期间费用核算等。

（五）规程

网络环境下的财务系统的规程包括两大类：一类是政府的法令、条例等，另一类是维持系统正常运转所必需的各项规章制度，如岗位责任制度、操作管理制度、软硬件维护制度、安全保密制度等。

当前技术环境存在一些问题，主要有以下两点。

1. 互联网基础设施建设急需完善和提升

互联网时代应该先建好基础设施，包括网络基础设施、数据基础设施和标准接口的基础设施。

对于数据基础设施的建设，应加大政府对互联网数据资产管理的重视程度与力度，主要是适度的合理开放，条件成熟时设立数据资产交易所机制，促进数据资产的交易。

对于互联网标准接口的基础设施工作而言，重要性则在于让大家研发的产品能互相兼容，相互适配。因此，应建立统一的标准，促进开放与协作。

我国在基础设施建设方面投入巨资，在拉动经济增长的同时，也改善了投资环境，但是在互联网基础设施投入方面还不够，今后应加大该方面的投入。

2. 信息安全和支付安全问题急需解决

互联网的连接与聚合能力提升，对人类社会的影响巨大，但是硬件、互联网等方面存在的安全隐患也与日俱增，这些问题如果不能够得到解决，一方面会对互联网造成巨大的破坏，另一方面也会影响用户对互联网的信心。网络安全主要集中在信息安全与网络支付安全两大方面。例如，"勒索病毒"（Wanna Crypt）疯狂攻击全球上百个国家，无数宝贵资料被病毒加密锁定。根据360威胁情报中心的统计，在短短一天多的时间，全球近百个国家的超过10万家组织和机构被攻陷。由此可见，网络安全问题始终值得关注。

总之，要使企业和消费者从技术发明和新产品应用中获益。对于绝大多数企业来说，注重技术环境的变化，接受和利用新技术，是认识环境、适应环境、实现高质量发展的必然要求。

第二章
互联网对于财务会计的作用与影响分析

第一节 互联网时代对会计数据及会计工作的影响

财务数据是企业财务战略管理的核心,它记录了企业经济活动和资金运转的详细情况,通过财务数据的处理和分析,能够发现企业运行中的问题和风险,进而实施有针对性的财务管理,扩大收入,压缩成本,实现企业利润的增加。财务数据又是企业实行财务管理的基础原料,在互联网时代背景下企业处理财务数据的思维应进行重要变革。这主要体现在两个方面:一是财务数据的容量增大,要处理与财务有关的所有数据,而不是抽取部分数据;二是财务数据要更加关注非财务信息,通过可扩展商业报告语言、会计综合报告等工具的运用,使财务数据系统成为一个立体化的企业综合信息系统,为企业管理者提供全方位、相关度高、准确度高的决策信息。

基于大数据的处理和分析,可以使企业财务数据实现重大变革,为企业带来巨大的价值增值。财务工作的对象是相关的财务数据,这一本质特征决定了在互联网时代,财务工作必定会随着大数据的发展而不断改革创新。会计数据作为企业数据的核心,顺应互联网时代潮流,财务数据已由原来简单的核算记录工具转变为影响企业经营决策的重要因素,是企业在日常经营过程中重点关注的战略资源。同时,在数据的来源、价值、形式等方面呈现出了重要的新特征,这对企业的财务管理工作提出了新的要求,也是企业重新审视财务战略的新契机。大数据推动企业管理的变革表现为数据的资产化、企业拥有数据的规模和活性,以及收集和运用数据的能力,这些将决定企业的核心竞争力。掌控数据就可以深入洞察市场，从而作出快速而精准的应对策略。

从财务管理工作的发展历程看，复式记账法的出现使经商开始纳入数据化管理的轨道。大数据是一种无形的信息资产，数目繁多并且变化多端。因此，在数据处理的环节，相关的专业人员要拥有果断的解决问题的能力、较强的洞察问题的能力。如果使用传统的数据处理方法，则很难控制好数据信息。尤其是大数据中的图像和视频，以及非数据化的内容导致了数据的处理过程变得十分复杂。互联网时代所拥有的数据规模大、产生速度快和时效性强的特性，要求企业要先进行有效的存储，再进行管理和使用。目前，大数据和财务融合的价值已经引起世界范围相关专业人员的关注。财务信息作为企业经营过程中价值运动的数据结果，影响着信息使用者的决策。互联网时代是建立在相关性基础上的，不同于之前的因果性研究。也可以说互联网环境下，相关性的研究将为企业财务战略的研究和制定提供全新视角。

一、互联网时代会计数据的新特征

从财务工作的流程上看，会计工作包含了会计确认、会计计量、会计记录、会计记账四个环节。每一笔业务的发生都必须经过原始凭证、记账凭证、明细账、总账的流程进行会计处理，企业每天所进行的大量的经营活动都必须通过财务数据的形式反映出来。因此，会计工作的过程就是大量纸质数据处理的过程。财务管理工作是通过专业的财务分析方法对会计核算的财务数据进行专业、全面的分析，为企业的经营成果进行合理评估。会计工作是数据核算处理的过程，财务管理工作是数据利用的过程，因此，财务工作是与大数据息息相关的管理工作，互联网时代的发展必然会带动财务工作的发展。

（一）会计数据的来源从以"结构化"数据为主导转变为以"非结构化"数据为主导

结构化数据主要采集来源是非关系型数据库，与其他数据库相比，其对于数据格式的约束没有那么严格。随着信息技术的不断发展，半结构化、非结构化数据的来源与价值变得越来越丰富，它们对结构化数据的取代不仅从数据数量上体现出来，而且还从提供的价值量上体现出来。静态结构化会计数据是由传统的运营系统产生的，通常情况下，结构化数据是以一维表的方式进行保存和管理，它是传统的数据库管理系统的重要组成部分。静态非结构化数据是通过现代科技设备产生的，在数据的管理过程中只能采用非关系型数据库将其保存。动态实时会计数据是与智能设备用户的地理位置、交易信息、使用场景相关联的。动态实时会计数据信息是大量的实时数据流，非结构型的会计数据来源较为广泛，如来自传感器的各种类型数据、移动电话的GPS定位数据、实时交易信息、行情数据信息、用户的网络点击率等，像网上书店这种通过互联网发展起来的电商，通过存储顾客的搜索路径、浏览记录、购买记录等大量非结构化数据来分析顾客的购买倾向，设计算法来预测顾客感兴趣的书籍类型。在开展会计工作过程中，这些都是需要考虑的重要会计因素。这些非结构化的会计数据直接影响了会计数据的构成。

在如此多样化的数据结构中，可获得的数据常常是非结构化的，因此，传统的结构化数据库已经很难存储并处理多样性的大数据。对于企业会计人员而言，要把握新型数据中的巨大价值，进行深入挖掘，挖掘得越多就越有竞争优势。

（二）会计数据的价值从简单的"数据仓库"转变为"深度学习对象"

传统的会计数据，更多地被企业看成一种数据仓库，随着互联网时代中非结构化数据的大量涌入，原有的从数据仓库中简单提取数据已经无法最大限度实现数据的价值，数据成为使用者深入学习的对象，其价值得到更好的体现。对数据的深入学习，要求使用者必须对数据进行文本分析、自然语言处理、深入挖掘内容等，才能够最大限度地获得数据的内在价值。会计数据分析工作是企业在信息管理方面的重要内容。早期的会计电算化主要是面向操作型的，会计凭证、账簿和报表都没有可靠的历史数据来源，不能将会计信息转换为可用的决策信息。随着信息处理技术的应用，企业可以利用新的技术实现会计数据的联机分享，同时还引进了统计运算方法和人工智能技术对数据仓库进行横向和纵向的分析，将大量的原始数据转化为对企业有用的信息，提高了企业决策的科学性和可操作性。在互联网背景下，会计数据分析改变了以往的传统关系数据库模式，将非结构化会计数据和动态实时会计数据纳入数据分析的范畴，使企业可以根据这些信息进行定性和定量的分析，以便为企业对会计数据进行定向分析作好准备。

（三）会计数据具有实时更新的新特征，更多时候表现为一种动态的"流数据"形式

会计数据所具有的实时更新的新特征，所表现的"流数据"形式，要求企业在处理会计数据时形成流处理的思想，目前比较广泛地运用于实时在线销售、实时售后服务、实时信息反馈等领域。在会计数据的流处理中，要借助于计算模型、人工智能等，这其实是前文"深入学习"的补充，只不过"流处理"中体现的是机器自动对会计数据进行"深入学习"。

（四）会计数据处理由原来的集中式转变为分布式

在互联网背景下，数据量的指数化发展趋势明显，数据分析的样本空前大，数据分析处理的时效性要求更高，因此，使现在的数据会计处理方式与传统的会计处理方式不同。

第二章 互联网对于财务会计的作用与影响分析

在计算全体和在线的数据时需要改变原来的集成式计算结构,企业要积极采用分布式或者扁平式的会计数据处理方式,以便能够跟上时代的步伐。企业在进行会计数据处理的时候可以采用 Hadoop、MapReduce 或者 Storm 计算架构,该计算架构在会计数据的处理方面各有优势,同时也有自己不可避免的缺点,企业在选择会计数据计算架构的时候,应根据企业自身的具体情况进行选择,谨慎地对各种计算架构进行综合分析和了解,以便适应不同类型会计数据计算的需要,为下一步的会计数据分析工作奠定基础,从而更好地为企业提供信息服务。数据处理中的重要工作内容是数据清理、数据清洗和数据验证等,工作人员只需在相应的电子设备中设定好相应的清洗和验证程序。这不仅改变了以往的人工数据清洗方式,而且数据会更真实,误差会更小。这在提高数据处理工作效率的同时,也提高了数据处理工作的质量。

(五)会计数据输出形式由图表化转向可视化

在以前的会计数据输出工作中,企业大多采用图表的形式来报告企业的会计信息,如财务报表等,而在互联网背景下,企业改变了以往的信息输出形式,将复杂的会计数据转化为直观的图形,通常会综合采用图形、表格和视频等方式将数据进行可视化呈现。同时,企业也可以采用 API、XML 和二进制等接口输出形式来输出数据,以便更好地将信息传达给信息内部和外部使用者,为企业进行决策提供数据支持。例如,社交网络的语音、图像、视频、日志文件等,这些都是可视化的会计数据输出形式,并且随着互联网时代的发展,新的数据来源与数据形式也会不断出现。像 1 号店、淘宝商城这样的电商就可以记录或搜集网上交易量、顾客感知、品牌意识、产品购买、社会互动等行为数据,以可理解的图形、图片等方式直观呈现出企业在不同时间轴上会计数据的变化趋势。

二、会计数据新特征产生的新要求

(一)企业会计应该注重对多种结构、多种来源的会计数据的搜集和储存

互联网时代中数据的价值不可小觑,且作为主导的非结构化数据蕴含着更为有价值的信息,企业之间的竞争体现在对有效数据资源的争夺上。因此,企业应尽可能地多渠道、多来源地获取多种结构的会计数据,并运用先进的数据处理系统来进行有效处理和分析,克服信息不对称,尽可能地全面反映企业经济业务的现状,为决策的准确制定提供尽可能详尽的信息依据。

(二)互联网时代影响财务数据处理方式

随着互联网时代的到来,企业在财务处理方法上应突破劳动密集型的数据处理方式,充分利用新科技,搭建一个灵活、便捷、可扩展的信息数据平台。

(三)注重对获得的会计数据的深入学习,满足信息使用者个性化需求

随着会计数据从数据仓库的简单角色中转变出来,企业会计工作人员应当意识到其在处理会计数据中已经由被动使用的地位转换为主动挖掘价值的地位。

(四)完善企业会计制度,提高数据处理的效率

正是由于互联网背景下企业的会计数据"流"特征体现明显,所以数据采取和分析必须及时、快速,完善的企业会计制度可以从根本上来提高会计数据处理的效率,通过制定详尽、恰当的制度,正确引导员工的工作,避免出现职责不分明、有些工作重复做、有些工作没人做的低效工作状态。

三、互联网对会计信息结构的影响

互联网时代,企业信息数据包含了外部的数据,如社交网络产生的数据、物联网数据等。以结构数据为主的传统信息发布模式已经不再能满足信息使用者的需求,提供更加综合的会计信息将显得尤为重要。

互联网时代,非结构化信息占据主导地位。这种主导作用不仅仅体现在数量上,更体现在非结构化数据的价值中。只有融合了结构化数据和非结构化数据的会计信息,才能全面反映经济事项,满足信息使用者的需求。会计是为信息使用者提供有用信息的一个信息系统。无论是投资者还是管理者,如果无法掌握基本的财务分析方法,就无法充分获取到有用的会计信息。例如,目前会计工作中对存货信息的核算要求采用的是先进先出法,互联网环境下,通过结合存货扫描工具和物联网信息,可以实现存货按及时公允价值计价,为信息使用者提供更精准的信息。快速准确地提供会计信息能够更好满足信息使用者的需求。同时,财务报告在全球范围内进行推行,也证明了非结构化数据在会计信息使用中的重要性。

四、互联网对会计信息质量的影响

(一)对可靠性的影响

可靠性又称为客观性、真实性,我国会计准则将其定义为"企业应当以实际发生的交易或事项作为依据进行会计确认、计量和报告,如实反映符合确认和计量要求的各项会计

要素和其他相关信息，保证会计信息真实可靠、内容完整"。互联网时代的到来意味着大数据资源将成为企业的数据资产，这也是 Facebook 市值突破 2 000 亿美元受到全球关注的原因。然而，目前关于数据资产却没有相关匹配规定。依据资产定义，大数据仍不能称为资产。同时，单纯以货币为主的计量已经不能满足互联网时代的需求。如何对大数据资产进行计量，这将是互联网时代对会计工作的挑战。

（二）对相关性的影响

相关性原则要求会计信息能够满足信息使用者的决策需求。会计信息根据与决策需求是否相关来判定会计信息质量。因此，会计信息提供者要充分考虑用户需求。互联网拓展了会计核算的内容和维度，会计信息使用者的需求更加个性化。会计主体本身获取的信息量大幅增加，会计信息量增大，信息处理速度也在随之增快。这也就意味着，会计信息使用者能够在相同时间内获得更多的信息，会计信息的及时性得到了很好的提升。如何识别相关信息，如何对相关信息进行取舍，是衡量会计人员的职业素质的关键因素。

五、互联网对会计信息处理的影响

互联网对会计信息处理的影响体现在以下几个方面。

（一）会计信息处理离不开信息技术支持

在互联网时代，数据处理的收集不再仅仅是从原始凭证上对信息进行采集，也不再仅仅是从企业发生的经济业务活动中进行采集，而是同时从企业内部各部门和企业外部（如客户、供应商、银行等）进行会计数据的收集。大数据所具有的海量信息特征将使会计数据的来源变得更丰富，同时物联网的发展为其提供了支持。海量会计数据和多样化会计数据的处理和存储必将给会计工作带来新的挑战，然而云计算则为其提供了技术支持。

（二）会计信息流将不再是单向传递

大数据关注不同要素之间的相关性，而弱化了数据间的因果关系。当数据足够多时，信息使用者不需要对因果关系进行探究就可以得到有用的信息。信息使用者都参与到了企业信息流的"制造"环节，会计信息处理流程中产生的会计信息流将不再是单向的传递过程，而是交互实时动态的，可以满足不同客户需求。

（三）会计信息处理流程中相关人员的职能将发生改变

在互联网时代，企业会计信息是来自企业内部和外部的综合信息，会计信息使用者都将参与到会计数据的录入过程中。会计人员不再是唯一的会计数据的录入和处理者。当然,由于数据众多,数据价值密度低,不是所有的数据都是有用的会计信息。不同的信息使用者对信息需求不同,因此,使用者选择的数据清理标准将不相同。也就是说,所有信息需求者都将参与到会计信息处理流程中。传统会计信息处理流程中,会计人员起着不可替代的作用。在互联网时代,会计人员同样起着不可替代的作用,但其职能将发生改变。由于信息技术的发展,会计人员将从烦琐的日常核算工作中解脱出来,更多地从事战略性工作,利用其专业知识进行分析、预测工作,也就是说会计人员将更多地参与到企业的管理决策环节。

第二节　互联网对企业竞争优势的影响

战略论大致可以分为以下两种:以哈佛商学院教授迈克尔·波特(Michael Porter)为代表的定位论;以密歇根大学商学院教授普拉哈拉德(C.K.Prahalad)与伦敦商学院客座教授哈默尔(Gary Hamel)为代表的核心竞争力理论。

定位论认为,企业或者以产品种类为基础,或者以用户需求为基础,或者以与用户的接触方式为基础,确立其成本领先、差异化或目标聚集的竞争优势模式,进而制定防御型或进攻型战略。

核心竞争力理论主张,企业要关注客户长期价值,明确自身独树一帜的优势,并沿着这两个相对稳定的主线去拓展产品和业务。

两者的思维模式均是在准确预测和判断未来的基础上定战略,在战略框架内抓落实,两者的决策主体都是商业精英而非员工和社会公众,两者的决策依据均是相对静止的、确定的结构化数据。

殊不知,社会化媒体和互联网动摇了战略论的决策基础。一是决策主体正从商业精英转向社会公众。社会化媒体的出现加速了信息传播的范围和效力,社交网络的普及增进了知识的共享和信息的交互,社会公众及其意见领袖已经成为企业决策的中坚力量。他们通过意见的表达、信息的传递,迅速形成信息共同体和利益共同体,成为商业经营决策的依据,也成为其决策的外部压力。二是决策的依据正从结构化数据转向非结构化、半结构化和结构化混合的互联网。在互联网时代,原材料、生产设备、顾客和市场等因素的定义越来越不固定,科技正走向跨领域融合,产业界限正在模糊,充斥其中的则是大量的非结构化数据。

互联网将成为竞争的关键性基础,并成为下一轮产品生产率提高、创新和为消费者创造价值的支柱。这把数据的重要性提到了竞争性要素的高度。信息时代的竞争,不是劳动生产率的竞争,而是知识生产率的竞争。企业数据本身就蕴藏着价值,企业的人员情况、客户记录对于企业的运转至关重要,但企业的其他数据也拥有转化为价值的力量。一段记录人们如何在您的商店浏览购物的视频、人们购买服务前后的所作所为、如何通过社交网络联系客户、是什么吸引合作伙伴加盟、客户如何付款等,所有这些场景都提供了很多信息,将它们抽丝剥茧,通过特殊的方法观察,将其与其他数据集进行对照,或者以与众不同的方式分析解剖,就能让企业的业务拓展发生翻天覆地的转变。因此,数据是所有管理决策的基础,带来的是对客户的深入了解和竞争优势。

一、竞争战略是否过时

(一)何为竞争战略

企业的战略管理主要是通过对企业及社会市场的变化进行管理来实现的。企业的战略管理者往往也是不断寻找和发现变化的人,他不仅需要寻找变化,还需要能够快速适应这种变化。从20世纪初,国外的战略管理研究领域就已经对企业战略变化问题以及由其引起的企业组织变化问题展开了细致深入的研究,并且始终是战略管理领域中的研究热点。在互联网时代背景下,社会的需求、经济市场的变化可谓是瞬息万变,竞争日益激烈,在这样的发展现状面前,加强对企业战略管理变化的研究就显得十分重要和必要了。

以竞争为本的战略思维的产生,源于20世纪80年代以迈克尔·波特教授为代表的学者提出的竞争战略理论。迈克尔·波特基于影响企业的五种作用力的假设,即新进入者的威胁、供应商的议价能力、替代品或服务的威胁、客户的议价实力,以及产业内既有厂商的竞争,提出了三种竞争优势模型,包括成本领先、差异化和目标聚集。在该理论的指导下,竞争成为企业战略思维的出发点。竞争战略理论认为,行业的盈利潜力决定了企业的盈利水平,而决定行业盈利潜力的是行业的竞争强度和行业背后的结构性因素。因此,产业结构分析是建立竞争战略的基础,理解产业结构永远是战略分析的起点。企业在战略制定时,重点分析的是产业特点和结构,特别是通过深入分析潜在进入者、替代品威胁、产业内部竞争强度、供应商讨价还价能力、顾客能力这五种竞争力量,来识别、评价和选择适合的竞争战略,如低成本、差异化和集中化竞争战略。在这种战略理论的指引下,企业决策者认为企业成功的关键在于选择发展前景良好的行业。

（二）互联网时代的商业生态

传统的企业战略管理模式是一个解决问题的正向思维模式，先发现问题再通过分析、找到因果关系来解决。但是，在互联网环境下，企业战略管理模式则不同，其是按收集数据、量化分析、找出相互关系、提出优化方案的顺序进行。它是一个使企业产生质的飞跃的积极思维模式，是战略层次的提高。

互联网环境中基于互联网的连接、海量数据的存储和云计算平台的融合，使得商业生态系统在数据获取、传递、处理、共享和应用方面，更加频繁与便利，更有助于知识溢出和协同创新。对企业战略决策而言，不仅要适应系统内环境，参与系统内开放性竞争，而且还能进一步影响和改变环境。互联网环境中商业生态系统的企业实体网络与虚拟网络相融合，随着数据与交易网络效应的放大，促进数据量能和用户数量的迭代增加，实现资源共享和优势互补，进一步强化商业生态系统的盈利模式和高质量发展。

1. 市场洞察的实时与精准

大数据的实时处理与反应已经覆盖商业生态系统各个链条的各个节点，在既竞争又协同的非线性相互作用下，对于某一方所产生的任何需求及供给都能及时地作出反应，实时并精准地洞察市场的需求和用户的变化，指导企业提升产品与服务创新速度，缩短产品生命周期，基于个性化和差异化数据实现目标市场的细分，与行业耦合。

2. 企业运作的竞合与协同

商业生态系统内企业边界、行业边界越发模糊并几乎融合，开放性也更加明显。在互联网背景下，以互联网和电子商务为平台的企业合作伙伴选择范围更广，商业生态系统的成员结构具有动态性，其合作关系表现为非线性的网络化企业运作，一方面体现在传统的大规模企业群体以原有的供应链为基础，向网络生态价值链转变，企业间分工协作、互利共生；另一方面体现在基于协同商务模式构建企业间的密切合作关系，使地域上异地分布、结构上平等独立的多个企业共同组成动态的虚拟企业或企业联盟。因此，要深入剖析商业生态系统新型企业间协同组织形式和运作机制，实现商业生态系统资源的优化、动态组合与共享。

3. 社会公众的互动与反馈

在互联网背景下，商业生态系统各成员之间竞合关系的非线性作用更加具有不确定性，其网络结构也更具脆弱性，以用户参与为核心要素的创新模式对商业生态系统涨落的冲击力更大。互联网环境中海量数据主要来源于由互联网用户自主创造的信息和数据，新的产品或服务从最初的创意设计、生产制造、质量保证、营销策划、销售等价值创造环节都会注重公众的参与、互动和反馈，从而促进产品与服务的持续改进与迭代创新，实现企业与社会化群体的和谐一致与共同发展，全面摒弃传统的"闭门造车"管理模式，进而推动商业生态系统的持续优化和协同发展。

二、互联网时代对企业核心竞争力的挑战

（一）核心竞争力的要素

在互联网时代，企业大数据和云计算战略将成为第四种企业竞争战略，并且企业大数据和云计算战略将对传统的企业三大竞争战略产生重要影响。企业管理者要对大数据和云计算高度重视，把其提高到企业基本竞争战略层面，企业大数据和云计算战略可以作为企业基本战略进行设计。因此，数据竞争已经成为企业提升核心竞争力的利器。来自各个方面零散的庞大数据融合在一起，可以构建出企业竞争的全景图，洞察到竞争环境和竞争对手的细微变化，从而快速响应，制定有效的竞争策略。

企业传统的竞争力包括人才竞争力、决策竞争力、组织竞争力、员工竞争力、文化竞争力和品牌竞争力等。在互联网时代，数据正在逐步取代人才成为企业的核心竞争力，数据和信息作为资本取代人力资源成为企业最重要的具有智能化的载体。这些能够被企业随时获取和充分利用的信息和数据，可以引导企业对其业务流程进行优化和再造，帮助企业作出科学的决策，提高企业管理水平。

根据 IDC 和麦肯锡的大数据研究结果的总结，大数据主要在以下四个方面挖掘出巨大的商业价值：一是对顾客群体细分，然后对每个群体量体裁衣般地采取独特的行动；二是运用大数据模拟实境，发掘新的需求和提高投入的回报率；三是提高大数据成果在各相关部门的分享程度，提高整个管理链条和产业链条的投入回报率；四是进行商业模式、产品和服务的创新。可见，大数据对企业核心竞争力带来了挑战，对数据的收集、分析和共享带来了影响，为企业提供了一种全新的数据分析方法，数据正成为企业最重要的资本之一，而数据分析能力正成为企业赢得市场的核心竞争力。因此，企业必须把大数据的处理、分析和有效利用作为新常态下打造企业核心竞争力的重要战略。

（二）产业融合与演化

企业运用财务战略加强对企业财务资源的支配、管理，从而实现企业效益最大化的目标。其中，最终的目标是提高财务能力，以获取在使用的财务资源、协调财务关系与处理财务危机过程中超出竞争对手的有利条件。企业运用财务战略主要包括以下条件或能力：一是创建财务制度的能力、财务管理创新能力和发展能力、财务危机识别的能力等；二是通过财务战略的实施，提高企业的财务能力，并促进企业总体战略的支持能力，加强企业

核心的竞争力。

在互联网时代，产业融合与细分协同演化的趋势日益呈现。一方面，传统上认为不相干的行业之间，通过大数据技术有了内在关联，对大数据的挖掘和应用，促进了行业间的融合。另一方面，企业与外界之间的交互变得更加密切和频繁，企业竞争变得异常激烈，广泛而清晰地对大数据进行挖掘和细分，找到企业在垂直业务领域的机会，已经成为企业脱颖而出并形成竞争优势的重要方式。在互联网时代，产业环境发生深刻变革，改变了企业对外部资源需求的内容和方式，同时也变革了价值传递的方式和路径。因此，企业需要对行业结构，即潜在竞争者、供应商、替代品、顾客、行业内部竞争等力量，进行重新审视，进而制定适应互联网时代的竞争战略。

（三）数据资源的重要性

在互联网时代，数据成为一种新的自然资源。对企业来说，加入激烈竞争的大数据之战是迫切的，也是产出丰厚的。但是，数据如同原材料，需要经过一系列的产品化和市场化过程，才能转化为普惠大众的产品。企业利用大数据技术的目的是增强企业决策管理的科学性，实质是新形势下人机结合的企业战略决策系统。通过企业内部决策系统的采集、分析、筛选、服务、协调与控制等功能，判断企业及所在行业的发展趋势，跟踪市场及客户的非连续性变化，分析自身及竞争对手的能力和动向，充分利用大数据技术整合企业的决策资源，通过制定、实施科学的决策制度或决策方法，制定出较为科学的企业决策，保证企业各部门的协调运作，形成动态有序的合作机制。

另外，将企业的决策系统与企业外部的环境结合起来，有利于企业制定科学合理的经营决策，从而保持企业在市场上的竞争优势。毫无疑问，大数据的市场前景广阔，对各行各业的贡献也将是巨大的。目前来看，大数据技术能否达到预期的效果，关键是在于能否找到适合信息社会需求的应用模式。无论是在竞争还是合作的过程中，如果没有切实的应用，大数据于企业而言就是海市蜃楼，只有找到盈利与商业模式，才能实现大数据产业的快速发展。

（四）企业不同生命周期中的财务战略与核心竞争力的关系

要提高企业核心竞争力就要处理好资源的来源与配置问题，其中资源主要指的就是财务资源，因此，财务战略的管理对企业核心竞争力的提升起到了重要的推动作用。

1. 企业竞争力形成的初期采取集中的财务战略

企业在竞争力形成的初期，已经具备了初步可以识别的竞争力。在这个阶段，企业的创新能力较弱，创造的利润较少，经营的风险比较大；对市场扩展的需求紧迫，需要大量的资金支持；企业的信誉度不够高，对外的集资能力差。因此，企业可以采用集中财务的发展战略，即通过集中企业内部资源扩大对市场的占有率，为企业以后核心竞争力的发展提供基础。在资金筹集方面，企业应实行低负债的集资战略，由于企业这个阶段的资金主要来源于企业内部以私人资金为主，在这个阶段最好的融资办法是企业内部的融资。在投资方面，企业为了降低经营风险，要采用内含发展型的投资策略，挖掘出企业内部实力，提高对资金的使用效率。这种集中财务的发展战略重视企业内部资源的开发，可以在一定的程度上减少企业经营的风险。在盈利的分配方面，企业最好不实行盈利的分配政策，把盈利的资金投入市场开发中来，充实企业内部的资本，为企业核心竞争力提升准备好充足的物质基础。

2. 企业在核心竞争力发展阶段采用扩张财务的战略

在成熟、发展的阶段，由于此时企业核心竞争力开始趋于稳定并且具有一定的持久性，企业除了要投入需要交易的成本之外，还要特别注意对企业知识与资源的保护投入。在这个阶段，企业要利用好自己的核心竞争并对其进行强化，在财务方面要采用扩张财务的战略，实现企业资产扩张；在融资力方面要实行高负债的集资战略；在投资方面采用一体化的投资；在盈利分配方面实行低盈利的分配政策，来提高企业整体影响力。

3. 企业在核心竞争力稳定阶段采用稳健的财务战略

企业在这个阶段要开始实施对资源的战略转移，采取稳健的财政战略来分散财务的风险，实现企业资产的平稳扩张。在这个阶段，企业可采取适当的负债集资法，由于此时企业有了比较稳定的盈利资金积累，在发展时可以很好地运用这些资金，以减轻企业的利息负担。在投资方面，企业要采取多元化的投资策略；在盈利的分配方面可以实施稳定增长的盈利分配法。企业的综合实力开始显著加强，资金的积累也达到了一定的数值，拥有了较强的支付能力，因此，企业可以采用稳定增长的股份制的分红政策。

三、互联网时代企业竞争优势的演化方向

（一）对企业内外部环境的影响

互联网已经渗透到各个行业和业务职能领域，成为重要的生产因素，互联网的演进与生产力的提高有着直接的关系。随着互联网的发展，数据也将迎来爆发式增长，快速获取、处理、分析海量和多样化的交易数据、交互数据与传感数据，从而实现信息最大价值化，对互联网的利用成为企业提高核心竞争力和抢占市场先机的关键。互联网因其巨大的商业价值正在成为推动信息产业变革的新引擎，互联网将使新产品的研发、设计、生产及工艺测试改良等流程发生革命性变化。互联网不仅是传统产业升级的助推器，也是孕育新兴产业的催化剂。数据已成为和矿物、化学元素一样的原始材料，未来互联网将与制造业、文

化创意等传统产业深度融合,进而衍生出数据服务、数据化学、数据材料、数据制药、数据探矿等一系列战略性新兴产业。

(二)获取竞争情报的新平台

互联网环境具有典型的开放性特点,企业利用互联网能够极大限度地突破时间和空间的束缚,为企业的发展创建更高的平台。同时,企业经营环境的随机性与变动性不断增强,企业经营模式也应不断随之进行调整,只有做到与外部大环境的发展同步,才能使企业在竞争中站稳脚跟。

互联网的应用为企业的决策提供了客观的数据支持,企业决策不再单单依托管理者的思想和经验,而是更多地依托于完善的数据体系,从而提高了企业的决策准确性,为企业的发展战略指明了道路,增强了企业的竞争力,扩大了企业的可持续发展空间。

在互联网时代,企业的关键情报主要来源于两个大的渠道。一方面,来源于网络渠道。企业可以利用免费或者付费的方法,获取包括竞争信息、宏观经济、政策机遇、标杆前沿的数据信息。其中,竞争信息是指可以利用电商网站得到同行竞争对手的产品、售价与营销方式,利用新闻媒体活动、公开的企业专利栏、企业数据库实时了解竞争对手的状态;客户数据是指可以利用电商网站、内在门户获取消费者在网络或是移动客户端之间反馈的意见与评论;政策的读取是指可以利用国务院所有部委的公告、所有地方政府发布的产业政策信息、地方上的规划准则、所有地方产业园的信息开采机会渠道,利用渠道直接获得更加系统的情报信息。另一方面,来源于自身渠道。企业可以利用内部的信息系统、门户网站或网页、客服系统来分析开采出自身的数据信息。针对自身的核心业务,考虑到数据的安全性,应该运转在企业自己的平台上,给集团与各级公司创造高效、统一的运转环境,尽可能不让各层下级机构在基础设备上进行投入。

(三)实践中的创新尝试

互联网将各行各业的用户、方案提供商、服务商、运营商以及整个生态链上游的厂商,融入一个大的环境中,从而获得快速发展和广泛应用。以企业供应为例,通过互联网运营可以实现供应商平台、仓储库存、配送和物流、交易系统、数据分析系统等供应链的全环节整合与优化,实现数据统一管理、全面共享,最终达到供应链管理创新。IBM 对全球多位经济学家调查显示,全球每年因传统供应链低效损失相当于全球 GDP 的 28%,而互联网供应链则可以有效地避免这种损失。

零售企业基于互联网的智慧商务平台,可以根据顾客购物行为模型进行订单化采购与销售,合理进行线下线上配送、交易,实现库存管理动态分析预警,同时能保证库存、价格信息的动态实时更新。例如,许多零售企业通过建立集成多个订单管理模块的单一平台,能够对客户引流、选择、购买、支付、提货和服务等零售购买的各环节在线上线下任意组合，通过后台系统各环节数据的打通与共享也极大节约了成本，并提高了库存的准确性和服务水平，最终提升了客户全渠道购买体验。

第三节　互联网对企业财务决策的影响

互联网打破了企业传统数据的边界，改变了过去仅仅依靠企业内部业务数据的局面，使数据来源更加多样化，不仅包括企业内部数据，也包括企业外部数据，尤其是和消费者相关的数据。互联网时代，企业所面临的问题不仅仅是大数据的技术问题，更是管理问题。未来的新型管理模式将会充分利用大数据、系统集成、计算实验、仿真等方法，提高顶层设计和战略体系的科学性，凡事都用数据说话。

一、互联网对市场的影响

（一）传统的市场结构及研究思路

1. 传统的市场结构及变化

在互联网之前时代，要素、产品的供给和需求无法精确到每一个个体，要素的供给和需求只能按照市场平均价格定价，对每个厂商的特殊要素要求无法实现，因此，会造成资源的浪费和利润的损失。对产品的需求和供给在消费市场上有明显的"长尾效应"，在短头部分存在着为数不多的大规模需求，而在长尾部分存在着很多不同的需求，但每种需求的消费者群体都不多，如果按照这种需求情况投产，生产者只能生产大规模的同质产品，消费者只能消费同质化的产品。这对生产者来说，意味着无法实现利润最大化，对消费者来说，意味着消费者剩余无法得到满足。在互联网时代，基于大量存在的数据和超强的数据分析技术，以及第三次工业革命导致的制造业呈现出的数字化、智能化、定制化、互联化和生态化等特点，传统的产品要素需求和供给结构已经被打破，为满足消费者个性化的需求提供了契机。市场将提供给每个消费者所需要的异质化产品，由此将导致厂商的利润实现最大化，而消费者的消费需求也将得到满足，消费者将得到最大的消费者剩余，整个社会将会实现帕累托最优,达到经济增长的最优状态。

2. 市场调研的理论基础

成熟的分析方法能够显著改善决策过程、实现风险最小化。互联网可以提供算法研究或者算法执行所需要的原始材料。有些企业已经通过分析来自客户、雇员甚至嵌入产品中的传感器的整个数据集而作出更有效的决策。互联网让企业能够创造新产品和服务,改善现有产品和服务,创造全新的商业模式。医疗保健领域通过分析病人的临床和行为数据,创建预防保健项目。制造企业通过内嵌在产品中的传感器获取数据,以创新售后服务并改进下一代产品。实时位置数据的出现创造了一套全新的从导航应用到跟踪服务的体系。

3. 互联网带来的方法创新

互联网的调研方法为市场研究人员提供了以"隐形人"身份观察消费者的可能性,超大样本量的统计分析使得研究成果更接近市场的真实状态,同时具有丰富性、实时化、低投入等特点。互联网时代新的市场研究方法使"无干扰"真实还原消费过程成为可能,智能化的信息处理技术使低成本、大样本的定量调研成为现实,这将推动消费行为及消费心理研究达到一个新的高度,帮助企业更为精准地捕捉商机。

(二)互联网时代的市场演变方向

1. 粉丝经济的重要性

利用互联网使组织能够对人群进行非常具体的细分,以便精确地定制产品和服务以满足用户需求。这一方法在营销和风险管理领域广为人知。随着技术的进步,许多公司已经将客户进行微观细分,以便锁定促销和广告方式。在公共部门,如公共劳动力机构,利用互联网为不同的求职者提供工作培训服务,确保采用最有效和最高效的干预措施使不同的人重返工作岗位。

在互联网时代,一方面数据数量急速增加,质量却变得冗杂、参差不齐;另一方面产品和服务更加定制化。消费者市场并不是一个简单的划分,而是通过数据做到精细划分,企业所面临的是一个个消费者,并非一群消费者,个性化营销成为企业应对互联网时代的主要营销方式。在这点上,小米公司就取得了巨大的成功。广泛的社会调研为小米提供了第一手数据和粉丝经济的带动,使小米公司不但成为成长最快的互联网公司,也为小米以后的转型及产业链发展积累了底气。小米粉丝文化的盛行,可以看到现今互联网市场是一个以客户为导向定制产品的过程,品牌与粉丝文化已经融为一体,经营粉丝已经成为经营品牌、经营企业非常重要的一环。

运用互联网能够起到帮助企业重新定义目标市场、精细划分目标市场的作用。互联网对于用户行为、信息、关系的追捕,能够有效推动并构建互联网平台,也能给作为合作伙伴的商户消费者反馈。例如,新影数讯公司是一家基于网络社交媒体数据分析并应用于影视娱乐行业的技术型公司，是业内领先的数据服务提供商。在其开发的数据库中，存放了2万部电影和6万名艺人、4 000位导演的信息，以及公众对他们的评价。除此以外，数据库中还包含了约8 000万人，涵盖微博80%活跃用户的偏好分析。有了这些海量数据作为基础，该软件可以通过全面分析个体用户对于某部特定影片的喜好，在电影公映之前准确预测电影票房，准确度达到85%以上。

2. 如何进行精确营销

营销大师菲利普·科特勒（Philip Kotler）提出精准营销就是利用信息技术和数据处理技术对客户进行精准的细分，实行一对一的准确营销，提高顾客让渡价值，充分满足客户的个性需求。可见，精准营销是迎合市场内外环境的变化，在4P的理论基础上，融合了4C营销组合理论来适应新环境的发展。精准营销绕过复杂的中间环节，直接面对消费者，通过各种现代化信息传播工具与消费者进行直接沟通，从而避免了信息的失真，可以比较准确地了解、掌握他们的需求和欲望。精准营销是渠道最短的一种营销方式，由于减少了流转环节，节省了昂贵的店铺租金，使营销成本大为降低，又由于其完善的订货、配送服务系统，使购买的其他成本也相应减少。

精准营销商经常向顾客提供大量的商品和服务信息，顾客不出家门就能购得所需物品。精准营销实现了与顾客的双向互动沟通，这是精准营销与传统营销最明显的区别之一。在互联网时代，通过对顾客和企业的信息的双向推荐，实现顾客界面与企业界面的对接，增强其联系度，实现通过"用户画像"进行精准营销。在如此激烈而又庞大的市场中，电商们迫切想知道的想必就是用户需求。随着互联网和电子商务的快速发展，"用户画像"这个概念悄然而生，它抽象地描述了一个用户的信息全貌，是进行个性化推荐、精准营销、广告投放等应用的基础。

互联网环境下的用户思维通过线上、线下、交易、交互等各种结构化和非结构化的数据，让用户更加完整地展现在企业面前。在完整的"用户画像"面前，零售企业相对于"裸泳"的用户，用户需要什么、怎么获取、怎么营销一目了然。未来的经济将越来越是一个消费者体验式经济，谁能在精准刻画"消费者画像"的同时提升消费者体验，谁就将引领并占有市场。通过不同用户评价、产品介绍和统计数据，消费者更容易发现产品真实、客观的质量，在此情况下，消费者对品牌的依赖度越来越低，不再将品牌作为衡量产品质量的重要依据。在大数据挖掘中，关键的顾客需求包括顾客对隐私保护的基本诉求、顾客核心价值的发掘和利用，以及顾客行为的培养与转化等。企业营销创新必须充分考虑来自顾客方面的正负效应，而让顾客全程参与创新实践是互联网时代营销创新的重要特征。

以房地产营销为例，数据资源是房地产企业提升竞争力的关键之一，庞大的数据来源保证了精准的客户定位，为房地产企业成功营销提供了可能。房地产企业可以通过信息系统实现精确营销，凭借房地产商自身的数据优势，建立客户信息系统，将客户进行分类，通过挖掘大数据，提炼出客户信息，有针对性地实现精确营销。

3. 品牌忠诚度降低

如今有 25% 的顾客会十分忠诚于使用同一品牌，而有 25% 的顾客会尝试不同的品牌，同时几乎所有的品牌指标都在下降，包括品牌知名度下降 20%、品牌可信度下降 50%、品牌威望下降 12%。大众品牌影响力的下降和大众媒体接触的减少是大众市场碎片化的两大特征。消费、品牌、媒介、生活方式也正朝着碎片化方向发生着相应变化。从消费者的角度来看，这是追求自我、追求个性的必然发展方向。从生产者的角度来看，这是未来产品宣传、品牌定位、媒介选择的主要依据。碎片化的社会大众被各种媒体、各种信息无限分割，营销者与广告商很难再通过单一媒体全面覆盖到各种目标人群，营销成本逐年上升。

随着互联网时代的来临，企业可强化利用社交媒体加强口碑营销的可能性。移动互联应用是提升受众黏性和营销层次的重要手段，改变了传统的营销模式，将自身的内容资源与多平台、多媒介、多渠道有效整合。社交媒体中形成的社群化，已经成了目前最重要的社会关系。而这种社群化的强大黏性和稳定性正是口碑营销得以运作并达到较好效果的基础。利用议程设置制造话题，通过大V等意见领袖舆论引领，经由社交成员口碑扩散，最终在互联网上迅速放大，这通常是社交媒体口碑营销的常见手段。企业要做的就是真正把自己的产品或者服务作好，市场又回到了"酒香不怕巷子深"的时代。

在互联网时代，产品都是以信息形式存在的，真正好的产品都会自传播，消费者会替企业去宣传产品，过去以企业和产品为中心打造品牌的模式逐渐显得不合时宜，企业要逐渐转变为以终端消费者为中心的商业模式，只要是真正的好产品、好服务，消费者都会通过互联网轻易找到。从另一角度来看，互联网时代，借助发达的互联网技术，消费者品牌转移的成本极大降低，很多情况下，只需要鼠标的瞬间点击。

提炼目标人群是营销最有吸引力的竞争优势点，每个成功的品牌都将品牌的功能性与消费者的心理需求紧密联系起来，以准确将品牌定位传达给消费者。随着客户要求的日益严苛，未来企业卖的不只是产品，还有体验。客户可以通过网络随时随地分享他们对企业的"牢骚抱怨"和"吹捧赞扬"，这也说明了客户体验对企业而言十分重要，它能有效地帮助企业进行口碑营销。

在微信普及以后，微信将用户数据信息还原成了一个个真实的"人"，企业可以通过微信号知道用户的性别、地理位置等基本资料，具备了建立用户数据库的可能性，为品牌准确定位找到了方向。微信平台不仅仅是自媒体平台而且兼备用户功能管理，具有其他社交媒体所没有的服务，因此，重视服务也成为微信营销不同于其他营销的重要方向。作好服务，应从建立社区、重视沟通两个方面入手。微信平台作为一个综合多媒体平台，品牌可以在微信营销账号中建立一个"消费者社区"，将忠实客户、潜在客户都聚集在一起。"消费者社区"的价值在于制造口碑、话题互动和信息传播。

在"消费者社区"中的消费者交流更平等，角度也更为多样化，问题也更为集中化，用户更容易指出品牌的不足和对品牌的要求，最终汇成有益信息。粉丝与公众账号是有比较强烈的交流意愿的，但由于公众账号需要登录PC端才能使用，所以沟通起来并不方便。当粉丝发送信息后，后台可以利用关键词自动回复，让粉丝知道稍后就会回复他，随时给予粉丝一个互动的状态，在服务中凸显营销，能发掘更大的空间。营销过程中要把握好度，策划人员要把精力花在更好的内容策划上，在用户不反感的前提下，不断给用户以刺激和新鲜感，保持长期稳定的联系。这样拥有的忠实粉丝除了可以直接带来消费收益之外，还是最佳的口碑传播源，甚至在搞活动的时候他们会积极参与其中。

需要注意的问题是，当微信成为每个智能手机使用者的必备工具，微信平台就提供了一个拉近卖方与买方的捷径。越来越多的使用者加入公众平台，成为企业的粉丝，他们所期待的是什么，这一问题并没有被大多数品牌企业所考虑。专业的推送内容吸引基数较少的专业用户，而覆盖率最高的则是内容相对浅显的文章。不考虑使用者想看什么，而只一味提供"我想让你看的内容"，成为企业微信平台的通病。品牌微信营销不是洗脑，也不是广告，而是通过微信这一渠道去传播品牌，充分利用微信用户、用户关系结构、兴趣点和影响的切入点，传播品牌。只有挖掘自己的大数据，分析粉丝的关注心理，从关注者的角度去看待微信平台，将"我想让你看的内容"转变为"你想从我这里获得的内容"，这才是微信营销的关键。

二、互联网时代的财务战略决策目标

（一）保证互联网环境下的数据质量

1. 管理环境的挑战

在互联网时代，每个个体都是数据的产生者，企业的任何一项业务活动都可以用数据来表示，如何保证大数据的质量，如何建模、提取并利用隐藏在大数据中的信息，从数据收集、数据存储到数据使用，企业必须制定详细、缜密的数据质量管理制度，在数据库设计时要考虑大数据在各个方面可能发生的种种意外情形，利用专门的数据提取和分析工具，任命专业的数据管理人才加强对大数据的管理，提高员工的数据质量意识，以保证大数据的数据质量，从而挖掘出更多准确、有效、有价值的信息。

在云计算的基础上，互联网环境对企业的信息收集方式、决策方案制定，以及方案选择与评估等内容具有一定的影响，从而进一步影响企业管理决策内容。基于研究内容以及研究现状表明，我国当前企业在发展过程中，运用数据驱动的企业，其内部内容以及财务状况良好，凸显出财务状况的具体实效。大数据当中的数据内容具备先进性特点，对知识经济各项生产要素的发展具有重要作用。大数据的运用已经成为企业实现现代化发展的重要因素，大数据为企业管理决策方面的内容提供了新环境。

2. 流程视角的挑战

从流程的角度，即从数据生命周期角度来看，可以将数据生产过程分为数据收集、数据存储和数据使用三个阶段，这对保证大数据质量分别提出了不同的挑战。

首先，在数据收集方面，大数据的多样性决定了数据来源的复杂性。大数据的数据来源众多，数据结构随着数据来源的不同而各异，企业要想保证从多个数据源获取的结构复杂的大数据的质量，并有效地对数据进行整合，是一项异常艰巨的任务。来自大量不同数据源的数据之间存在着冲突、不一致或相互矛盾的现象，在数据量较小的情形下，通过编写简单的匹配程序，甚至是人工查找，即可实现多数据源中不一致数据的检测和定位，然而这种方法在大数据情形下却显得力不从心。另外，由于大数据的变化速度较快，有些数据的有效期非常短，如果企业没有实时地收集所需的数据，有可能收集到的就是过期的、无效的数据，在一定程度上会影响大数据的质量。数据收集阶段是整个数据生命周期的开始，这个阶段的数据质量对后续阶段的数据质量起着直接的、决定性的影响。因此，企业应该重视源头上的大数据质量问题，为大数据的分析和应用提供高质量的数据基础。

其次，在数据存储阶段，由于大数据的多样性，单一的数据结构（如关系型数据库中的二维表结构）已经远远不能满足大数据存储的需要，企业应该使用专门的数据库技术和专用的数据存储设备进行大数据的存储，保证数据存储的有效性。据调查，目前国内大部分企业的业务运营数据仍以结构化数据为主，相应地主要采用传统的数据存储架构，如采用关系型数据库进行数据的存储，对于非结构化数据，则是先将其转化为结构化数据后再进行存储、处理及分析。这种数据存储处理方式不仅无法应对大数据数量庞大、数据结构复杂、变化速度快等特点，而且一旦转化方式不当，将会直接影响到数据的完整性、有效性与准确性等。数据存储是实现高水平数据质量的基本保障，如果数据不能被一致、完整、有效地存储，数据质量将无从谈起。因此，企业要想充分挖掘大数据的核心价值，首先必须完成传统的结构化数据存储处理方式向同时兼具结构化与非结构化数据存储处理方式的转变，不断完善互联网环境下企业数据库的建设，为保证大数据质量提供基础保障。

最后，在数据使用阶段，数据价值的发挥在于对数据的有效分析和应用，大数据涉及的使用人员众多，很多时候是同步地、不断地对数据进行提取、分析、更新和使用，任何一个环节出现问题，都将严重影响企业系统中的大数据质量和最终决策的准确性。数据及时性也是大数据质量的一个重要方面，如果企业不能快速地进行数据分析，不能从数据中及时提取出有用的信息，就将会丧失预先占领市场的先机。

3. 技术视角的挑战

技术视角主要是指从数据库技术、数据质量检测识别技术、数据分析技术的角度来研究保证大数据质量的挑战及其重要性。

大数据及其相关分析技术的应用能够为企业提供更加准确的预测信息、更好的决策基础以及更精准的干预政策,然而如果大数据的数据质量不高,所有这些优势都将化为泡影。

在数据规模较小的情况下,关系型数据库就能满足企业数据存储的需要,一般企业信息系统数据库中的记录通常会达到几千条或上万条,规模稍大的企业,其数据记录能达到几十万条,在这种情况下,检测数据库中错误、缺失、无效、延迟的数据非常容易,几分钟甚至几秒钟就能完成对所有记录的扫描和检测。

然而在互联网时代,企业的数据量不仅巨大,而且数据结构种类繁多,不仅仅有简单的、结构化的数据,更多的则是复杂的、非结构化的数据,而且数据之间的关系较为复杂,若要识别、检测大数据中错误、缺失、无效、延迟的数据,往往需要数百万甚至数亿条记录或语句,传统的技术和方法常常需要几小时甚至几天的时间才能完成对所有数据的扫描与检测。

从这个角度来讲,互联网环境为数据质量的监测和管理带来了巨大的挑战。

这种情况下,传统的数据库技术、数据挖掘工具和数据清洗技术在处理速度和分析能力上已经无法应对互联网时代所带来的挑战,处理小规模数据质量问题的检测工具已经不能胜任互联网环境下数据质量问题的检测和识别任务,这就要求企业应根据实际业务的需要,在配备高端的数据存储设备的同时,开发、设计或引进先进的、智能化的、专业的大数据分析技术和方法,以实现大数据中数据质量问题的检测与识别,以及对大数据的整合、分析、可视化等操作,充分提取、挖掘大数据潜在的应用价值。

4. 管理视角的挑战

管理视角主要探讨企业高层管理者、专业管理和技术分析人员对保证大数据质量的重要性。

首先,大数据的管理需要企业高层管理者的重视和支持。只有得到了企业高层管理者的高度重视,一系列与大数据有关的应用及发展规划才能有望得到推动,保证大数据质量的各项规章制度才能得到顺利的贯彻和落实。缺少高层管理者的支持,企业对大数据管理、分析和应用的重视程度就会有所降低,大数据的质量就无法得到全面、有效的保证,从而将会大大弱化大数据价值的发挥,不利于企业竞争能力的提升。因此,企业应该在高层管理者的领导和带领下,加强大数据质量意识,建立完善的数据质量保证制度。

其次,专业数据管理人员的配备是保证大数据质量不可或缺的部分。由于大数据本身的复杂性增加了大数据管理的难度,既懂得数据分析技术,又谙熟企业各项业务的新型复合型管理人员是当下企业应用大数据方案最急需的人才,而首席数据官(Chief Data Officer,CDO)就是这类人才的典型代表。CDO是有效管理企业大数据、保证大数据质量的中坚力量。企业要想充分运用大数据方案,任命CDO来专门负责大数据所有权管理、定义元数据标准、制定并实施大数据管理决策等一系列活动是十分必要的。

CDO 的缺失是国内数据管理方式落后的直接体现，而落后的数据管理方式是影响大数据应用、阻碍大数据质量提升的重要因素之一。传统的数据管理方式已经远远不能满足互联网环境下数据质量的要求。以往大部分企业在运营过程中均由业务部门负责掌管数据，IT 部门负责信息技术的应用，这种分离式的运营管理方式容易造成业务人员不了解分析不同数据所需的不同 IT 工具，而 IT 人员在运用 IT 技术分析数据时不了解数据本身的内涵，甚至会作出错误的数据解释，影响了企业决策的准确性和有效性。

因此，企业应该对组织架构体系及其资源配置进行重组，让数据管理与分析部门处于企业的上游位置，而设立 CDO 便是企业重组的成功标志之一。

互联网环境下，还应配备专业、高端的数据库设计和开发人员、程序员、数学和统计学家，在全面保证大数据质量的同时，充分挖掘大数据潜在的商业价值。此外，在大数据生产过程的任何一个环节，企业都应该配备相应的专业数据管理人员，通过熟悉掌握数据的产生流程进行数据质量的监测和控制，如在数据获取阶段，应指定专门人员负责记录定义并记录元数据，以便于数据的解释，保证企业全体人员对数据的一致、正确理解，保证大数据源头的质量。

（二）互联网对管理决策的影响

1. 互联网环境下的数据管理

在互联网环境下，企业的管理决策内容的技术含量以及知识含量得到丰富，数据已经成为企业管理决策的重要内容。有效地对数据质量以及数量内容进行管理，对企业发展具有重要作用。一旦企业不重视数据内容的处理与存储，将造成大量数据内容流失，严重影响企业通过数据分析当前市场环境，市场竞争力下降。

传统上，我们认为会计的基本职能是核算与监督，会计人员的主要职能和精力要放在会计单据的审核、记账、报告、归档等基础工作上。这种认识在互联网时代发生了深刻变化，会计由"核算财务"向"价值提升"转化。大数据的数据管理过于烦琐，需要对整体的解决方案内容进行筛选、抽取与集成，保证多数据处理的质量与可靠性，在此基础上对各项信息及内容进行总结；数据的产生与处理需要满足处理的根本性需求，将数据实时分析的内容作为处理核心内容，发现实时数据的具体作用。在这一层面上，实时数据的及时处理则需要予以充分重视，数据之间的关系内容呈现出关联性特点。大数据的出现，使得数据之间的各项内容呈现出关联性特点，转变了传统的因果关系体系。这种方式的转变，使得大数据能够实现信息挖掘，提升信息的可靠性，发现大数据的具体价值。

2. 互联网的知识管理

基于知识管理的角度进行分析，数据当中蕴含着大量知识内容，同时也是影响决策内容的重要因素。在互联网时代下，企业想要获取管理决策方面的知识内容，需要大数据对各项数据进行挖掘，从而获得丰富的知识体系。通过上述各项分析内容得知，数据管理与知识管理在一定程度上能够体现企业对大数据的应用状况，保证两方面的协调发展，使得企业在运用大数据的过程中深入挖掘其中内涵，更新企业发展模式，提升企业综合竞争力。

互联网时代，以知识为核心要素的企业创新速度更快、产品生命周期更短；以互联网和电子商务为平台的合作伙伴选择范围更广，企业生态系统的成员结构呈现出一定的动态性；以知识共享和流程优化的生态系统成员合作关系表现为非线性的竞合关系；以差异化数据为导向的市场细分与行业耦合更趋偶然性。这些非平衡态因素促进了企业生态系统内外的信息、资源、能量等要素的流动，有助于产生自组织现象，以知识为核心要素的技术创新对企业生态系统涨落的冲击力更大。因此，有价值的数据是企业制定战略决策、技术创新、挖掘顾客需求的指南针，也是改变企业生态系统的有序结构、形成企业生态系统耗散结构的触发器，从而促使企业生态系统偏离原有的稳定状态，进入新的稳定状态。

（三）对管理决策参与者的影响

1. 数据分析师价值的凸显

在互联网环境下，数据分析师在企业管理决策的具体参与中呈现出重要的作用。数据分析师能够运用统计分析以及分布式处理等各项执行手段，在大量数据的基础之上对整个业务操作方面进行有效的整合，通过易于传达的方式将信息传递给决策者。但由于数据分析师人才的大量欠缺，需要多年的培养，在这方面存在一定不足。大数据内容改变了长期以来单纯依靠经验，以及自身具备知识水平与决策能力的决策形式，直觉的判断方式也让位于精准的数据分析内容，使得决策者的自身职能手段发生相应变化。基于企业内部的高层管理人员进行分析，由于传统企业生产经营过程中对于数据方面的应用较为欠缺，并且数据缺乏全面性的特点，高层管理者只能凭借自身的经验进行管理决策内容的制定与判断。

互联网的出现，能够基于数据的基础分析之上，从事实角度出发，结合管理者的管理经验，对决策准确性具有促进作用；对于企业的一般管理者与员工，能够为其提供决策所需要的信息内容，以提升决策能力和决策水平，使决策内容更加倾向于企业的员工。

互联网信息时代，科技水平的发展正在促进各个领域之间的融合，使得产业界限逐渐模糊，社会化的决策内容正在崛起。因此，多元化的大环境内容更加突出，决策来源呈现出广泛的发展趋势，全员参与的管理决策方式也已经被广泛关注。

2. 创新以互联网为基础的关键业务和活动流程

在互联网背景下，企业生态系统的主体、资源、结构、价值、边界网络等要素进行不断的动态演化和重构，创新以互联网为基础的关键业务和活动流程是企业生态系统获取竞争优势的动力源泉。

创新以互联网为基础的关键业务和活动流程主要包括以下内容。

（1）基于互联网的流程优化，提高业务流程的处理效率，如物流企业通过对合作伙伴多维互联网的分析，找出企业物流配送的最优运输模式和路线，提高物流配送效率；

（2）应用互联网作为企业活动的关键资源，创新企业生态系统的价值活动，如玩具制造企业，通过挖掘企业生态系统中合作伙伴的交易数据、客户购买行为数据、产品质量数据等关键资源，改进产品的设计和性能，创造企业新的价值增长点；

（3）以互联网活动取代企业传统的业务和流程，形成企业生态系统新的经营方式和合作模式，如沃尔玛和宝洁公司，通过对商业数据的分析形成联合库存管理，改变了传统的库存管理的业务类型和活动流程。

（四）对管理决策组织的影响

1. 重构决策权

互联网背景下的全员参与内容，使得企业决策中的参与决策内容发生转变，对决策权的内容进行重新分配，严重影响企业的决策组织和决策文化的内容。企业管理决策组织方面分析，主要包含两方面：一方面为集中决策与分散决策的选择，另一方面为决策权的分配问题。

基于集中决策与分散决策的内容进行分析，从组织理论层面来看，可预测的环境对于企业的组织过程施加的影响较小，有利于形成集中分层的决策结构，在不可预知的环境中，分散决策结构对于管理决策具有重要的指导作用。但基于动态变化的环境下，分散决策则更能够发挥出集中决策所不能够发挥的作用，为企业管理决策制定提供便利。

除此之外，企业组织结构当中的内容还在一定程度上受到知识分布以及知识转移成本方面的影响，一旦企业内部的高层领导者处于集中状态，就需要通过集中决策结构对管理决策内容进行制定。

基于决策权的具体分配进行分析，企业在进行市场经济竞争中不具备优势的主要原因是没有将具体决策权分配给个人，并未准确评估个人的基本因素，严重影响管理决策内容制定的质量。员工在企业生产经营过程中所掌握的各项技能以及基本的信息量越多，理论上决策权应该越大，知识与权力内容在协调性方面的匹配程度越高，则说明在进行各项管理决策指标方面的内容越好。信息技术与网络技术在现代的发展，应该基于金字塔形代表的传统的管理组织模式，其已经逐渐转向人本思想管理内容和扁平化组织结构。

在互联网的发展环境下，企业的内部基层员工也能够掌握相应的主动权内容，使得扁平化的发展趋势更加明显，决策分配顺应相应变化。在企业管理决策制定的过程中，有效地吸纳管理决策当中存在的各方面内容，探析互联网环境下组织结构的建设措施。

2. 重塑企业文化

互联网背景下的企业管理决策文化方面受到一定冲击。需要注意的是，互联网时代并不是运用大数据去得到具体内容，而是通过应用大数据能够知道哪些内容。将大数据运用在企业管理决策方面，有效地转变思想观念方面的内容，遇到重大决策时，需要对数据内容进行收集与分析，保证各项内容进行准确、有效的决策，在思想转变的同时提升对数据运用的具体执行能力，并且企业内部的管理人员也需要通过数据促进企业内部管理策略文化的形成，并基于具体数据作出合理分析，优化内部文化的管理决策过程。在企业发展过程中，企业管理人员为应用大数据提升内部管理决策方面的环境，在大数据的基础之上对整体企业文化制度以及各方面内容进行创新，提升决策的客观性。

企业从海量的大数据中要挖掘出对企业决策有参考价值的数据，需要经历发现、提取、加工、创新等一系列复杂过程，同时需要企业全体成员参与数据的管理和控制，形成以数据为支持的决策导向。这就需要完善企业生态系统的数据处理制度，形成重视数据处理与应用的企业生态系统文化，主要措施包括建立数据收集和处理的制度文化，如数据收集、存储制度、数据传递、共享制度、保障数据安全制度等。建立起企业员工对数据处理和应用的理念，通过员工技能培训、学习、讨论、考核等方式深化企业员工对数据开发和应用的意识，让企业生态系统全体成员普遍接受以数据应用为核心的工作方式。在企业生态系统成员之间建立行之有效的知识激励机制，包括知识明晰机制、知识绩效机制、知识奖惩机制，以形成特有的、规模化的、不断创新的知识资产和核心生产要素，培育重视大数据处理和应用的企业生态系统文化。

（五）基于互联网支持的企业决策管理系统的构建

1. 基于生态系统及其协同共生的决策创新

互联网为现代企业的运营管理模式带来了深刻变革，使得企业可以整合产业生态链资源，进行产业模式创新；可以重塑企业与员工、供应商、客户、合作伙伴之间的关系进行企业管理创新；可以整合资源，创新协同价值链，提供新的产品与服务，打造新的商业模式。事实上，基于企业互联网的新型企业管理理念和决策模式正在商务管理实践中涌现。现代企业将逐渐摒弃"以产品为中心"、注重微观层面的产品、营销、成本和竞争等要素的传统管理模式，转变为"以服务为中心"、注重宏观层面的资源、能力、协同发展、价值创造和产业链合作等要素所面向的"社会媒体—网民群体—企业群"三位一体、和谐共生的"企业网络生态系统"（Enterprise Ecosystem）的新型管理模式。因此，结合社会媒体和网民群体产生的丰富的企业大数据，研究企业群体的共生/竞争协同演化，建立可持续发展的企业网络生态系统，对于企业管理与决策具有重要意义，同时应重点关注基于社会化媒体的企业众包与协同发展、基于网络大数据的企业生态系统建模、企业生态网络中的协调运作与分配机制等。

2. 互联网支持的企业决策管理系统

在互联网背景下,海量而复杂的数据对企业决策管理系统原有的技术体系结构提出了挑战,同时也要求具备更强的数据分析处理能力及数据驱动业务的能力。为了更好地利用互联网技术并将之运用到企业决策管理中,需要构建新型的基于互联网支持的企业决策管理系统模型,对企业原有的业务流程进行优化重组,对各类数据等进行整合。构建基于互联网支持的企业决策管理系统,将之分为三个层面,即数据的获取层、数据的处理层及数据的应用层。数据获取层主要有四个来源,即访问数据、交易数据、网络数据和购买数据。数据的处理层又称为决策协调控制系统,分为五个子系统,分别是决策数据采集子系统、决策数据分析子系统、决策数据筛选子系统、决策数据服务子系统,以及协调控制子系统,其功能依次是数据采集、分析、筛选、服务和协调控制。数据的应用层是基于互联网的企业经营策略,具体包括生产策略、营销策略、财务策略、运营策略、客服策略、公关策略。

(六)互联网背景下企业决策管理的现实困境

1. 环境更加复杂

互联网一方面为企业决策管理提供了更为广阔的空间,在企业决策过程中,提供更多的决策信息来源;另一方面,企业面临的决策环境变化速度越来越快,各种与企业相关的数据信息,特别是偶发事件导致数据的不断产生、传播与储存,从客观上要求企业通过云计算平台尽快实现数据的集中整合,构建高度集成的企业决策管理系统,充分挖掘、采集、分析、储存形成海量的企业数据资产。因此,在互联网背景下,错综复杂的环境因素影响到企业决策信息的采集与分析、决策方案的制定与选择,从而影响企业对互联网的统一管理,客观上增加决策者进行决策管理的难度。

2. 与企业决策相关的信息价值甄别难度大

在互联网时代,互联网上的数据呈现爆炸式增长的特征,人类每年产生的数据量已经从 TB 级别跃升为 PB、EB 乃至 ZB 级别。数据中所蕴含的信息量超越了一般企业管理者数据处理能力的范畴,不仅使处理信息的工作量加大,传统的数据管理和数据分析技术难以有效挖掘这些数据潜在的价值,导致判断该信息的价值困难程度加大,从而导致企业在进行决策管理时,如何判断、取舍和利用信息价值的难度增大。只有构建基于大数据技术新型的、功能强大的企业管理决策系统,才能为企业更好地采集、甄别、分类、筛选有价值的数据,从而有利于企业决策的制定更加科学化。

3. 企业决策的主体更加多元化

进入信息化工业时代,由于企业决策要求的技术化和知识化不断加强,以及数据的不断增多,不少专家、学者,甚至是技术人员也加入这个决策群中。随着企业决策主体的增加，决策智库成员的多样化与知识的多面化，在一定程度上，可以使企业决策中集体主观判断的失误率下降。为提高决策管理的科学化程度，企业级决策管理系统应尽快构建，以更广泛地应用大数据中的数据采集、分析、筛选技术，形成科学的决策数据指标，更好地为管理决策服务。

4. 传统的企业决策方法有待创新

在互联网时代，企业决策的制定必须以决策数据为依据，互联网研究不同于传统的逻辑推理研究，其要对数量巨大的数据作统计性的搜索、比较、聚类、分类等分析归纳，关注数据的相关性或称关联性，通过构建互联网支持的企业决策管理系统，在数量众多的数据中找出某种规律性与隐藏的相互关系网，一般用支持度、可信度、兴趣度等参数反映相关性。只要从数据挖掘中发现某种方法与增加企业利润有较强的相关性，就可能为企业决策管理提供战略支持。数据的相关性及其对于企业决策的重要性，就从客观上要求企业管理者应顺应形势及时改进决策管理的方法。

（七）互联网时代应如何通过财务战略优化资源配置

1. 利用互联网优化财务分析

要想更好地提升企业的财务管理能力，企业就必须进一步明确财务分析和互联网的关系，统筹兼顾，实现资源的优化配置。众所周知，财务数据是企业最基本的数据之一，其积累量较大，其分析结果直接影响着企业财务管理的最终质量。因此，企业在进行决策分析时，必须坚持客观公正原则，以财务数据为基础，制定明确的分析指标和依据，以保证企业财务管理的平稳推进和运行。在进行财务分析时，财务管理人员应先查找和翻阅当期的管理费用明细，并将其与前一阶段的数据进行对比，找出二者之间的主要差异，从而找出管理费用的变化规律，最终得出变化原因。在进行原因分析时，财务管理人员可以建立一个多维度的核算项目模型，并在模型中作好变化标记。在整个分析过程中，财务人员往往要花费大量时间用于管理费用的核算与验证，同时查找相关资料。在财务软件中，上述系列动作要切换不同的界面。而如果利用大数据技术，只要通过鼠标的拖拽，就可以在短短几秒钟内分析出所有管理费用明细发生在每个部门的情况。对于企业的决策者而言，通过对财务信息的加工、搜集和深度分析，可以获得有价值的信息，促使决策更加科学、合理。

2. 利用互联网加强财务信息化建设

互联网可能对会计信息结构产生以下两个方面的影响：一是会计信息中非结构性数据所占的比例会不断提高。互联网技术能够实现结构性和非结构性会计信息的融合，提供发现海量数据间相关关系的机会，并以定量的方式来描述、分析、评判企业的经营态势。因此，我们越来越有必要收集非结构化数据，并加以解读和理解。二是在特定条件下，对会计信息的精准性要求会降低。互联网时代，会计信息的使用者有时可以接受非百分之百精确的数据或者非系统性错误数据,这可能会对会计信息的质量标准提出新的观察维度:会计人员需要在数据的容量与精确性之间权衡得失,是强调绝对的精准性,还是强调相关性。

为此,在财务信息化的建设上,企业要做到以下两点:一是在企业内部逐步建立完善的财务管理信息化制度。制度保障是企业信息化的第一步,因为信息化并不是一蹴而就的,只有从制度层面作出规定,才能保障信息化切实有效的推进。构建网络化平台,实现企业的实际情况和网络资源的有机结合,达到解决企业信息失真和不集成的目的。构建动态财务查询系统,实现财务数据在不同部门之间的迅速传递、处理、更新和反馈。二是加强监管力度。发挥互联网的优势,利用信息化的手段实时监控各部门的资金的使用情况,将资金运行的风险降到最低,使资金的使用效率最大化,同时要注意保障财务数据安全。

3. 构建科学的财务决策体系

为建立科学的大数据财务管理决策体系,企业要作到以下两点:一是要强化企业决策层对大数据的认识。因为在传统决策中依靠经验获得成功的案例比比皆是,再加上大数据需要投入大量的人力、物力,短期内很难给企业带来明显的效益提升,所以很多决策者认为企业财务决策与大数据关系不大。这种认识是片面的,企业只有正视这种变化,才能够从数据中获得自己想要的信息,认识到自己面临的风险,从而制定出合理的决策。二是要结合企业的实际情况,建立有效的基于大数据的财务决策流程。要改变过去"拍脑袋"作决策的模式,通过积极地收集企业相关数据,建立大数据平台,利用先进的技术从数以千万计甚至亿计的数据中收集、处理、提取信息,挖掘问题背后的相关性,探索企业隐藏的风险和商机,找出问题的解决方案,实现由数据引领决策的目的。

三、企业决策的基础变化

互联网成为许多公司竞争力的来源,从而使整个行业结构都改变了。大公司和小公司最有可能成为赢家,而大多数中等规模的公司则难以在行业调整中受益。掌握着大量数据的大公司通过分析收集到的数据,成功实现了商业模式的转型。例如,苹果公司进军移动手机行业是个很好的例子,它在与运营商签订的合约中规定运营商要给它提供大部分有用数据。通过来自多个运营商提供的大量数据,苹果公司得到的用户体验的数据比任何一个运营商都多。苹果公司的规模收益体现在了数据上,而不是固有资产上。互联网也为小公司带来了机遇,其能享受到非固定资产规模带来的好处。重要的是,因为最好的互联网服务都是以创新思维为基础的,所以其不一定需要大量的原始资本投入。

（一）互联网提高了决策的针对性

在互联网时代，企业管理者应建立现代化的信息交流沟通平台，与员工进行有针对性的、有效的良好沟通，甚至进行决策。企业在重大的策略调整和重要事件发生时，可以通过信息交流沟通平台，优化决策信息沟通的渠道和路径，使决策的程序简化、速度加快，同时鼓励决策参与者快速参与沟通，提出合理化建议并参与决策方案的制定，从而缩短上传下达的沟通时间。企业应尽量减少信息链的长度，强化对信息链的优化整合力度，以达到企业运作流程的优化，减少内部沟通的偏离程度，从而减小管理决策制定的复杂程度。通过使用虚拟的网络平台来完善和提升企业决策管理，使之规范运作、管理科学、高效发展更具有综合竞争能力。

（二）增强预测的信息基础

在互联网时代，企业的市场分析、运营策略、目标客户等一系列具体而重要的参数都受到互联网信息的影响，企业的运作模式也会发生巨大转变。它推动着各行各业不断调整思路，改变运作机制，重视群体因素、个体影响。人们应该重视和关注互联网应用带来的影响，应用技术进步带来的新机遇，克服困难，运用好互联网，把握好企业改革和再发展的新时机。

通过大数据智能预测系统，可以让企业从众多杂乱的信息中非常轻松简单地挑选出有效可靠的信息，摆脱过去烦琐的搜索监测与分辨信息的业务，把大量的信息变为了引导行动的洞察力，节省了大量的时间，从而更加高效、准确地作出合适的决策。

通过大数据智能预测系统，企业可以在非线性化数据中开掘出意外的数据方式与联系，创建指导业务一线交叉的形式。同时，大数据智能预测还能有效避免优质客户的流失，给目前的顾客提供更多的服务购买选项，研发出更加优秀的新型产品，提升企业的运转效率，及时发现且防范存在的欺诈与风险。大数据智能预测可以完成高级分析、信息开采、文本开掘、社交媒体分析与核对分析（如集群分析、关联分析、同归分析等）、信息的搜集与在线查实探讨、信息建模与预测建模。大数据智能预测给每一项技能水准的客户提供自定义的业务，包含了对于高级管理层面看得见的菜单页面、对于更加有资质的分析员的命令预防页面与高级功能。大数据智能管理与布置企业的所有财产与债款，给运转体系与决策拟制人员带来更加可靠的决策。

（三）互联网促进了动态化决策

互联网如巨浪般冲击着我们的生产与生活，一切传统企业模式将会被推翻，企业通过先进的数据挖掘技术，完成数据增值，从而创造更有价值的商机。当今社会每天每时都会产生巨量的数据,这些数据也悄然记录着世界变化的轨迹,信息时代的竞争已经不再是劳动生产率的竞争,而是基于知识的数据竞争。互联网环境的动态性对企业提出了更高的要求,每个环节的改变都引导着企业的变革,企业必须通过最有效的方式实现数据最大化的价值增值。同时,基于数据的客观性及信息量大的特点,对企业在数据保密及备份、保障客户信息安全等方面提出了更高的要求。

(四)构建新的竞争优势

在互联网时代,企业需要应对数据的更新与变化,以不断调整企业内部的管理决策内容,提升企业的综合竞争力水平。传统企业的决策过程往往是被动的,即通过简单的个人经验以及被个人想法所左右,知识决策内容经过长期实践之后出现偏差。因此,现代企业发展模式需要向着预判式的发展道路前进,对市场的发展状况进行预判,充分掌握未来市场发展规律、客户需求以及竞争对手的各项信息,在互联网的竞争中获取竞争优势地位。因此,企业应用互联网进行预判制定管理决策内容至关重要。对企业的自身发展而言,互联网不仅是一项技术手段,更是一项全新的发展模式。互联网的出现,使得企业管理决策内容知识获取方式、决策参与者以及组织内容发生了巨大变化,为企业管理决策的发展提供新的发展途径。同时,只有有效地运用互联网内容,才能够在激烈的市场竞争中保证企业的战略优势地位,提升企业的综合竞争力。

(五)决策中应规避使用互联网的几个误区

1. 中小数据没有挖掘的价值

互联网规模的标准是持续变化的,当前泛指单一数据集的大小在几十 TB 和数 PB 之间,显然若按照上述标准,日常的数据集绝大多数都不可能入围互联网,但其规模则占了全球数据集数据总量的 90% 以上。企业应更多地引导人们对数据资源获得与利用的重视,事实上,对未到 TB 级规模的数据挖掘也有价值,目前报道的一些大数据挖掘应用的例子,不少也只是 TB 级的规模。

2. 要有解决非结构数据挖掘的技术才能开展互联网分析

除了消费者流量外,还有企事业单位的流量,其规模与消费者流量相当。视频是非结构性数据,视频数据集的规模都很大,日积月累自然就成为大数据,有理由相信大数据中 90% 都是非结构数据。对非结构数据的分析需要有先进的语义技术和基于元数据的标签算法等,尽管语音的机器翻译有了进展,但视频图像的智能识别仍然不成熟。目前国内外有很多大数据应用成功的例子,但基本上还是针对结构性数据,所以不必等待非结构数据挖掘技术的成熟,对结构性数据的挖掘是大数据应用的切入点。

3. 数据样本的规模比普遍性更重要

这里涉及对被观察对象取样数据的密集度和时间或空间跨度问题，例如，将一个人每分钟的活动数据记录下来，对了解该人的身体状况是有用的，但如果将他每秒的活动数据都记录下来，数据量将较前者高60倍，但与按分钟记录的数据相比，其价值并不能增加。在相同规模下，收集约8.64万次数据样值，以秒为间隔的话，大概就一天；以分钟间隔的话就是两个月。从保健的角度，后者的数据更有价值。统计一个人每分钟的身体状况数据与统计60个人每小时的身体状况数据相比，可能后者在统计上更有意义。数据挖掘需要有足够规模的数据，但前提是这些数据要有一定的时间或空间跨度，即具有普遍性。数据样本密度与被观察事件或对象有关，例如，风力发电机装有多种传感器，每隔几毫秒测一次，用于检测叶片、变速箱、变频器等的磨损程度。

4. 所有数据都同等重要

可以用多种类型的传感器检测环境污染，虽然各类传感器都是有用的，但不是同等重要的，需要依据检测不同的指标来对不同类型的传感器结果加权处理。此外，每一类数据的重要性会随关注点不同而变，一个人的身体状况可以用多种指标来衡量，显然所关心的疾病不同，与不同指标对应的数据其重要性也不同。同一类型的传感器在不同位置和不同时间收集到的数据，其重要性也不同。以城市交通监控摄像头为例，在路口的摄像头，其作用就比非路口的重要，在没有车辆和行人的深夜，记录的摄像数据没有保留价值，无须存储，但需要加上时间标签注明舍弃了哪一时段的图像帧，有些情况下需要对每一帧感兴趣的区域增加分辨率，而其他区域降低比特率。另外，同一类型的数据其价值也因收藏时间的长短而异，一般而言，时间间隔越久，其价值越小，因此存储的数据需要压缩以节省成本。

5. 数据都是可信的

传感器收集的数据并非都是可信的，特别是该传感器上的历史数据与同类的其他传感器报出的数据差异很大时，该数据就应弃用。过去往往认为"有图有真相"，事实上图片可以移花接木、张冠李戴、时空错乱，或者照片是对的，可是文字解释是捏造的，这样的事情已屡见不鲜。一些网站规定所有帖子不论是否真实一律对转发次数设置一个上限，从舆情收集效果看，人为的截尾导致失去真实性。基于微博的判断也不能代表所有年龄段的人群，如利用微博也能分析流感的发生，但微博的使用者大部分是年轻人，而季节性流感的袭击对象多为抵抗力较弱的老年人和儿童，因此基于微博的判断代表性不足。

为了避免数据不可信，需要收集多源异构的数据，例如通过城市交通监控系统可以实时掌握交通流量，但如果加上政府数据和网民数据，就可能知道发生交通拥堵的原因。利用与历史数据的对比也容易发现数据的异常，通过用数学模型来检验，也有助于推断数据的可信性。

6. 大数据挖掘侵犯隐私

大数据确实存在安全与隐私保护的隐患，重要的数据存储和应用不能过分依赖大数据分析技术与平台，需要重视信息泄密的风险。大数据的挖掘与利用需要有法可依，既要鼓励面向群体而且服务于社会的数据挖掘，又要防止针对个体侵犯隐私的行为，既要提倡数据共享又要防止数据被滥用。

7. 大数据挖掘全靠技术

大数据挖掘涉及数据获取、存储、计算、传送、分配、挖掘、呈现和安全等环节，每一个环节都需要技术支持，大数据技术已经成为国家间的竞争热点，也成为一门新兴的学科。但大数据又不仅是技术问题，前述大数据的挖掘需要法律支撑，大数据分析需要创新人才，大数据挖掘呼唤体制改革。如果一些部门和机构拥有大量数据，但以邻为壑，宁愿自己不用也不愿与有关部门共享，导致信息不完整或重复投资，要打破数据割据的局面，政府信息公开将起到很好的带头作用。

四、互联网时代对财务战略决策的重要意义

（一）提高了企业财务管理的效率

在互联网时代，企业不仅可以通过内部财务、业务活动获取财务信息，还可以通过客户、供应商等渠道数据分析获取所需信息，可以有能力充分地挖掘财务管理信息。另外，大数据具有实时、海量处理数据集合技术，可以实现财务智能化管理，使企业建立财务信息化共享平台，并通过"财务云"储存大量有用数据，提高了企业财务信息处理的效率。此外，有些知名企业正在着手打造集资产管理、财务管理、信息共享三位一体的"财务云端"平台，从预算、执行、财务分析、风险控制等方面提供数据信息。

（二）提高了企业财务管理的效果

传统的财务管理由于受技术所限，往往出现财务数据不准确、分类不标准的问题。互联网实现了规范化和标准化整合数据，使财务数据更加精密和准确。互联网提高了财务管理效率主要指可以更快地收集数据，而财务管理的效果则指对所收集数据的分析能达到企业所追求的目标。传统财务管理分析多通过计算器、Excel 表格公式计算出一些财务比率指标进行，不懂得通过互联网、云计算进行云图建模、数据流的图谱分析，不知道通过网络模型实现外部动态财务变量的可量化计算。互联网分析减少了财务人员财务管理过程中的主观错误，使财务数据分析和处理更加客观可信，更加便捷可操作。

（三）改变了财务人员的角色

一般教科书上把会计的职能定位于核算和监督职能，更多地把财务人员看作信息的提供者和业务活动的监督者，而在互联网时代，财务管理人员的角色应转变为企业的决策者和管理者，这也符合国家发展管理会计人员的趋势。当前企业财务管理人员面对的数据面越来越宽、数据链条越来越长，这些数据既包括生产数据，又含有技术数据、销售等数据，但是财务人员一方面受自身专长限制，另一方面受部门分工限制，很难全面对这些数据进行整合分析。

互联网管理扩大了财务人员的视野，使财务人员从传统的会计信息核实和监督的角色中解放出来，摆脱了过去大量重复和基础工作，更多地参与到信息管理和业务决策中来，财务人员正在从专业型人才转型到复合型人才。

第三章

互联网时代
企业财务会计信息的处理

第一节 互联网时代企业财务会计概念框架

一、互联网时代《企业会计准则——基本准则》所体现的财务会计概念框架

互联网的飞速发展，使得市场经济环境发生了巨大变化，大数据、云计算等方面的互联网财务会计研究有所进步。在互联网时代，新兴行业模式对企业会计准则的交易形式和业务活动提出了新的要求。在会计方面，互联网时代的巨大用户资源无法准确衡量，在账户中，何时确认收入、记录业务、确认多少都将成为一个大问题。无论是中国还是国际会计准则局、FASB 等国际会计机构，对会计测量、收入建议、财务报表等变更相关会计准则都十分关注。

企业会计规则是会计人员从事会计工作必须遵循的基本准则，是会计核算工作的规范。《企业会计准则——基本准则》由财政部制定，于 2006 年 2 月 15 日财政部令第 33 号发布，自 2007 年 1 月 1 日起施行；2014 年 7 月 23 日根据《财政部关于修改〈企业会计准则——基本准则〉的决定》修改，财政部令第 76 号发布。

会计准则体系，将西方的财务会计概念框架的核心内容体现于企业会计准则——基本准则中，结合我国的实际情况，基本形成了我国的财务会计概念框架。《企业会计准则——基本准则》的"总则"部分，规定了准则制定的目的和依据、适应范围、财务会计报告的目标、会计主体、持续经营、会计期间、货币计量、权责发生制、会计要素和记账方法等，

还指出企业会计准则的结构包括基本准则和具体准则，具体准则的制定应遵循基本准则的关系。"会计信息质量要求"部分，提出可靠性、相关性、明晰性、可比性、实质重于形式、重要性、谨慎性和及时性等。"会计要素"部分，明确了资产、负债、所有者权益、收入、费用和利润六大要素，分别定义并规定了它们的确认条件。"会计计量"部分，指出企业在将符合确认条件的会计要素登记入账并列报于会计报表及其附注时，应当按照规定的会计计量并确定其金额，并规定了历史成本、重置成本、可变现净值、现值和公允价值等五种计量属性，要求企业在对会计要素进行计量时，一般应该采用历史成本，采用重置成本、可变现净值、现值、公允价值计量的，应当保证所确定的会计要素金额能够取得并可靠计量。"财务会计报告"部分，分别规定了财务会计报告的概念和内容以及资产负债表、利润表、现金流表和附注的基本内涵。

现行《企业会计准则——基本准则》所包含的内容，已经比较完整地体现了通行概念框架所涉及的会计目标、会计假设、会计信息质量特征、会计要素及其确认、会计计量与财务报告等主要方面。财务会计概念框架的构建和完善将是一个长期的过程，需要根据环境的变化而不断地修订和完善。

二、我国的财务会计概念框架

我国的财务会计概念框架由以下三个层次构成。

（一）第一层次

第一层次，主要包括会计目标、会计对象和会计假设三项内容。会计目标主要确定：谁是会计信息的使用者，会计信息使用者需要什么信息，财务会计可提供什么信息。我国的财务会计目标定位于三个目标：国家宏观调控需要、外部利益相关者需要、企业内部经营需要。会计对象即会计所要反映和管理的内容。会计假设是由财务会计所处的经济环境（市场经济）所决定的若干基本前提。这些基本概念代表了财务会计的基本特征。会计目标、会计对象、会计假设，都受会计环境的影响决定，会计对象来自财务会计的客观环境，三者相互作用，相互影响，处于同等地位。因此，会计目标、会计对象、会计假设构成财务会计概念框架的第一层次。

（二）第二层次

第二层次，主要包括三部分内容：即会计要素、会计信息质量特征和会计核算的一般原则。受基本假设的制约，考虑财务会计的目标，会计对象便具体化为财务会计的要素。为了实现会计目标，保证会计信息的有用性，会计信息应具备规定的质量特征。为了正确地进行会计要素的确认、计量,提供有用的会计信息,会计核算必须坚持一般原则。

(三) 第三层次

第三层次,主要包括会计要素的确认、计量、记录与财务报告四部分内容。根据确认与计量的概念和标准,将应由财务会计系统处理的数据按照会计要素的定义与特性,分别当作不同会计要素及其所属的账户来计量、记录,并通过会计报表和其他财务报告等手段,转变为有用的会计信息,传递给会计信息使用者,这就是财务会计的最终要求。因此,这一系列的会计处理过程构成了财务会计概念的第三层次,也是最终层次。

第二节 企业财务会计信息的特征

在网络经济时代,企业面临的内、外部环境已发生了根本的变化,其财务信息也必须具备新的特征以适应这种变革。

一、会计信息资源的整合性

数据可以以结构化的方式存储,如存储在数据库,也可以以非结构化的方式存储,如存储在文件系统中的文件。此外,即使数据结构相同,数据分发也可以是不同的载体。这在会计信息资源整合系统中尤其重要,也大大增加了目标搜索任务的复杂性和多样性。如果信息技术的搜索技术整合集成,那么,无论是结构化的信息资源还是非结构化的内容,都可以从中挖掘出高商业价值和高社会价值的信息资源。该系统可存储各种结构化和非结构化数字信息,如会计文档、原始凭证、报表和合同、协议、传真、发票扫描件等,或者视频资料、影像资料等信息模式。

以搜索技术为基础对会计信息资源进行整合的系统,是限定了信息使用者在一定的权限范围内,通过该系统随时搜索有关的数据信息,企业内部和企业外部的各种信息使用者可以根据自身需求输入特定的指令搜索需要的信息,同时,还可以获得企业的财务和非财务信息、历史与未来预测信息、定量和定性信息,获得上述信息只需要进入有关的搜索引擎或者企业内网。由于这种操作方式简单,企业的会计信息系统已经成为企业的"百度库",信息的需求者可以迅速获得有关决策信息,会计信息的提供可以实现按需供给，满足用户的特殊需求。

会计信息系统可以应用于各种非结构化和结构化的数据内容，比如，会计工作中的各种文档、原始凭证和合同协议、传真、数据库中的信息、发票扫描件、账单、报表以及视频、多媒体音频等各类信息模式和载体。通过搜索技术，这些信息资源可以根据任务整合信息资源，共享、整合原本分布零散、缺乏统一标准的数据。

二、会计信息的公开性

通过网络，用户、投资者、债权人和债务人，可以快速准确地获取相应的业务会计信息，并可以对具体经济业务的公开信息进行更深入的了解。企业可以在网络中获取人员和营销等方面的信息，分析、预测和评估企业状况、未来财务状况和经营成果在未来发展中的价值。

三、会计核算的实时性

企业实时的各种动态信息，成为互联网时代投资者决策最重要的考量因素。投资者希望了解不同的业务状态等信息，充分、及时地了解投资业务，以减少因决策错误造成的损失。传统的财务报告难以满足投资者的需求，在互联网时代，财务报告具有公开化、个性化等特点，保证了企业信息传递的及时性和重要性。企业信息的动态披露，始终伴随着各种数据信息，其中包含了有关投资者的需求的重要信息，同时也涵盖了更多无用的信息。如果企业对所有信息进行定期披露，就很难满足投资者的需求。因此，企业要全面了解、分析企业信息，选择有价值的信息及时披露，以满足投资者的需求，帮助投资者更好地了解业务流程，衡量投资风险。

在网络经济环境的影响下，会计核算从以往的静态的事前核算转变成了动态的事中核算。网络环境下的财务会计的主要功能是能够快速地产生反映企业资金状况及经济动态的财务报告，替代以往的月、季、年度财务报告。通过网络，企业的会计信息使用者不但可以了解企业的过去和现在的财务信息，还能够随时查阅企业财务报表，了解企业的财务状况和发展动态。

四、会计信息运行高效性

从传统模式下的财务会计报告体系来看，在保守收益概念及传统费用观念的指导下，在单一化市场活动、物价稳定、风险较低的情况下，利润表尚可基本反映出企业经营收益状况。在互联网技术日新月异的今天，会计信息的输入、输出已经变得高效快捷，由传统的单向模式变为双向模式。这种转变与网上交易的需求相符合，使数据输入、输出等方面的数据信息的实时性成为可能。企业将会计数据信息直接存储在计算机和网络中，在业务活动过程中可以及时查询、使用会计信息，因此，信息使用者可以随时了解财务会计信息。

五、介质改变使财务报告非货币信息可完全体现

在现代企业财务管理中，不论是人力资源、能源来源还是销售渠道、数字资产等，都是影响企业财务状况的重要因素。但是，如果从传统的财务会计报告来看，这些是无法用货币形式描述的，在财务会计报告中难以体现出来。随着网络技术的迅猛发展，传统模式下的纸质载体已经变为光电介质、磁介质等多种载体形式。随着载体的变更，传统模式中处理会计信息分类和再分类的繁杂性已经不复存在。同时，依靠同一基础数据，能够达到信息多维重组的效果，也使会计数据分类、重组、再分类等变得简单易行，够使上述一些难以在传统财务会计报告体系中体现出来的非货币信息可以充分体现出来。

第三节 互联网时代企业财务信息的处理内容

一、财务信息的集成处理

目前，网络环境下财务会计软件仍处于快速发展变化的过程中，其体系结构也并未统一。下面给出一种比较典型的基于财务数据仓库的网络环境下财务会计软件的体系结构。

该体系结构强调业务处理与信息处理的集成，财务信息与非财务信息的集成，核算与管理的集成。通过在企业信息系统的生产自动化系统（MAs）、管理信息系统（Mis）、供应链管理（SCM）等子系统中嵌入各种业务处理规则，企业内外部的业务事件一旦发生，相关的财务和非财务信息就会被实时采集并传递到业务数据库中进行存储。企业管理过程中产生的非格式化的文档和报表存储于数据文件中，而通过信息门户收集的外部数据，如客户的反馈信息、市场的变化信息、竞争对手的最新动态等则存储于外部数据库中。

为了避免数据的分散和重复存储，网络环境下财务会计软件通过数据转换工具对业务数据库、数据文件、外部数据库，以及其他数据来源中的数据进行清洗、转换和综合，将

其转换成面向财务主题的信息后再按照标准格式统一存储于财务数据仓库中。财务数据仓库中不仅存储符合会计事项定义的业务事件,也存储企业需要计划、控制、分析及评价的其他事件。

在财务数据仓库的支撑下,网络环境下财务会计软件可直接完成核算及内部控制工作,并通过分类、汇总、余额计算等处理过程完成定制化的财务报告。此外,网络环境下财务会计软件还可以运用各种模型、方法及专家知识,对相关数据进行深入分析,以辅助管理层的决策。

模型库用于存放用户求解财务问题所需的各种模型,包括管理控制模型、筹资决策模型、投资决策模型、企业经济价值评估模型、成本分析模型、利润分析模型等。由于财务问题种类繁多,所使用的模型根据具体问题的不同经常会发生变化,因此,模型库中存储的模型一般是具有通用性的基本模型。在实际进行问题求解时,根据具体问题调用模型库中的基本模型,匹配生成一个针对某一特定问题的求解过程,即动态模型。一旦具体决策过程结束,动态模型即消失,模型库中仍然只有基本模型。这种模型运行方式可以突破一个模型只能包含某种固定方法的模式,在系统运行时可连接不同的基本模型,形成多种模型,并通过比较获得最佳求解模型。

方法库用于存放与财务决策相关的基本方法,如量本利分析法、时序分析法、回归分析法、主成本分析法、线性和非线性规划法、动态规划法、网络计划法等。另外,方法库中还存放有不同的确认和计量规则,如会计核算和报告需要遵循的会计准则就是这些规则中的一种。方法库中存储的各种基本方法和规则也可以根据需要进行灵活组合,形成解决具体财务问题的专用方法和规则。

用户在使用网络环境下财务会计软件来辅助决策时,经常需要得到专家的帮助和指导。例如,当进行某项成本决策时,有制造成本法、变动成本法、作业成本法等多种成本计算方法供选择,用户往往不清楚应当使用哪种决策方法。为了解决上述问题,就必须组织知识,通过知识推理来解决这些问题,使决策结果更符合实际。财务知识库中存放着有关财务决策问题领域的知识,以便为人机交互、专家系统推理机、动态构模及综合分析等提供必要的知识支持,从而实现基于知识的推理。

在信息化系统建设过程中,要从企业财务管理实际出发,不断加大对基础信息系统的管控力度,集中处理综合信息,这样就能有效降低财务运作的工作量,同时也能使快速反应管理的难度下降,实现对整个管理平台的有效控制。因此,在实际开展管理工作时,不仅要加大对基础信息中财务数据的收集和管理力度,对于生产系统中所含的财务数据,也应加强收集管理,还应当格外重视基础信息平台建设,形成集数据报表、数据收集与分析、财务监控等功能于一身的系统。在财务信息化架构构建过程中,应当根据管理需要及时对系统作更新或替换处理,并专门针对财务信息管理、生产系统管理、基础信息收集等在管理标准上实行统一化。另外，还要从多个层级的财务信息管理需求出发，作好财务信息系统设计工作，尤其是数据库集中处理模式的构建，从而让企业综合处理能力得到优化和提高。

二、财务信息的披露

（一）互联网为企业财务信息披露带来的机遇

1. 丰富了信息披露渠道

传统的企业财务信息披露方式主要是定期对外提供纸质的资产负债表、利润表、现金流量表、所有者权益表和报表附注。随着移动互联网的快速发展，财务信息趋于智能化、开放化，企业借助网络平台及时更新信息，信息使用者可以随时随地查看企业财务信息，及时获取与其投资决策相关的信息。会计信息化时代，企业信息披露渠道不再仅仅局限于传统媒介，丰富的财务信息披露渠道，使信息使用者高效、多元、便捷地了解企业财务信息。

2. 降低了信息披露成本

与传统的信息披露方式相比，互联网时代的信息披露成本具有很大突破，主要表现在以下方面：第一，从信息收集与处理过程来看，企业利用云计算会计大数据处理平台，快速收集、加工、整合信息，并通过建立财务共享服务中心（FssC），将企业所有子公司的业务整合到一个FssC来进行账务处理，与传统信息处理过程相比，节省了大量的系统成本和人工成本。根据埃森哲公司对已在欧洲建立FssC的30多家跨国公司的调查结果来看，通过建立FssC可平均降低30%的运营成本。以中兴通讯为例，自实施财务共享服务以来，每单节约处理成本9.1元，节约人工成本约60%。第二，从财务信息披露程序来看，在互联网时代，电子商务、电子发票不断普及，会计财务业务趋于一体化，企业借助财务处理软件实现了信息录入、加工、报出同步完成，改变了传统的凭证—账簿—报表的披露模式，可以大幅节约传统信息披露程序所产生的人工成本、寄送成本、管理成本等。据调查，京东实施电子发票以来，每年可节约1.08亿元管理费用。第三，从信息使用和管理来看，互联网模式下企业提供的电子版财务报告可以供多个信息使用者同时、重复地浏览下载，不仅减少了纸质版财务报表的印刷费用，而且减少了中间环节的管理费用。

3. 提高了信息披露质量

互联网企业财务信息披露形式通过增强信息的可理解性、相关性和可比性来提高信息披露质量。互联网企业财务信息披露形式丰富多样，不仅保留了传统的账表披露形式，还增添了声音、图形、Flash等网络披露方式，使财务报告通俗易懂、便于使用，增强了会计信息的可理解性；互联网加强了企业与信息使用者的互动，大部分企业通过微博、微信等网络平台加强与客户的线上互动，及时捕捉信息使用者的需求与风险偏好，通过使用大数据处理技术，将信息使用者的浏览次数、搜索范围、App下载次数等非结构化数据引入会计系统，加工成各种报表对外披露，提高了信息的决策有用性；互联网时代，XBRL网络信息披露技术的推广，增强了信息的可比性。XBRL格式下，所有财务信息均具有唯一的识别码，信息使用者结合自身需求，在XBRL信息处理系统中选择自己需要的信息，即可实现财务报表横纵向对比分析。

（二）互联网时代下财务会计信息披露的发展趋势分析

在互联网时代，网络会计对传统会计理论的四个假设提出了挑战，网络经济的发展改变了传统的交易方式和管理模式，网络会计信息披露增加了财务信息的透明度和质量，这在很大程度上预示了未来互联网时代财务会计信息披露的发展趋势，即互联网披露方式多元化。

1. 披露方式之一：纵向披露

所谓纵向披露信息就是大型上市企业或跨国企业利用自身的网络数据库对会计信息进行分批整理、集中汇总。在网络高度发达的今天，这种纵向披露的方式能使公司的各个领导层获取财务会计信息的第一手资料，这就涉及完善企业的网络财务信息管理系统，使得信息使用者无论身处何方，只要手边有网络，就可以通过互联网显示的财务会计信息了解到企业的最新信息，实现多方位的数据共享，这是财务会计信息披露应用互联网多功能化的表现之一。另外，从基层到总部的纵向披露模式要求基层财务人员汇总企业的实际财务状况，提供最基础、最完整、最原始的会计信息，由集团总部通过财务信息系统进行整合，以达到各部门掌握信息的一致性。由此可以看出，建立完善的财务信息管理系统，不仅能够使网络信息披露成为外部了解企业经营状况的载体和直接平台，也能够避免因下级虚报账目导致的数据混乱，对最原始信息的质量和准确度进行层层监督和把关，以确保原始数据的真实准确性。同时，这种纵向的信息传输方式也使得财务会计信息披露减少了多重中间环节，大大提高了信息披露的效率。

2. 披露方式之二：横向披露信息

顾名思义，横向披露即不同公司之间交换财务会计信息的一种方式。例如，甲公司是乙公司的供货商，甲公司需要了解乙公司的支付能力，而乙公司同样需要知道甲公司最原始的数据链，从而核对企业成本。这时，双方所提供的供货单、报价单以及销售合同、付款收据等就是需要向对方披露的财务会计信息之一。互联网带来的财务会计信息披露的时效性改变了传统会计企业双方重复手工录入买卖方各自信息数据的烦琐工序，一方面减少了录入数据的误差，另一方面也提高了信息传输的速度。在互联网时代，高效性为企业带来的经济利润是不言而喻的，这是互联网成为企业间进行数据交流的主要平台的决定因素之一。另外，一个更重要的原因是利用互联网进行财务会计信息的横向披露，可以将一个合作对象所提供的信息与更多的买家或卖家实时共享，货比三家，优胜劣汰，大大提高企业商业运营的可选择性。当然，减少人力资本支出、改良纸质资料的低传输率、节约办公用品、提高工作效率都是未来选择互联网进行财务会计信息披露的考虑因素。

但是横向披露实现起来的困难很大，因为绝大多数企业之间是不愿共享财务数据的。由于法律规定，上市公司必须披露报表以及关键事项，但是其他信息由于涉及企业自身商业机密，通常不会共享。

（三）互联网模式下规范财务信息披露的对策

1. 加大对新技术的研发应用力度

财务信息安全风险在互联网计划推进过程中呈现乘数效应，大量财务数据一旦泄露必将对国家安全和经济发展构成巨大的现实和潜在威胁，政府在完善网络财务信息安全制度、加强监管力度的同时，更应加大对财务信息安全的资金与技术支持，集合信息安全企业、安全机构、技术研究机构的力量，加快大数据在财务信息安全领域中的应用，建设全国财务信息安全共享与关联分析平台，通过集中设立第三方安全云平台，将云节点部署于全国各地，把大量攻击引入云端进行集中阻断和分析，为企业财务信息安全提供第一道防线。这样，既有利于解决互联网推动企业转型升级过程中信息安全、人才缺乏与企业财务信息安全系统建设资金不足的矛盾，又有可能提供更加准确、快速的财务信息安全策略，政企协作，更好地应对财务信息安全威胁。

互联网与会计的深度融合，使过去相对独立、分散的财务信息已经融合为深度关联、相互依赖的整体。传统静态、单点防护技术难以适用互联网下对安全风险的应对，企业应加大对信息技术的研发与投资，树立动态的财务信息安全理念，结合企业自身业务特点，开发新型安全系统，如采用量子密码技术、可信计算技术，施行身份认证、同步监控，自动维护财务系统等，实现财务信息传递、使用过程的安全性、真实性、完整性和防入侵性，有效防范不断变化的财务信息安全风险，切实保障企业财务信息安全。

2. 明确网络会计核算前提，丰富信息披露内容

互联网会计实现了会计信息与企业业务的实时联动，会计工作由静态财务信息处理模式向动态管理模式转变，会计核算主体扩大，传统会计核算与信息披露模式已不能适应互联网时代发展要求，企业应确定网络核算前提，完善会计核算模式，重新设定财务报告模式，丰富信息披露内容。首先，将传统会计主体假设下的绝对实体向网络环境下的相对主体转变，形成开放性的主体假设，试用"经济联合体"定义会计主体，将经济利益的高度统一作为判断会计主体的标准，只要是为了共同经济利益而相互协作的联合体，无论有多少个部门或独立企业组成，均可视为一个会计主体；以一个项目为核算周期代替传统持续经营假设；用交易期间代替传统会计分期假设；扩大会计核算与披露内容，提高信息披露

质量。其次，完善公允价值计量准则，明确将公允价值界定为"交易价格"，将"可靠性"作为公允价值计量的基本前提，明确公允价值的使用范围与披露要求。设立多层级实际信息参数与估值技术，明确各层实际信息参数的适用范围，构建不同层级的估值技术，规范估值方法；改善我国公允价值市场环境，加大市场化程度，使金融资产、金融衍生品等交易价格更加公允。最后，重新设定财务报告模式。将资产负债按照"历史成本"与"公允价值"分别列报，重设资产负债列报顺序，纳入对人力资本等重要信息的表内披露，丰富信息披露内容，提高信息的决策效用。

3. 完善信息披露制度，加强政府监管

互联网在方便财务信息披露的同时，也暴露出诸多问题，为满足互联网会计的新要求，需不断完善我国财务信息披露制度，规范互联网市场秩序，加强政府监管，保障互联网会计健康持续发展。首先，拓宽信息披露主体范围，将互联网企业纳入信息披露制度，完善信息披露内容，加大对财务信息、经营信息、管理信息、风险信息的披露力度。其次，设立独立监管机构，互联网下企业经营具有虚拟化、跨界化、高技术等特点，风险管理更加复杂，监管难度更大，我国大部分行业实行交叉管理，甚至有些行业没有管理机构，因此，应引进先进管理体制，设立各行业独立的监管机构，加强各行业的监管力度，提高信息披露质量。最后，加大惩罚力度，完善我国相关法律法规，细化信息披露违规程度，加大违规成本，情节严重者可以尝试暂停入市措施。

第四节　互联网时代传统会计及会计电算化的区别与创新

一、互联网时代会计电算化和传统会计的区别

（一）科目的设置和使用不同

会计电算化中，有的财务软件已经可以将科目设置到六级了，而且在使用科目时只需输入该科目的代码即可，不要求输入该科目的中文名称，在显示或打印时，会同时看到科目代码和科目的中文名称，大大减轻了会计的工作量。而传统会计将账户分为总账和明细

账,明细账大多可以设置到三级科目,再开设辅助账户以满足管理核算上的需要,科目的设置和使用一般为中文。

(二)账务处理程序不同

会计电算化的账务处理中,整个处理过程只有三个:输入、处理和输出。这个控制的重点是输入的过程,从输入会计记账凭证到输出各种会计报表,都是一气呵成的。除了输入会计凭证外,都是计算机内部操作的,人的肉眼是看不见的,因此,只要控制好输入会计凭证这个环节,就可以很好地控制内部的舞弊和差错。这样既可以减少会计工作人员的工作量,又可以减少企业对会计人员的需求,从而降低企业的成本,而且企业所需要的会计资料都是计算机自动生成的,计算机内的一切数据都是可以查询的。

传统会计采用不同的会计核算形式,常用的有记账凭证核算形式、科目汇总表核算形式、汇总记账凭证核算形式等,在处理会计数据时,根据会计业务的繁简和管理上的需要,选定其中的一种形式,规定凭证、账簿和报表之间的关系,以及怎样来记账等问题。但是,无论企业采用了哪种,都是通过分散收集、分散处理和重复登记的操作方法,都避免不了重复转抄和重复计算这一根本的弱点。通过多人员、多环节进行内部的牵制和相互的核对,目的是减少工作中的会计核算手续,以减少舞弊和差错,但随之而来的将会是一系列的工作的重复和成本的提高。

二、互联网时代财务会计的创新:数字化

(一)通过会计信息系统内外部集成实现会计原始凭证的数字化收集与处理

企业内部形成的原始凭证,如申请领料单、PA结算单、完工入库单、废品单等,都是企业自身生产所产生的,涉及车间、生产、采购、销售、综合以及质保等部门。如果将这些部分分别进行专业化系统设计,并与会计软件系统进行对接,就会形成一个"同源数据",就可以实现内部数据信息化,从而减少纸质凭证的使用,实现内部原始凭证会计的数字化。

企业外部形成的原始凭证主要包括各种商业发票、事业行政收据、银行等金融机构结算单等,这些凭证的取得都是因为企业与外部单位发生业务往来。而这些业务的发生,不可避免地涉及信息流、物流和资金流。其中,信息流是实现资金流和物流的基础,物流是保障,资金流是实现手段。要实现这些外部原始凭证的数字化,就必须在这"三流"上采取措施。

1. 信息流

信息流主要包括行政审批信息，各种订货、结算信息以及其他企业数据信息流等。这些信息在企业外部传递，为了减少甚至避免信息纸质化，就要采用各种电子数据交换技术，在企业之间或企业与行政事业单位之间建立数据交换系统，从而达到企业信息流的自由流动和传递。

为了采用此种电子数据交换技术，就需要安装能实现计算机和平面文件在格式和翻译方面相互转换的软硬件，需要制定统一的商业数据标准，实现不同计算机系统的交换，还要建立增值网，以利于电子凭证的传递和接收。只有满足这些条件，企业才能跟合作伙伴建立数据交换网络，形成无纸化凭证信息的传递。

2. 物流

目前存在的主要是各种纳税发票、行政收据、交通餐饮票据等。这些原始凭证多数来源于企业外部，以其真实性和原始性得到企业的重视，要克服这种纸质化的难题，就必须采用多种技术来实现原始凭证的识别和利用。

例如，OCR 图像识别技术，可以通过扫描等途径提取原始凭证的内部信息，并存储于信息数据库中，这里不再赘述。除此之外，可以采用条码技术将物流中原始凭证的诸如企业名称、物品信息和日期等信息数据录入和采集，形成独特的"身份证"；还可以采用射频技术，用射频标签代替各种发票明细等原始凭证，并通过阅读器实现对物品的登记、操作、跟踪和监控。

3. 资金流

企业的交易最终都要以资金流的形式实现现金收付，表现形式多以纸质的银行支票、对账单、经营收据为主。在网络的环境下建立企业与银行的网上银行支付系统，实现电子货币、电子支付，就能降低交易的纸质化，从而实现资金流的数字化。

（二）通过会计原始单据网上报销系统实现原始凭证的数字化收集与处理

会计原始单据网上报销系统是在完善的互联网的基础上实现财务的在线报销流程。这种流程使传统的领导亲笔审批报销模式转变为网上电子签名报销模式，通过网络传递填写好标准化报销单据，进行流程化的业务审批，网络化的财务审核，使财务报销实现跨地域、跨时空、跨部门进行流转。同时，该模式引进了电子商务的理念，通过网络报销、银行网络、账务处理和预算管控来组织理财。

这种网上报销模式不仅使会计原始单据报销纸质化成为过去，还掀起了会计档案数字化改革的新突破。

1. 网上报销系统实现了从员工提交报销单到领导审批单据再到财务审核入账的全过程数字化

员工可以在网络环境下更加简便、高效地填写并提交报销单据（这种灵活性是基于员工信息、报销信息的系统设定，并结合了企事业的差异性，还满足了扩展性）；领导可以主动或被动地对提单进行动态的审批（这种动态性是基于系统对工作流、审批流程的灵活动态定义和控制，并对审批的级别和登录方式进行了预设）；财务可以简单自动核对并制证（这种自动性是基于报销单据的模板化、会计审核的自动化而设定），从而改变了传统填制纸质报销单请领导审批报销的烦琐做法。

2. 网上报销系统实现了报销流程的信息化管理

这种网上报销系统实现了员工信息的管理（员工常用信息，调动和账户更改信息等，实现随时更新）；报销单据的查询（按预设模式或不同用户类型模式进行个人信息查询、报销记录查询、单据审批状况查询等）；账户信息管理（查询报销历史、借还款记录和工资信息查询等）。此外，系统还能出具效率分析报表，对报销流程的各环节效率作出总结和分析。

3. 网上报销系统实现了和财务系统对接，主要涉及财务管理和银行管理的接口问题

网上报销将大量的已审批的报销信息导入财务账务处理模块，实现了与主流财务系统的对接，而财务系统为保证数据的准确性，对这些数据进行事先处理，如对系统生成的信息进行审核和必要的补充，还保持了信息的完整状态。财务系统形成的凭证资料与需要支付的资料一并传递到银行管理系统，这些准确的付款信息可以轻松地形成网上银行要求的接口文件，并通过付款完成交易。

网上报销系统起着信息收集的作用，它完成了数据的归拢、规范、共享和集成，形成了系统的对接和数据的一致性。具体来说，就是将审批后的费用信息以及相关数据并行导入财务资金系统、账务管理系统和银行接口系统，保持三者数据的相互核对和一致性，从而实现了会计原始凭证的数字化。

（三）通过开发和利用网络环境下的财务会计软件实现会计原始凭证数字化收集与处理

会计原始凭证的取得和处理对企业财务软件来说是业务处理的第一步，如何在第一步就能获得数字化的会计原始凭证或是处理过的数字化凭证成为会计档案数字化管理的基础和前提。网络环境下的财务会计软件基于互联网环境下，以电子商务的模式实现财务核算的网络化，从而为会计原始凭证的数字化提供了帮助。

1. 网络环境下的财务系统可以从财务上整合电子商务的各项功能

网络环境下的财务会计软件作为企业在网络环境下和电子商务条件下进行会计核算和

财务管理的工具，能够提供从财务上整合实现电子商务的各项功能，即完成网上的销售、订购、采购、付款、会计处理以及交易资料的记录、传递、认证、汇总与作业管理，实现企业与供应链间信息的交流和产销的整合。这些活动所产生的电子文件和数字凭据就能成为企业会计数字化原始凭证。

2. 网络环境下的财务系统可以实现内部数据的一体化数字处理

不仅供产销存的业务能实现财务和业务同步数字化处理，而且成本数据核算也能自动提取数据，实现有效成本控制。这些内部数据的一体化处理也达到了会计原始凭证的数字化要求。

3. 网络环境下的财务系统可以实现在线处理机制

在互联网环境下，电子化表单形式的电子票据成为在线交易的一种凭证，这种票据的使用使各项业务实现了网络化和自动化。由于电子票据不仅可以在企业内网中接收、处理和发送，还可以在外网中登录调用、财务操作处理，使企业的财务核算实现了网络化的信息传递，使企业订货、销售等业务实现了网络化和数字化。

第四章
互联网时代企业财务会计信息系统的构建

第一节 企业财务会计软件的功能与运用

一、网络环境下财务会计软件的特点

与传统财务软件比较,网络环境下财务会计软件的特点主要表现在以下几个方面。

(一)集中式的财务管理

在传统的经济环境下,很多大型企业都采取了层层分级的金字塔式的集中管理模式,这在一定的时期内促进了企业的发展。在这种管理模式下,基层单位编制财务报表后层层汇总上报,最后由企业总部对汇总报表进行分析并作出决策。随着业务经营的数量和范围的增加,企业所面临的竞争日益剧烈,管理层级过多的弊病日益显现。层层汇总上报的集中管理模式导致会计信息严重滞后,其信息有用性几乎完全丧失。鉴于此,部分企业转而采用将部分管理权限下放到下属机构的方法,以削减管理层次,缩短管理路径,增强企业的快速反应及决策能力。然而这种分权式的管理又容易导致企业对下属机构的管理失控,引发财务和经营风险,同时也不利于企业实现财务资源的动态合理配置。因此,企业迫切希望能够对财务数据进行集中存储和处理,实现集团内、外的财务状况的实时监控,真正掌握全集团的财务资源,实现科学决策,规避风险。但是,传统的财务软件缺乏网络化功能,使得这种要求难以实现。

此外，对大型企业集团而言，其内部控制与一般企业不同，其各下属企业往往在空间上距离遥远，所涉及的行业多样。对于这样的群体，需要实施更加严格的内部控制和管理，包括账务处理控制、货币资金控制、收入循环控制、费用循环控制、生产循环控制及财务成果控制等，这一切都需要通过远程工具实现快速有效的管理，以达到事前控制的目的。

网络环境下财务会计软件的出现为上述问题提供了良好的解决方案。网络环境下财务会计软件通过企业内部网及互联网将企业连接在一起，使不同分支机构间的物理距离及时差不再成为障碍，从而可实现财务及业务信息的快速高效收集和处理，以及对各分支机构财务状况的实时监控。这样不仅可以提高企业的决策效率和正确性，降低财务风险，还可以集成整个企业的财务资源，降低运营成本，提高管理效率。例如，通过网络环境下财务会计软件提供的在线往来款管理功能，企业总部通过 Web 界面即可随时监督众多客户及供应商的资金往来情况，使集团公司长期以来深感头痛的往来款的管理问题迎刃而解。

（二）强大的远程处理能力

互联网的发展不仅使得企业与企业之间、企业与客户之间在空间上的物理距离变为了鼠标距离，还使企业实施财务管理的范围几乎可以无限拓展。通过网络环境下财务会计软件，财务人员可以在基于互联网的虚拟财务专用网络上处理各项经济业务，这使得几乎所有的财务处理工作都发生了根本的变化。便捷的远程报账、远程报表、远程查询和远程审计，不但可以保证财务信息的真实性和时效性，也保证了企业管理体系的柔性和高效率运转。

（三）动态的会计核算

会计信息的滞后性一直是财务理论界和实业界面临的棘手问题。传统经营方式下的会计核算属于静态会计核算，即在经济活动发生后，由会计人员根据一定的会计核算组织程序，将经济信息转化成会计信息，并定期报出报表。由于会计部门与业务部门是以静态的方式来进行信息交流的，信息从业务部门传递到会计部门客观上总是需要一段时间。这样，会计报表所反映的只能是企业上一会计期间的财务状况，会计信息的决策有用性很差。

信息技术的发展为各种交易和事项的确认、计量和披露等会计活动提供了技术基础，为会计核算从静态走向动态创造了条件。另外，财务部门的预算控制、资金准备、网络支付、网络结算等工作得以与业务部门的工作协同进行，也使得会计信息随时都处在变动状态。网络环境下财务会计软件实现了会计信息的实时动态收集和加工，同时也支持报表的动态报送。无论集团机构内部的报表往来，还是与银行、税务、保险、海关等社会机构的报表往来，都可以通过网络环境下财务会计软件中的实时报表机制便捷地实现。网络环境下财务会计软件能够即时生成各种反映企业经营和资金状况的动态财务报表或财务报告，并及时通过网络将其传递给企业的所有利益相关者。网络环境下财务会计软件下的会计核算从事后的静态核算变成事中的动态核算和管理，极大地丰富了会计信息内容，提高了会计信息的价值。动态会计信息是企业通过在线管理部署经营和财务活动的基础，有利于企业管理层及时应对经济环境的变化。

（四）财务与业务的协同

财务与业务的协同是网络环境下财务会计软件的核心功能。通过财务与业务的协同，可以使业务数据的变动通过网络传递立刻反映为财务信息。从业务处理的角度看，它保证了数据的正确传递，使各部门能及时得到相关信息；从财务结算的角度看，它保证了业务部门与财务部门沟通良好，可及时结算清欠，避免坏账损失；从对进销存的财务监控角度看，它保证了财务监控的深度和力度，可以确保各项资源的存量不会突破高限和低限，并可以监控到多种原始业务单据，保证账实相符。

在网络环境下财务会计软件出现之前，财务人员无权或无条件参与业务管理，却又要承担确保业务数据在财务上正确反映的责任，这易造成责权不明，业务与财务管理脱节。网络环境下财务会计软件则从根本上促进了财务和业务的协同。财务与业务的协同具体表现为以下几个方面。

1. 企业内部的协同

企业内部信息可以通过企业网络传递实现内部的协同。采购和销售部门可以使用手持信息设备输入各种商品和劳务数据，并将其实时或批量送给财务系统；公司职员可以借助互联网的信息终端进行考勤、申请借款、填报各项收支；财务部门只需通过计算机接收各种经济数据，自动生成各种账表，进行事中控制和事后分析。

在网络环境下财务会计软件中，业务数据的发生与财务的记录是同步的。即当购销业务发生时，数据能自动传递到相关部门和岗位，如财务部门和供应链相关部门等都能迅速得到所需信息，自动形成库存台账和购销台账等。更重要的是，财务部门自动形成了结算流程，无论是供应商还是客户都可以直接与财务部门结算款项，以及生成往来明细账等，为及时结算清欠、避免坏账损失打下了良好的基础，降低了企业的经营和财务风险。

2. 与供应链的协同

与供应链的协同，就是指通过互联网实现供应商、运输商、仓库、客户与企业之间的协同。供应链上的每一节点在供产销、控制、预测等业务活动过程中的每时每刻都会产生各种信息。借助网络订货、网络采购、网络销售等先进经营模式，相关的财务信息可以被瞬间传递给企业的财务系统进行处理，并将处理结果反馈给业务系统，从而保证了财务业务的协同处理并集成了各种管理信息。

3. 与社会各部门的协同

与社会各部门的协同，就是指通过互联网实现企业、银行、证券公司、海关等的协同。

与银行联网，可以随时核对企业的银行资金信息，实现网络支付和网络结算；与海关联网，可以实现网络报税、报关；与证券公司联网，可以实现在线证券投资等。

二、网络环境下财务会计软件的技术基础

网络环境下财务会计软件的发展以现代信息技术为基础，其技术基础主要包括Internet/Intranet 技术、大型数据库和数据仓库技术、三层结构技术及组件技术。

（一）Internet/Intranet技术

Internet（因特网）是一个具体的网络实体。因特网没有一个固定的网络疆界，泛指通过网关连接起来的网络集合，即一个由各种不同类型和规模的独立运行与管理的计算机网络组成的全球范围的计算机网络。组成因特网的计算机网络，包括局域网（LAN）、城域网（MAN）及更大范围内的广域网（WAN）等，每个子网中包含若干台计算机。这些网络在开放的 TCP/IP 协议支持下，通过普通电话线、高速率专用线路、卫星、微波和光缆等通信线路，把不同国家的企业、科研机构、政府及非营利机构等组织的网络资源连接了起来，从而可进行通信和信息交换，实现资源共享。因特网具有许多强大的功能，包括电子邮件、远程登录、超文本和超媒体传输、文件交换、网络论坛和交互式多用户服务等。

Intranet（企业内部网）是在因特网的基础上发展而来的，是一个使用与因特网同样技术的计算机网络。它通常建立在一个企业或组织的内部，自成独立体系，并为其成员提供信息的共享和交流等服务，如万维网、文件传输、电子邮件等。企业内部网可以连接到因特网上，成为因特网的一部分，并通过防火墙等技术保证企业内部信息的安全性。使用者不仅可以在局域网内使用它，也可以通过防火墙及路由器从远程对企业内部网进行访问。

Intranet 还可以进一步向企业外部延伸，使其范围扩大到企业与企业之间，从而使企业与关联企业、上游供应商、下游分销商之间形成范围更广的信息系统。这也被叫作企业外部网（Extranet）。

Intern 机 /Intranet 技术为网络环境下财务会计软件的集成化发展提供了有效的技术保证，这是因为它具有开放性、标准化、分布式、使用简单、易于维护及抗干扰能力强等特点。如开放的 TCP/IP 协议允许不同类型的计算机通过各种网络方便地进行连接并共享和交换资源，使得网络财务会计软件的应用可以突破地域限制，拓展到全球范围。又如，通过超文本和超媒体传输技术，企业内外各种类型的数据可以有机地连接起来，这些数据不仅包括结构化数据（如关系数据库），也包括更多的非结构化数据（如文本、图形、视频、声音等），从而极大地丰富了网络财务会计软件的信息来源。

(二)大型数据库和数据仓库技术

传统财务软件大都采用Foxpro、Access等桌面型数据库,而这些小型数据库并非为企业级应用而设计的,它们在数据容量、运行速度、稳定性、安全性等方面都无法满足网络环境下财务会计软件的要求。因此,网络环境下财务会计软件通常采用诸如Oracle、Sybase、SQLserver、DB2等大型数据库。这些大型数据库不仅有TB(ITB=1000GB)级的数据存储能力,可以满足企业业务不断增长的需要,而且还大大提高了数据处理性能。此外,大型数据库的并发访问支持能力及安全性能也远远超过桌面型数据库。数据库必须具有一定的安全性。保护数据库,防止因用户非法使用数据库造成数据泄露、更改或破坏。数据库的一大特点是数据共享,由于数据库中存储了大量数据,包括关键的、机密的数据,数据库管理系统中的数据共享必须在DBMs的统一的严格的控制之下,只允许有合法使用权限的用户访问允许其存取的数据。大型数据库系统通过用户标识和鉴定、存取控制、定义视图、审计和数据加密等一级一级层层设置的安全措施保证了数据库的信息安全性,从而有利于提高会计信息的可靠性、真实性。

数据仓库是传统数据库技术的高级应用。传统数据库技术是以单一的数据资源(数据库)为中心,进行从事务处理、批处理到决策分析等各种类型的数据处理工作的。然而,不同类型的数据处理有不同的处理特点,以单一的数据组织方式进行组织的数据库并不能反映其中的差异,也无法完全满足数据处理多样化的要求。因此,为了满足财务分析和决策的需要,网络环境下财务会计软件已开始采用数据仓库来组织和管理决策所需的数据。数据仓库是面向主题的、集成的、稳定的、时间各异的数据集合,它把企业分析和决策所需的信息从企业的原始操作数据中分离出来,把分散的、难以访问的原始操作数据转化为集中统一的、随时可用的信息存储起来,同时提高了访问和处理数据的速度与效率。通过数据转换工具的清洗、转换和综合,网络环境下财务会计软件可以将各功能系统数据库、数据文件、外部数据库及其他数据来源中的事务数据,转换成面向财务主题的信息,并存储于财务数据仓库中。在此基础上,网络环境下财务会计软件还可以借助联机分析处理(OLAP)及数据挖掘(DM)等技术来实现对海量数据内涵的深度研究,从而加强财务分析,扩展决策范围,提高决策质量。

(三)三层结构技术

长期以来,人们一直采用的是客户机/服务器(C/S)两层结构,即客户端提供用户界面,所有的业务也全部放在客户端处理,而数据库操作则全部由服务器完成。当客户端需要进行数据库访问时,由客户端发送请求给服务器,服务器进行相应的处理后将结果发送回客户端。客户端和服务器之间通过消息传递机制进行对话。C/S结构虽然有许多优点,但对客户端的处理能力要求较高，客户端的应用程序也较为烦琐，限制了对业务处理逻辑变化的适应能力和扩展能力。当客户机的数据库访问请求较为频繁时，还容易出现网络阻塞现象。

三层模式是数据库中全体数据的逻辑结构和特征的描述，它仅仅涉及型的描述，不涉及具体的值。型是某一类数据的结构和属性的说明，值是型的一个具体赋值。模式的一个具体值称为模式的一个实例。模式和实例是一对多的关系，模式是相对稳定的，实例是相对变动的。

数据库的三层模式结构，是指数据库系统由外模式、模式和内模式三级构成。模式又称为逻辑模式，是数据库中全体数据的逻辑结构和特征的描述，是所有用户的公共数据视图，一个数据库只能有一个模式；外模式又称为用户模式，是数据库用户包括应用程序员和最终用户看见和使用的局部数据的逻辑结构和特征的描述，是数据库用户的数据视图，一个数据库可以有多个外模式。一个应用程序只能使用一个外模式，外模式是保证数据库安全性的一个有力措施，每个用户只能看见和访问所对应的外模式中的数据，数据库中的其余数据对他们来说是不可见的。内模式又称为存储模式，它是数据物理结构和存储结构的描述，是数据在数据库内部的表示方式，一个数据库只有一个内模式。数据库系统的三级模式是对数据的三个抽象级别，使用户不必关心数据在计算机中的具体表示方式和存储方式而逻辑、抽象地处理数据。

数据库系统在这三级模式之间通过两层映象，即外模式/模式映象和模式/内模式映象，保证了数据库系统中的数据的较高的逻辑独立性和物理独立性。使数据库外模式具有一定的稳定性，从而保证了应用程序的稳定性。除非应用需求本身发生变化，否则，应用程序一般不需要修改。

三层结构的主要优势在于通过增加应用服务器实现了业务逻辑的单独处理和用户共享，以及数据库访问请求的全局调度和优化，使系统的处理分布进一步均衡，大大简化了客户端，提高了网络的运行效率，同时也增强了系统对环境变化的适应能力。

（四）组件技术

组件是封装后用于实现某种特定功能的可发布软件模块，每个组件都通过接口与外部通信。组件提供的服务具有明确和完备的接口定义。它同时也明确地定义了期望从外部得到服务的接口。组件具有很好的独立性，可以单独开发、单独编译和单独测试。由于组件标准建立在二进制基础上，所以组件对象的功能可以实现在不同平台和不同软件中的应用，而不用考虑组件具体是如何实现的。组件还具有很好的可扩充性，当一个组件需提供新的服务时，可通过增加新的接口来完成，不会影响到使用原接口的客户。

在一定的组件模型的支持下，来自不同开发商的组件可以合成在一起，如同搭积木一般完成应用软件系统的构建。例如，可以将凭证管理、账簿管理、财务分析等处理逻辑各自设计为一个组件，企业可以根据自己的需要开发或购买各类组件，并通过组件的搭建来形成完整的财务系统。如果凭证管理有问题，就更换凭证模块；如果财务分析功能需要升级，就更新财务分析模块，其他模块不会因此受到影响。

三、网络环境下财务会计软件的主要功能

传统财务软件虽然大多号称通用财务软件，但其功能基本是固化的。这样虽然可以在一定程度上满足企业的共性需求，如进行凭证处理、账簿登记、报表编制、工资管理、固定资产管理等，但对于企业的个性化要求则往往难以满足，也很难对其功能进行更新和扩展。为了解决上述问题，网络环境下的财务会计软件采用了基于企业服务总线的开放式模块结构。

网络环境下财务会计软件由财务组织与人员设置、会计核算、财务报告、财务制度、资金管理、预算管理、财务战略管理、纳税管理、财务分析与决策、财务风险管理及内部审计等多个功能模块构成。每个功能模块内部都包含诸多具体功能，可以完成相应的财务职能。如通过会计核算模块可以完成科目、账簿及核算流程的设置，并实施日常会计核算。通过预算管理模块可以设定预算目标和指标，设计预算样表体系，并进行预算的编制、调整、执行、分析、考核及评价。在财务分析与决策模块中，用户可以运用杜邦分析、EVA分析等方法进行综合绩效评估，可以对资产、负债、权益、损益、现金流量等财务报表要素进行分析，可以计算企业的营运能力、盈利能力、偿债能力、发展能力等财务指标，还可以分析资金的余额与流向及生产成本的构成与变动等，并在此基础上辅助管理人员完成投资、融资、股利分配等财务决策。

网络环境下财务会计软件的每个功能模块都是一个独立的服务插件。各功能模块通过企业服务总线以松散耦合的方式连接在一起，并通过标准格式的消息来传递信息，实现集成。网络财务会计软件的应用具有极大的灵活性，用户可以随时对软件中的模块进行自定义的重新配置和组合，还可以在企业服务总线上加入新的功能模块，扩充网络财务会计软件的功能。需要说明的是，企业服务总线上并非只包括财务模块，其他的如供应链管理、生产管理、人力资源管理、客户关系管理、办公自动化等功能模块同样挂接在企业服务总线上，与财务模块一起组成集成化的企业管理软件系统。此外，企业服务总线还连接着数据访问服务、用户交互服务、流程服务等基础性的功能模块，这些功能模块可以为包括财务模块在内的其他功能模块提供数据库访问、用户界面设定、业务流程定义等各种公共服务。

第四章 互联网时代企业财务会计信息系统的构建

四、网络环境下财务会计软件的运行模式

根据企业的不同特性和需求，网络环境下财务会计软件的运行模式可以分为分散运行模式、集中运行模式和基于 AsP 的运行模式三种。

（一）分散运行模式

网络环境下财务会计软件的分散运行模式是指企业各分支机构在服务器上各自安装网络财务会计软件，并独立处理相关业务。财务数据平时存储在分支机构本地，并定期通过网络传递到企业总部的服务器进行汇总。

该运行模式对网络基础设施的要求不高，系统整体的可靠性较高，信息管理也比较灵活，但需要配置较多的服务器，购置和管理成本较高。更重要的是，分散运行模式不利于企业掌握财务状况和经营成果的全貌和最新情况，也影响财务分析和财务监控的效果，因此，不能完全满足企业对网络财务的需求。对大多数企业而言，分散运行模式只是企业从传统财务向网络财务转换的一种过渡模式。

（二）集中运行模式

集中运行模式通常采用浏览器／服务器（B/s）三层结构技术来完成。在此模式下，网络财务会计软件的部署、升级维护和数据备份等都集中在企业总部的 Web 应用服务器和数据库服务器上完成。各分支机构无须安装任何特别的应用软件，只要使用浏览器即可通过因特网访问总部服务器，并使用网络财务会计软件进行实时作业。

集中运行模式的优点在于服务器配置成本小，而客户端可以实现"零维护"，极大地降低了系统的总体维护成本。而且该模式还有数据集中管理、及时性好、使用方便的优点。但是，集中运行模式对网络基础设施的要求较高，整体系统的可靠性受软硬件及网络的影响较大。集中运行模式是目前大中型企业应用网络财务会计软件的主流模式。

（三）基于AsP的运行模式

AsP（Application service Provider）是应用服务提供商的简称。它是针对中小企业的信息化提出的概念。基于 AsP 的网络财务会计软件运行模式是指在共同签署的外包协议或合同（协议内容包括价格、服务水平、商业机密等）的基础上，企业将其部分或全部财务软件应用委托给服务商，由服务商保证这些应用流程的平滑运作。服务商不仅要负责应用程序的建立、维护与升级，还要对应用系统进行管理。AsP 服务的交付是基于因特网的，用

• 67 •

户只需要具有网络终端和与网络连接的线路,就可以从远程获得自己所需的财务软件应用服务。

相对于基于单个企业的独立软件应用模式,AsP模式的特点十分突出。用户不必购买功能强大的计算机,不必选择错综复杂的软件系统,不必聘请专门的IT技术人员,不必担心系统的维护和升级,不必承受系统实施的各种风险,只要拥有浏览器并具备基本的上网能力,就可以方便地使用信息系统,这样可以有效地降低企业的总拥有成本(TCO)。特别是对于中小企业而言,他们只要根据服务内容和等级支付一定的服务费,就可以使用传统上大型企业才能拥有的昂贵信息服务,这对于网络环境下财务系统的推广有着极为重要的意义。此外,AsP模式可以快速为企业提供网络财务的解决方案,其项目周期明显快于传统的财务信息系统建设,企业在短期内就可以看到应用成效。

需要指出的是,AsP模式是一种全新的软件应用模式,在很多方面还不够成熟,同时还受到很多客观条件的限制,如高度依赖于因特网基础设施的建设,安全措施有待进一步完善,相关的制度体系建设还没有跟上等。但是可以预期,随着信息技术的高速发展和用户观念的不断更新,AsP模式将在未来成为中小企业应用网络财务会计软件的重要模式之一。

第二节　事项驱动财务会计信息系统的分析与设计

一、事件驱动会计模式的概念

事件驱动原意是指出于某种需求,需要系统执行某一项操作时,程序指令即开始执行,简单地说,就是产生什么事件,调用什么函数。将其运用到财务领域,事件驱动的含义是指在企业发生某一项业务事件的同时,系统中的某一程序指令开始运行,将事件信息及时地转变为会计信息,进行财务处理。在事件驱动的会计模式下,所有的业务数据由各业务事件主体收集,通过管理信息系统将其存储在事件数据库中,这些数据大多为原始的、未经处理的信息,与此同时,会计人员可以便捷地从业务事件数据库中获得所需信息进行会计处理,提高会计信息的时效性。

在信息化环境下,财会人员不需要算账、记账、填表,甚至绝大多数凭证也是由ERP的业务管理系统自动生成,传递到财会部门,财务预算、计划和大部分财务管理工作都由

ERP系统完成，因此，财会人员应大量地参与企业的业务管理工作，从财务管理角度参与企业的各项业务管理活动，如各种定额的制定、各种物资价格目录的更新、各种融资投资活动、企业的各项管理与决策等。

二、事项法与价值法的区别

与现行财务会计使用的价值法相比，事项法体现的会计思想迥然不同，具体表现在以下几个方面。

（一）计量属性不同

在价值法下，为了保证收益和价值数据的内在一致性，主要采用历史成本计量属性。事项法则认为，对于同一事项，不同的使用者或同一使用者从不同角度看会有不同的含义，因此，同一事项可有多个计量属性。不同的属性，反映了事项不同方面的特征，从而可满足不同的需求。事项法推荐使用按多种计量属性编报的多栏式财务报表。

（二）数据汇总程度不同

在价值法下，会计人员对数据进行加工时加入了大量的主观判断和加总计算，尤其是分配、递延、预提、摊销、汇总等程序容易造成方法错误、信息偏差和产生损失。另外，管理者可能通过会计政策选择进行盈余管理，使会计信息失真。事项法将事项展示于使用者，由使用者自己进行加工、处理和分析，避免了人为因素对会计信息的影响。

（三）事项特征揭示不同

价值法以货币为计量手段，仅揭示经济事项价值方面的信息，对非价值信息很少予以披露。如购置生产设备时，它只报告价值信息，对生产率、性能、可靠性、运行状态通常则不予披露。而事项法运用多种计量属性，揭示经济事项价值和非价值方面的信息，对一些暂时不影响收益和价值的事项也予以充分披露。

（四）提供信息的时间不同

价值法提供的会计信息是对凭证、账簿、报表体系的顺序化处理。由于会计信息系统与业务活动相脱离，所以提供会计信息的时间是在会计期末。而在事项法下，会计信息实际上就是业务活动产生的事项信息，消除了会计信息与业务活动的时间差，可以实现会计与业务的一体化处理，并提供实时的会计报告。

（五）信息收集范围不同

价值法的信息收集范围只是会计事项，这些事项只是会计主体业务活动的一个子集，对每一个会计事项的描述也只是收集了事项所有属性的一个子集。事项法则收集范围更广且与信息使用者决策相关的会计主体的各种经济活动，并且对每一事项的描述都使用一个属性集，而每一属性都是人们对事项从某一角度观察的结果。

（六）信息可比性程度不同

在价值法下，相同或相似的交易或事项由于历史、经济、文化和制度上的原因，世界各国采取了不同的会计处理方法，所产生的会计数据对使用者可能会产生不同的判断，从而丧失了会计信息的可比性。而事项法向使用者列示事项，由使用者按自己的理论和方法对相似事项进行处理，并对不同企业的财务状况进行比较，使得会计信息更具可比性。

（七）会计目标不同

价值法假定信息使用者的信息需求是可知的，会计将满足"大多数使用者的共同需要"。因此，价值法指导下的会计人员需要根据自己的主观判断，以货币为计量单位，对经济业务产生的原始数据进行一系列的确认、计量、分类和汇总，并向使用者提供格式和内容高度规范化的财务报表。而事项法则认为地位、个性不同的使用者，同一使用者的不同决策模型，所需要的信息各不相同。价值法提供的经过汇总和处理的数据可能会产生偏差或错误，并非对所有使用者都"相关和可靠"。而事项法的会计目标在于提供"原汁原味"的事项信息，让使用者各取所需。至于怎样利用这些信息，则是使用者自己的事情。

事项会计自提出以来，长期停留在理论研究阶段。事项会计的目的在于提供全面而原始的事项信息，然而如何提供信息才算得上全面，以怎样的形式存储才称得上原始，以及如此庞大的数据量应如何利用，类似的问题事项会计一直未能完全解决。随着计算机技术及网络环境的发展，数据仓库及相关技术有效地解决了上述问题，为事项会计思想的实现提供了非常有力的支持。首先，随着越来越多的企业开始运用计算机管理控制企业，为事项数据仓库的建立奠定了实践基础，同时也提供了丰富的数据源，大幅降低了信息的采集和传输成本。其次，事项会计要求提供原始的未经加工过的经济业务信息，最大限度地恢复经济活动过程的原貌，以事项为单位的数据仓库存储结构可以很好地实现这一目标。数据仓库的数据存储结构与事项会计的思想相吻合，能够通过不同维度存储经济活动的立体信息。再次，数据仓库为集成不同企业数据库数据、各种其他数据源数据提供了技术支持。

良好的数据接口工具，方便企业对不同数据来源的数据进行抽取、转化和加载。最后，先进的信息技术，如在线分析、数据挖掘等工具，为提供实时的、多角度的事项报告提供了实现的条件。因此，事项会计理论不再是空中楼阁，构建事项驱动的财务信息系统已成为可能。

三、事项的分类

为了研究和描述事项，需要对事项进行分类。一般按业务过程对其进行分类，这种分类方法认为每一个企业可将其整个业务活动分为几个业务过程（业务循环），而每一个业务过程都由一系列事项组成。例如，采购与支付业务过程主要包括订立采购合同事项、原材料购买事项、原材料入库事项和货款支付事项等；生产业务过程可以分解为领料事项、加工事项和产成品、半成品入库事项等；而销售与收款业务过程可以分解为营销商品事项、发出商品事项、收取货款事项等。

此外，还可以从价值链的角度更深入地分析企业的各项业务活动，将企业业务活动分为价值链中的主要价值活动和支持性价值活动两类。主要价值活动创造顾客价值，是业务运作中的关键活动；支持性价值活动的作用是促进主要价值活动的完成。

（一）企业的主要价值活动

1.内部销售管理

内部销售管理是指与接收、存储流入的资源和将流入的资源分配到产品或服务中去有关的事项。

2.对外销售管理

对外销售管理是指与收集、分发实物产品和服务有关的事项。

3.生产业务事项

生产业务事项是指与将流入资源转化为最终产品或服务有关的事项。

4.市场营销事项

市场营销事项是指与向顾客提供购买方式并促使顾客购买产品有关的事项。

5.服务事项

服务事项是指与提供服务以保持产品性能或增强服务价值有关的事项。

（二）企业的支持性价值活动

1.获取事项

获取事项是指与采购有关的流入资源的事项。

2.技术研发事项

技术研发事项是指与无形资产开发事项和无形资产取得有关的事项。

3.人力资源管理事项

人力资源管理事项是指招聘、雇用、训练、培养各类人员的事项和向员工付酬的事项。

4.企业基础结构

企业基础结构包括计划、控制、资产管理等业务事项。

对事项进行分类旨在更好地理解企业的业务活动，并不影响事项本身及对它的描述，更不会因为分类而过滤掉与事项有关的信息。

四、事项驱动财务信息系统的设计思想

事项驱动财务信息系统建立在三库理论基础上。三库是指事项库、方法库和目的库。

（一）事项库

事项库存放企业发生的有关业务事项的原始信息，属于财务信息系统的输入端。来自各种来源的大量数据产生后都存放在事项库中。方法库提供处理信息的各种规则、方法、模型和知识，属于系统的加工处理端。目的库与事项库及方法库相连接，存放由事项库与方法库相结合产生的信息视图，它构成了输出端。三库各自独立，并独立于程序之外。事项是参数，随时间而变；方法是手段，相对稳定；参数与手段结合，就可加工产生新的目的数据。事项库、方法库和目的库的有效结合可以增强实时处理的及时性并降低复杂性。

具体而言，事项库是企业各种业务事项产生的所有数据的动态集合，包括财务信息和非财务信息。为了实现从业务事项到事项库数据的转换，可以采用前述的 REA/REAL 分析模型。该模型可以分析企业的现实业务活动，从而清晰地反映事项的细节。首先，它把事项作为一个实体，事项与事项之间发生触发和被触发联系。其次，它将在某事项过程中涉及的资源、参与者和地点作为实体，即事项与资源、参与者和地点发生联系。在此基础上，将逻辑结构设计中分析出的实体与联系转换为关系模型即可构建事项库，由此用户可以容易地获取比较完整的事件数据。

事项库中存储的海量标准化元数据是系统的信息源，可以满足所有用户的信息需求，并且使信息真正做到同出一源。例如，当用户需要了解公司关联方交易的具体细节时，可以追溯到企业与关联方发生的各项交易的详细记录，这样显然比会计报表附注中披露的交易金额及所占比例等更具相关性。需要注意的是，事项库中包含企业大量的商业机密，因

此对事项库的访问必须进行严格的权限管理。例如，一般投资者可能只能查询固定资产原值和折旧的分类数据，而企业的主要贷款银行则可以查询到每项固定资产的详细情况。

（二）方法库

方法库可以为用户多视角分析，加工和挖掘数据提供工具支持。对不同的用户而言，同一个事项很可能具有不同的信息内涵。方法库可以基于各种不同的规则、模型等对事项数据进行加工，从而满足用户的多样化信息需求。常用的基本工具由系统预置，用户可以根据需要对其进行修改及更新，还可以在方法库中不断添加新的方法、模型和规则等，在方法库的支持下，既可以根据某个方法和模型对原始数据进行详尽的数据分析，也可以根据会计准则的严格规定对会计事项进行相应的核算处理，并产生标准化的财务报告。

（三）目的库

目的库负责接收用户要求，进行人机交互，并根据各种模板生成相应的报告，为用户提供各种视图输出。同时，目的库还负责存储按用户需求生成的输出信息。由于目的库中的模板可以由用户自定义，所以其输出并不局限于传统的财务报告格式，可以方便地实现财务报告的个性化呈现，从而使用户能积极参与到财务报告的供给过程中。

目的库与使用者的接触最为密切，因此，目的库的创建必须强调用户友好性。尽管事项法认为企业只负责提供事项数据，而加工是用户自己的事，但在实务中由于用户的专业素养参差不齐，难免有相当部分的非专业用户在面对海量的事项数据和众多的处理方法时感到无从下手，陷入"信息超载"的困境。因此，详尽的在线帮助显得十分必要。例如，目的库可以提供事项目录及方法模型目录，提供搜索建议，并对事项的基本内涵及各种工具的使用方法进行说明。此外，系统还可以追踪最常被使用的事项、工具及使用者类别，从而为用户的选择提供参考。

五、事项驱动财务信息系统的分析模型

建立事项驱动财务信息系统需要分析业务过程，识别重要的业务活动及其基本特征。目前常用的描述业务事项基本特征的方法是 REA 模型和 REAL 模型。

（一）REA模型

REA 模型是指建立一个业务过程模型需要识别重要的战略性业务活动，并对这些业务事项的基本特征进行描述。业务事项的基本特征可以用 5W（What，When，Who，Where，Why）来描述，即何事、何时、何人、何地及为何。事项的描述还可以进一步深入，

如描述事项为什么发生、执行过程中有什么风险、风险程度如何等。

REA模型描述了资源（Resource）、事项（Event）和参与者（Agent）三个实体及三者之间的联系。

资源被定义为稀缺的并为企业所控制的有形实物对象，它能为企业带来经济价值而且可以辨认和受组织控制。在传统会计中确认为资产的大多数项目都属于资源，但该定义又不同于传统会计中资产的定义，因为它不包括像应收账款这样可以推导计算出来的资产。应收账款是指顾客的销售额与所收到的货款之间的差额信息，因此，它不是REA模型的基本元素，建模时不必包括应收账款这样的实体。

事项是指能从某方面影响组织资源变动的业务活动。生产、交换、消费、分配方面的活动都是事项。事项不限于能够进入传统会计簿记体系的经济事项，还包括其他不进行会计确认与计量的经营活动，如市场调研活动等对管理决策提供所需信息的经营活动。但它不包括明显为纯信息处理或管理决策等的事项，因为它是对原始的经营事项信息进行的操作或分析、选择，是由经营业务产生出的进一步的结果。

参与者是参与事项的单位、部门或个人。收集参与者数据是为了更好地计划、控制和评价其基本活动。参与者包括内部参与者（如销售员、采购员、生产人员、生产或业务部门）和外部参与者（如客户、供应商等）。

资源、事项和参与者合称REA模型中的实体。这三个实体之间存在以下四种联系：一是资源—事项联系，又称存量—流动关系。其中资源为存量，事项为流动，包括资源流入和流出的事项，以及用于表示那些增加或减少资源的事项。二是事项—事项联系，又称二元联系，是指组成一个业务循环的导致两组资源一增一减的两组事项之间的关系，即一组事项导致一组资源流入，另一组事项导致另一组资源流出，流入和流出的资源总是相互联系着的。例如，在销售与收款循环中，销售事项引起存货的减少，而收款事项引起现金的增加，减少的存货与增加的现金相联系，故销售事项与收款事项的联系就是二元联系。三是事项—参与者联系，又称控制关系。控制关系是内部参与者、外部参与者和事项之间的多元联系。为便于理解，这种多元联系常常被分解成两个二元联系，即事项—内部参与者联系和事项—外部参与者联系。四是内部参与者—内部参与者联系，又称责任关系，描述的是上级对下级进行管理和下级对上级负责的关系。

采用REA模型建立财务信息系统，需要采集业务事项的多方面信息，而不是只记录汇总后的结果。例如，不能把几张领料单汇总后记入系统，而应如实地反映这几张领料单的发生及其具体内容。这样，在财务数据仓库中记录了经济事项的多方面数据以后，通过专用或通用的报告过程（加工程序）支持用户所需的信息视图（个性化或常规报表）就非常简单了。因此，在基于REA模型建立的财务信息系统中，并不存在传统财务信息系统中的日记账、分类账、会计科目表、借贷记账法等元素。基于REA模型建立的信息系统不仅能利用业务事项的详细数据生成财务报表和报告，还允许信息用户自己定义所需的信息视图，确定需要哪方面的信息，汇总程度如何，以何种形式输出，从而支持各种层次、各种职能领域的信息需求。此外，REA模式不重复存储同一事项、资源、参与者的属性数据，因此避免了数据存储的冗余和不一致。

1.基于REA的系统实现机制体系

本书基于REA的系统实现机制体系指的是在模型构建完成后如何去具体地实现系统构建任务，完成系统的目标，核心是如何完成业务流程的处理、信息的处理、实时控制和管理决策，并通过报告工具生成用户所需的全方位视图。

系统实现，一是应该考虑的就是分类后的信息如何进行采集，需要设计一个输入界面，也就是下面详述的事项凭证设计，各环节业务人员将本业务过程的相关事项记录在系统中；二是会计人员对于经济事项信息进行审核，得出抽象的财务数据，进行相关的信息存储工作，以原始数据形式向语义结构、数据结构转变，自动存储在系统中进行相关的模块化归类处理，并将财务处理结果和分类处理结果统一转存至数据库中，由会计从业人员进行集中管理，因为信息量特别大，所以需要借助大容量数据库来完成；三是当内部人员有信息需求时，就可以借助这一基于REA的会计信息系统应用平台，采用事项驱动方式，通过输入设备敲击相关信息代码即产生多种类视图文件、财务报表等；四是在信息输出过程中，要进行授权管理以保护信息安全，按照不同的级别分类，只有拥有相关级别的权限，才能使用口令或者盾牌进入系统查询，而控制反馈通过实时控制过程来实现；五是应该设计信息的输出界面，完成系统构建。由此，整个业务过程与REA会计信息系统过程实现了财务业务一体化管理，模型构建具有了理论上的可行性。

（1）基于REA的会计信息系统事项凭证设计

在对业务流程的具体信息收入过程中，我们应该注意的是虽然REA系统要求录入的是全面、未经修改的原始数据，但也并不是说应该事无巨细地穷举所有特征，我们要做的是把握一些关键特征即可。笔者认为，特征可以分为以下几类：发生的事项名称、编号、时间、地点、参与完成者、使用的企业资源、数量、金额以及计量方式；采集记录这九项通用特征，对于一些事项的某些重要的、非通用的特征（另外记录即可）另外加入即可，可制作一个事项输入表，用于信息输入界面。

（2）基于REA的会计信息系统数据库构建

在信息输入完成后，要进行存储工作，信息按照类别存储在事项数据库中，数据库由事项库、参与者库、资源库等构成，每一个库中存储的是各自的资源，但是仅使用这种普通数据库难以满足系统的大量信息输入，实现不了系统的可持续发展。为了满足信息的多维、大量存储，需要借助数据仓库技术，其主要用于支持决策、面向分析类的信息处理，并且可以实现对于不同数据源的信息有效集成，按各自主题重组，最大限度地存储财务、非财务信息，用于决策支持体系的系统构建。

（3）基于REA的会计信息系统实时处理模型构建

实时的会计信息系统分析是体现在数据的处理上，对于实时的信息系统构建也就是对数据库的实时构建研究。当数据存储到数据库中之后，进一步将数据库划分为模型库、知识库和方法库，设定一系列的数据处理规则和标准化程序进行数据的抽取转化装载处理，将之装载至元数据库和数据仓库中，进而在系统输出接口有相关的指令要求时，进行一定的数据分析得出所需的视图。

数据库中数据是实时动态性的更新，包含企业业务流程中的所有相关数据，当然也包含所有的财务、非财务信息。其中，模型库主要用于提供标准的、定制的模型，如预测、投/筹资管理模型等；常用的模型算法则用方法库存储，如数学统计方法、各种管理成本计算方法以及针对一些前景预测所运用的方法等；知识库则用于存储管理决策过程中可能会使用的会计专业类知识、模型相关的特性等知识；数据仓库用于存储大量的财务、非财务数据，以此多样性信息支持不同用户需求。联机分析处理是依次深入、循序渐进的一种分析处理方法，其根据提出的假设，提取具体的数据信息，并采用较为直观的方式提供给用户。数据挖掘则采用的是在存储的数据中提取有效信息，帮助决策者寻求不同数据间的联系或者一些隐藏的、对决策有用的信息。人机交互平台则是通过人机交互界面，通过用户的信息需求进一步分析确定用户所需的信息输出模板。

2. 基于REA的会计信息系统信息处理模型构建

传统的会计信息系统采取的是功能驱动方式，也就是以实现报表的输出功能为中心来推动信息系统运作。事项驱动信息系统采取的则是指当某一事件发生时，参与者输入相关代码，系统程序指令依照既定的规则去执行业务流程；当需要某一业务流程信息时，只要输入相关代码，系统的程序指令就开始执行搜集输出信息任务。我们可以通俗地理解为，在日常使用电脑过程中，当需要某个界面时，用鼠标点击即可自动搜索所需信息，这个过程就是事件驱动的过程。本书接下来要研究的REA会计信息系统构建过程，通过加入事件驱动技术，平时并不处理数据库，数据仍是原始状态保存，当用户需要某个信息时，通过使用相关代码，输入系统即可输出所需的信息。事件驱动会计信息系统与传统DCA会计系统的区别在于，事项驱动方式并不是按照事先既定的最终报表视图来设定程序，而是构建系统之初先定义基础性的事件，整理成各种基础性视图，这也是数据库中的最小组成单元，以此满足用户的多样化需求。

事项驱动信息系统实际上是将企业中所有事件的信息集中存储在一个逻辑数据库中，数据库的设计首要的是在逻辑上划清各种事件，并按照前述方式将事件分成基础事件，基础事件是数据库中的最小存储单元，设定好系统的处理规则，当触发该业务处理规则的事件发生时，系统可以自动启动相应的程序处理信息，实现自动加工。企业内部各部门包括生产、业务、人事、财务等都可以通过系统网络在共享数据库中实时存取信息。

参照REA模型建立的事项驱动会计信息系统中,用户不仅可以在数据库中得到详细的财务数据生成三大报表,还能根据自己所需定义不同的非传统视图,确定信息的集散程度、输出方式等,支持各种信息需求。

3. 基于REA的会计信息系统输出方式分析

鉴于单一的会计报告模式难以满足不同用户的需求,那么按需求的实时报告模式必然派上用场,本书选用交互式实时报告会计模式构建基于REA的会计信息系统,交互式实时财务报告模式在基于REA的模型构建中极易实现,因为二者的目标是一致的,旨在将财务和非财务要素按照一定的会计方法和不同的表达方式处理,通过报告生成器自动输出所需报告,提供实时报告,实现用户与企业的业务沟通。这种灵活、实时、交互式的方式能很好地满足用户需求,减轻不同用户的信息不对称现象;也使得用户在任何时点都可以及时获取最新报告,满足决策需要。

(二) REAL模型

REAL模型是REA模型的一种扩展。它在REA模型中增加了一个新的要素——地点(Location),即业务事项发生的位置。在全球经济一体化的背景下,经济事项可能在任何地点发生,而管理者又需要收集业务发生地点的信息,则在模型中表示出业务事项发生的位置,在系统设计时就可以合理地决定数据的采集地点、处理地点、使用地点和传输路径,从而提高系统的效率了。

建立REAL模型的依据是企业的生产经营业务流程。由于一个业务流程由若干业务环节上的事项组成,因此,建立REAL模型前首先要界定企业的业务流程,识别每一流程中重要的战略性业务事项,然后对每一个业务流程分别建立REAL模型。

利用REAL模型对企业业务流程建模的一般步骤如下:一是明确要建模的业务流程,确定流程的范围、起点和终点。二是识别应包括在REAL模型中的业务事项。对要建模的业务流程进行分析,找出需要把握的业务事项,包括主要事项和辅助事项,但不包括信息处理、管理或决策事项。这是因为记录的有关经营业务活动涉及的资源、事项、参与者及其属性的数据,已经足以生成管理和决策所需的信息。三是识别进入REAL模型中的事项动用的资源、参与者和发生地点。四是识别事项、资源、参与者、地点之间的相互行为、特征,以及它们的属性。五是识别资源、事项、参与者和地点之间的直接联系。六是根据上述分析和识别的结果,画出业务过程实用的REAL模型图,并进行验证、修改和完善。

第三节　企业财务与业务信息处理一体化运作模式构建

一、网络背景下企业财务与业务信息处理一体化的必要性

（一）网络环境下财务功能升级的突破口

1. 财务与业务信息处理一体化强化了网络财务的功能

网络环境下财务的主要功能有管理功能、财务功能、集成功能。财务与业务信息处理一体化充分体现了网络财务的三项主要功能。一体化体现了管理方法和手段的创新，延伸了财务管理的范围和效能，彰显了网络财务与企业经营业务的集成效应。传统的理财模式由于受当时信息技术不完善、思想认识保守、网络安全机制不完善等瓶颈的制约，主要以人工操作、手工核算为主，信息化程度不高，企业会计核算所完成的对经济业务确认、计量、记录和报告工作与财务管理所完成筹资、投资、用资和利润分配等工作大多是通过手工操作，或者基础工作是手工操作。处理量大、速度慢、成本高、产出低，财务报表汇总有延时性是其明显的缺陷和恰如其分的写照。随着网络信息技术的发展与普及，网络理财成为会计核算、财务管理的主旋律，业务单据、会计凭证、会计账簿和财务报表和管理报告均通过智能化的一体化软件自动生成，财务信息和业务信息的收集、传递、加工和分析，借助可靠的系统接口这一快捷通道来完成，达到财务与业务信息处理的同步一致性和一体化，改变了传统理财模式下财务游离于、滞后于业务的状况，实现高效、快捷、低成本理财。在财务与业务信息处理一体化的支持下，网络财务即时反映企业财务状况和经营成果，实时分析管理漏洞，防控管理风险，为决策者提供及时准确决策报告和决策信息。网络财务功能的升级必然选择财务与业务信息处理一体化作为突破口。

2. 财务与业务信息处理一体化彰显了网络财务的核心能力

网络环境下财务是企业信息化发展到一定阶段的产物，是企业信息化对传统财务模式的优化组合。网络财务的优势是通过获取、加工、处理、检索信息来实现财务与业务的协同。对信息操作的能力主要取决于企业财务与业务信息处理一体化程度，企业财务与业务信息处理一体化程度的高低决定网络财务的实施水平。网络财务的实施水平与企业财务与

业务信息处理一体化的发展水平紧密相关，实施网络财务需要网络信息技术发展到一定水平，企业的物流、资金流和信息流同步生成，财务业务协同。同时，企业若要实现财务与业务信息处理一体化，必须走一条以网络财务为目标的循序渐进的实现道路，从企业内部出发，实现集成化和网络化的管理，立足企业自身，以供应链协同管理为指导，跨越企业的边界，兼顾企业、客户、供应商之间的利益关系，实现三方多赢。因此，财务与业务信息处理一体化是网络财务核心能力的完美体现。

（二）推进会计信息化的加速器

1. 财务与业务信息处理一体化的程度体现了会计信息化的程度

一个国家要实现国民经济信息化和社会信息化，其前提和要素之一就是企业信息化，而企业信息化的基础是会计信息化。会计被定义为"是一个以提供财务细节为主的经济信息系统"，而它作为一个信息系统，如果达不到信息化的标准和程度，那么，其提供的会计信息质量就无法保证。财务与业务信息处理一体化是会计信息化的发展方向，为会计信息化提供了强劲的内在推动力。

由传统会计到会计电算化再到会计信息化，会计经历了渐进式的变革：沟通方式由单向、静态、片面的交流转变为双向、动态、交互式的互动沟通，思维方式由线形、平面、单一转化为网状、立体和多元化，反馈机制由被动变为主动。

美国会计未来学家鲍勃·埃利奥特（Bob Elliott）曾预言，信息技术是会计迎来第三次浪潮的催化剂。注册会计师协会发起的"注册会计师视角"能力项目中，会计人员的首要竞争力和首要服务中都有技术的身影。由于计算机网络具有信息共享、分布处理、集中控制、数据集成等功能特点，会计具有数据源头分布范围广、数据采集工作量大、数据处理要求严格、数据传输要求及时、信息反馈要求准确、信息存储安全度高的特点，计算机网络成为会计信息化的第一平台。会计信息化只有充分利用网络平台的技术优势，借助财务与业务信息处理一体化，实行动态管理，集中决策，控制风险，才能提高会计管理工作的效率。财务与业务信息处理一体化自然成为会计信息化的加速器。

2. 财务与业务信息处理一体化加强了应用软件的开发

会计信息化在我国企业取得了一定成就，如某些通信技术有限公司不断探索新的ERP软件和专业财务软件，在提高财务效率的同时，也大大缩减了财务人员等人力资源的投入。通过一体化软件的监控、管理，有效节省了报表的合并、分析时间，降低了应收账款和存货周转的时间，并有效控制了相关的费用预算。根据对我国中小企业应用财务会计软件状况的调研结果可以看出，尽管市场上充斥着形形色色的财务会计软件，但是由于这些功能模块没有充分挖掘其效能，因而没有和其他系统形成更好的融合。目前，在决策型财会软件中，常用的功能模块如账务处理、报表编制和工资核算应用率分别为67%、85%、

87%，但是其他模块的应用率就比较低。由于这些模块还没有与企业中各个职能部门和企业价值链实现有效对接，所以还称不上是真正意义上的会计信息化。

会计信息化在我国的实施主要体现在一些大型的企业集团，主要是会计信息化的投入比较大，大型国有企业资金实力雄厚，大型企业科学管理水平要求较高，对会计信息化的需求比较旺盛。会计信息化建设是一个不断发展的动态过程。在我国实施会计信息化过程中仍然还存在一些亟待解决的问题。

（1）会计人员的思维有待转变，没有把会计信息化提升到先进管理理念的高度

目前大部分企业会计软件的使用只不过是让会计人员从计算机输入取代纸笔介质，尚未从手工账的思维方式中转换过来，把企业会计软件仅仅理解为解放手工劳动的工具，往往还依赖 Excel 编制的手工账。不转变观念，过于依赖手工账，不但没有解放会计人员，反而制约和束缚他们自身工作的开展；不是更加简捷，而是要准备两套账，浪费的资源更大，投入的人员和精力更多，效果却不尽如人意。因此，需要会计人员转变思维，把会计信息化提升到先进管理理念的高度来认识，在管理模式和管理效率的改变方面，它具有革命性和里程碑式的意义。

（2）网络环境下财务软件尚不成熟，尚未发挥技术和管理相结合的叠加优势

网络环境下财务系统开发，无法满足会计信息化管理的要求，有待深层开发。会计信息化的重要一环就是网络财务软件的开发和应用。从实际使用效果来看并不理想，仍存在数据采集延时、信息传递渠道不畅、信息加工不彻底、信息反馈不及时、财务系统与业务系统连接不流畅等现象，距离会计信息化管理的要求的目标差距较大，需要网络财务软件进行深层开发。网络财务系统构建的目标是能通过企业内部网，把会计信息系统和企业内部各部门的信息模块融合对接起来，发挥技术和管理相结合的叠加优势。从网络财务系统开发的实际来看，尚未实现软件技术与企业财务管理实际紧密结合，网络财务系统开发要与企业管理的实际需要对接，不断改进和更新软件技术。管理需要软件，软件要有管理，把二者很好地结合起来，才能共同开发出符合企业管理需求的网络财务系统。

3. 夯实财务与业务信息处理一体化基础，加速会计信息化的实现

（1）会计信息化的实现路径是从内部优化走向外部融合

会计信息化是一个庞杂的系统工程，同时也是知识经济时代的必然趋势。其实现路径一定要遵循从内而外的规律，重视财务人员对于信息化和业务处理的培训，必须培养一批具有复合型知识结构的管理人员和专业财务人员；必须提高会计信息系统的安全性，在合理的内部管控模式下，借助网络信息技术，将社会信息、市场信息、供应商和分销商信息等作为管理和应用对象，完善网络背景下信息处理一体化运行与维护的机制，而企业财务与业务信息处理一体化就是基于安全、效率、扩大边界的基础上发展的。

（2）会计信息化成为一体化实践投入的基础

在建设投入实践方面，雪佛龙-德士古（Chevron Texaco）公司、壳牌公司、埃克森美孚公司在信息系统建设方面每年投资额占公司总销售额的1%左右。英国石油（BP）公司仅信息化投入勘探开发板块，每年就超过20亿美元。国外大型公司在信息化建设的集成化管理、实时控制、信息化建设组织保障、信息化人才培养以及对外合作方面的综合实施，保证了会计信息化建设效果。会计信息化整合企业的生产过程、财务流程、管理流程，提供了全新的会计信息生产供应方式，及时、准确地向企业各层管理提供充分和有用的会计决策信息支持，提升了会计信息价值，以便对企业内外需求作出快速、有效的反应。企业财务与业务信息处理一体化基础扎实，有利于实现会计信息化的目标，为企业的发展战略和目标服务。

会计信息化是会计发展史上的第四个里程碑，对会计理论及会计实践都将产生深远的影响。顺应企业管理网络化、信息化的时代背景，财务与业务信息处理一体化成为会计信息化的加速器，也是提高企业的综合管理水平的必然要求，具有无比广阔的市场需求前景和强大的生命力。

（三）提高企业核心竞争力的必然选择

普拉哈拉德（C.K.Prahalad）和哈默尔（Gary Hamel）认为核心竞争力就是企业内部的积累性学习，尤其涉及如何协调多种生产技能和整合多种技术流的问题。企业核心竞争力是由企业拥有的核心资源所表现的竞争优势，使企业能在竞争中取得可持续生存与发展的核心能力，是企业长期竞争优势的源泉，即企业只有能够比竞争对手创造更大顾客价值的能力。进入互联网时代，企业拥有的核心资源越多，则企业对市场环境反映的速度越快，企业的核心竞争力越持久，企业具有的竞争优势越明显。

1. 企业核心竞争力的提升需要"五流"集成融合

对一家企业而言，物流、资金流、信息流和价值流基本概括了其经济运行状况。企业经营的好坏，与这些价值链条上的要素有关。财务与业务信息处理一体化通过信息技术为媒介，将物流、信息流、资金流和价值流有效统一。其中，以商流为主体，推动整个过程的有序进行，以物流为起点，联系供销环节，以资金流和信息流为载体贯通运营过程，以价值流为目标，建立全新信息处理运作方式。通过开展电子商务，借助网络平台发布供需信息，推行财务业务一体化软件，极大地提高了企业的经营效率。企业实现了财务与业务信息处理一体化之后，在制度、生产和管理领域，整合优化各种资源，发生了突出的改变。

在制度建设方面，一体化促使企业管理制度创新；在生产领域方面，财务与业务信息处理一体化促使企业技术创新，数字化和个性化的技术创新，更好满足顾客需求；在管理领域方面，一体化促使企业管理模式和管理流程上创新，统筹上下游企业之间的成本梯度消耗，有效地避免不合理的、过度的成本转嫁，巩固了上下游企业之间的战略联盟，实现多赢的局面。总之，财务与业务信息处理一体化集成了企业商务活动中的商流、物流、信息流、资金流和价值流，加强了企业整合内、外部要素资源的能力，扩大了企业的竞争视野和竞争边界，提高了企业的核心竞争力。

2. 对环境的不确定性，具有很强的应急性和鲁棒性

在财务业务处理过程中，会遭遇市场的不确定性、客户关系管理的不确定等问题，如果处理这些不确定性方法选用不当，将会给企业带来重大的隐患。因此，在实施财务信息化的过程中一定要把系统的应急性和鲁棒性作为一个很重要的因素来考虑，这样才能增强企业的市场竞争能力。由于企业财务与业务信息处理一体化系统充分考虑了系统的这些特性，使得在面对环境的不确定性时从容应对，提升了企业的信息素养，使企业具有良好的信息免疫能力，提升了决策者的信息处理能力。

环境的不确定性需要财务信息系统与业务操作系统进行数据对接，这需要财务与业务信息处理一体化系统，具有一定的通用性和预见性，在财务业务信息处理系统设计时，留有标准的数据接口，一体化系统的数据自成文件，按照标准化、规范化的格式设计存放，扩展了一体化系统的扩展空间和外界的应急反应性。

3. 在时间上的动态性有助于提升企业核心竞争力

第一，财务与业务数据的采集方式是动态的。无论来源于互联网的数据，还是局域网的数据，无论是企业组织内部的数据，还是企业组织外部的数据，被采集时，都先存入相应的服务器，并实时送到财务业务一体化系统中等待处理。第二，财务与业务数据的实时处理是动态的。在财务业务一体化系统中，财务与业务数据一经输入，就会通过一定的功能模块，对数据进行一系列程序化的加工、操作和处理，以保证数据能够动态地反映供应商、客户、竞争对手的状况。第三，企业竞争也由最初的产品比拼，演化为现在以技术、产品、服务、人员综合能力的企业商业智能的竞争，信息管理已成为企业战略性管理。财务与业务数据采集和处理的实时化、动态化，使信息接收数据库管理系统可以统一管理，使企业决策者能充分利用管理信息作出管理决策。信息使用者通过一体化系统访问企业的数据库，及时地获取原始信息，并借助数据库强大的信息处理能力加工有关的信息，将数据信息转化为企业核心生产力，提高了管理信息的时效性，提高了企业对市场快速反应能力，全面提升了企业响应市场决策的能力。

为保证提升企业核心竞争力的目标和战略的实现，企业应从以下几个方面来提高企业执行力：一是在制度上保证科学合理的财务与业务信息处理一体化的规划流程制定工作，使得企业的战略目标与管理职能目标相契合。二是利用KPI体系来规范财务人员、业务人员和管理人员的职能和责任，合理划定他们的责任范围和责任边界。三是加强管理人员的信息化培训，提高其信息化的素养。四是建立完善财务信息和业务信息的预警和反馈系统，对战略执行的进程和效果进行定期和不定期的检测、追踪、评估和控制，发现问题及时干预和解决。

企业实现了财务与业务信息处理一体化后，在企业经营管理和核心竞争力上发生了明显改变：全面更新和提升企业经营管理理念，不断提高员工素质，企业核心竞争力不断加强；凭借现代化的管理信息平台，逐步规范基于流程管理的业务处理，提高了管理信息透明化和管理控制的有效性；财务与业务信息处理一体化改变了业务处理方式和管理方式，促进企业管理方式的创新；财务与业务信息处理一体化促进企业加强基础工作，实现了财务业务信息高度集成与共享；财务业务流程的优化和信息传递方式的改变，极大地提高了业务和管理工作的效率，改善管理控制和管理效率的矛盾，实现财务信息与业务信息的有机融合；增强企业管理决策能力，提高企业的长久可持续发展能力，提供了多角度快速查询、统计和分析信息的渠道。

二、企业财务与业务信息处理一体化运作流程设计

（一）"业务驱动"型一体化运作流程

1. 产生背景条件

在业务管理基础比较扎实的单位，因管理的需要，财务与业务信息处理一体化实现的模式可选择"业务驱动"型一体化体系结构。该结构不同于传统的、需求导向的"目标驱动"体系结构，它是指当某一特定的经济业务发生时，整个处理过程是在"业务驱动"下进行，财务系统和业务系统将围绕着该项经济业务有序地进行数据处理和信息加工。

有学者提出，在信息处理一体化流程设计中，必须打破传统的财务流程，充分发挥网络信息技术的优势，引入计算机的"事件驱动"概念，建立基于业务事件驱动的财务与业务信息处理一体化流程。"事件驱动"主张按照使用动机不同，把信息划分为若干种事件，并设计相应的"事件过程程序"模型。

2. 设计思路

企业的经济业务发生时，事件探测器实时取得相关信息，如实记录业务事件，传递到业务事件处理器，业务事件处理器按标准化的信息处理规则，将企业的财务信息、业务信息和管理信息集中于一个数据库。同时，驱动控制器实时控制各业务事件，通过数据库驱动下的动态会计平台，将实时会计凭证保存在数据库中，为报告工具提供素材。动态会计平台为会计信息使用者提供服务，报告工具生成的财务报告信息和管理决策信息为会计信息使用者提供决策辅助功能。

3. 流程图

当要输出相关信息时，具有数据使用权限的"授权"人员通过报告工具自动输出所需财务报告信息和管理决策信息。只要合理准确地表达需求的意愿，用户就可以实时获得所需的管理信息和决策信息。这种方式能最大限度地实现数据共享，实时控制经济业务，真正履行会计的控制职能。

（二）"财务驱动"型财务与业务信息处理一体化

1. 产生的背景

由于业务部门和财务部门的基础数据结构、信息流路径、专项系统要求等方面的差异，财务应用与业务应用不能简单地实现无缝对接，这也是目前实现财务业务一体化管理的主要困难所在。长期下来，形成财务部门在企业职能部门中处于领导地位的态势，财务部门信息化建设的需求，指引着整个企业管理信息系统建设的发展。随着企业竞争环境的加剧，各方对财务信息质量的要求逐步提升，要求财务部门快速提供深层次、全方位的财务信息，因此，财务部门迫切需要提升与业务职能部门的整合度。考虑到财务应用软件已经比较成熟，而且所用软件多由财务软件扩展而来，财务与业务信息处理一体化可以采取"财务驱动"型。

2. 设计思路

鉴于企业财务系统推行的时间比较早，经验丰富，相对完善，可以先把财务系统与企业的购销存业务系统集成起来，同步管理企业的物流、资金流、信息流，进而向其他业务系统拓展。这样财会部门就延伸到企业的各个业务部门，借助先进的网络信息技术，财会人员的视野更加开阔，就可以站在企业全局的角度，利用实时信息控制企业经营管理的全过程，真正发挥一体化系统的监督和控制职能，为各级管理职能部门提供管理、决策上所需要的及时准确信息，改变企业运行模式和管理机制，提升企业的信息化管理水平。

3. 流程图

"财务驱动"型财务与业务信息处理一体化流程中，强调以总账系统为核心，总账系统是财务信息和业务信息的归集库。业务事件数据按规则处理后，进入数据库，通过财务部门服务器，传递到总账系统，再由总账系统生成会计信息使用者使用的财务报表和财务报告，而业务系统产生的业务信息直接为企业管理者的决策提出支持和服务。

（三）"财务业务双驱动"型财务与业务信息处理一体化

1. 产生背景

在传统工业经济时代，企业的生存状况往往由经济业务规模决定，经济业务规模越大、市场占有率越高，企业生存、发展和获利的目标越容易实现，企业的发展前景越好，长期积淀形成了"大业务、小财务"的管理思维。这一思维的依据是财务部门是不会创造价值或使价值增值,只是为了给企业管理者提供财务报告,以表明其经营管理取得的业绩、财务上存在的问题、现金流是否充沛和履行受托责任的状况。因此,在企业工作流程和管理流程的设计中,往往是以消费为导向,视消费者需求、顾客满意度为生命线,从业务模式出发,设计使经济业务流程顺畅、高效的工作流程,而财务会计流程则是从属和被动地适应经济业务流程的需要,从而使得财务、业务流程之间很难对等和沟通,而且导致财务工作流程不流畅,内耗环节多,控制难度大,无法满足企业内外部信息使用者的针对性和实时性的需求。

在网络经济时代,经济全球一体化实现了生产因素在全球范围内的配置,需要财务与业务信息处理一体化,以财务、业务两个流程的双向驱动关系为指导思想,在充分认识财务工作具有价值创造功能(财务的本质就是对资本的价值管理,实现价值的保值和增值)的基础上,实现财务与业务信息处理一体化。改变以往由业务流程推动财务流程变革或由财务流程推动业务流程单边单向的观念,明确认识到增加资本的价值、增加顾客价值、提高顾客满意度、满足市场需要,是企业经营管理活动的根本目的,而财务、业务部门均应换位思考,视对方需求为自己的需求,这样才能从观念上改进服务质量,提高服务水平,促进实施财务与业务信息处理一体化。

2. 设计思路

财务与业务信息处理一体化系统是一个高度集成的系统,当业务事件发生时,业务操作人员和财务人员将企业所有与业务相关的数据汇总输入一个数据库,自动生成会计凭证,该数据库最大限度地存储了财务系统和业务系统的数据,这样有利于各类相关人员输出所需的信息。财务与业务信息处理一体化系统通过物理和逻辑的内在联系,把业务系统和财务系统集成在一起。通过网络信息技术的使用,避免了数据的重复收集和不完整情况的发生,既简化了流程,又最大限度地实现了企业的管理目标。在一体化系统中,完整的业务处理过程是众多子系统联合作业的结果,这些子系统的联合作业依存于系统内部所形成的业务处理和数据传递的逻辑机制。一体化的集成性集中表现为财务部门与购、销、存各部门共同拥有一个作业环境,并在某些环节由于共同处理一项业务而体现出作业交叉融合特点与数据共享优势。

3. 流程图

"财务业务双驱动"型财务与业务信息处理一体化是企业财务与业务信息处理一体化的高级阶段和理想目标,它有效克服了财务数据和业务数据口径不一致、衔接不流畅的现实弊端,整合了财务流程、业务流程和管理流程,构建了企业决策支持系统,实现了真正意义上的一体化处理。在网络环境下,资金流是核心,商流是动机和目的,信息流是条件和手段,物流是过程和保障。通过企业财务与业务信息处理一体化,物流、资金流和信息流同步,及时准确、充分而畅通的商流、物流、信息流、资金流可以加快商品流通速度,提高存货的周转速度,防止资金的闲置沉淀,降低资金使用成本,满足企业内外部不断变化的资金需求,提高资金使用效率,保证资金的合理流动,增加客户满意度,为企业的生产经营、财务决策提供有效支持。

第五章
互联网时代企业财务的内部控制

第一节 互联网时代企业财务内部控制的特点

一、互联网企业内部控制的特点

（一）内部环境高度信息化

互联网信息传递速度快，信息沟通更及时、更全面。在信息化环境下，对于传统的财务人员来说，企业信息处理更复杂，单纯依靠传统的财务观念将难以应对新内控环境下的信息处理，对财务人员的要求尤其是信息化观念和技术要求越来越高，因此，客观上要求财务人员必须及时自我更新知识，甚至更新整个财务队伍。

（二）风险评估范围扩大

在信息化环境下，数据高度集中，对信息设备、软件依存度更高，企业的数据高度集中在电子数据处理部门或某一主机。如果没有适当的控制，数据容易被浏览，甚至被篡改。尤其是当企业信息维护技术比较弱时，遭受黑客侵入、网络病毒攻击等的风险更大，而这类风险对互联网企业来说是巨大的甚至是致命的。因此，互联网企业在建设内部控制系统时必须充分考虑信息化环境下风险评估范围的扩大。

（三）控制活动侧重于对系统的控制

毫无疑问，在信息化环境下，控制手段呈现多样性、灵活性、高效性，很大程度上加强了内部控制的预防、检查与纠正的功能。控制的重点也由对人的控制为主转变为对机器（系统）的控制。但从近年来出现的大型互联网企业客户信息丢失的案例看，过于依赖系统的控制已不能满足互联网企业内控的实际需要，事件突出反映出一个问题，那就是由于过分依赖信息化系统，企业高管主观上反而轻视了风险管控，尤其是内控过程，对人的因素风控意识淡薄了。

（四）监督以控制参数和控制程序为主

内部控制的有效与否，需要由相应的机制加以有效的监控、评估和及时的反馈。在信息化环境下，由于数据集中于系统主机，一旦某一环节发生错误，就会在短时间内迅速蔓延，使相关文件、账簿乃至整个系统的信息失真。因此，监控的一项重要内容就是要及时了解信息系统的硬件、软件及数据处理环节，并针对企业经营环境变化情况，及时评估业务流程控制点的运行状态，重新调整或更改信息系统，增设必要的控制参数和阻隔程序等措施。

二、互联网时代财务内部控制的变化

互联网时代财务内部控制和传统会计内部控制相比发生了很大变化，主要表现在以下几个方面。

（一）内部控制环境

对于互联网财务信息系统而言，由于其完全依靠计算机、网络等进行工作，所以传统的控制环境在网络财务信息系统中已不存在。它的内部控制环境更多的是以网络、数据库、信息和数据的传递等虚拟环境为主。

（二）内部控制的范围和内容

对于互联网财务信息系统而言，内部控制的范围在扩大，其内容也发生了很大的变化。控制范围主要增加了网络控制和系统控制，其中网络控制包括网络的安全、病毒防护等，系统控制包括系统的设计、开发、软硬件的运行维护等。新的控制范围带来了新的控制内容，主要包括：网络安全控制、数据库安全控制、病毒防护，系统的设计、开发，软硬件的运行维护，使用权限和口令的控制，计算机数据处理的程序和控制等。

（三）内部控制的重点

由于互联网财务信息系统自身的特点，决定了内部控制的重点和传统会计内部控制有很大的不同。传统会计主要是对人的控制，其重点是凭证和账簿、报表的核对、签字盖章等。网络财务信息系统建立起来后，很多原来需人工完成的工作转为由计算机程序自动完成，因此，内部控制的重点由对人的控制转变为对人、机进行控制为主，其内容包括：网络、系统的安全，数据的备份，会计原始数据的输入，会计信息的输出，人机交互处理控制，会计信息访问权限控制及不同系统间的连接控制等。也就是说，在网络财务信息系统中，除了会计核算和业务管理的控制外，信息系统本身的控制将是重中之重。

（四）内部控制的手段

由于控制环境的变化，内部控制范围的扩大，互联网财务信息系统拥有了全新的内部控制内容，内部控制的重点也转向网络和系统方面，因此，内部控制手段也有了很大的变化。传统的会计主要采用的是严格的凭证控制制度，相关人员签字盖章、修改、交易处理等的文字痕迹审核等内部控制手段。而在网络财务信息系统中，对于网络、系统等方面的控制往往是看不见、摸不着的，这主要靠一些计算机设备和信息技术来实现。同时，在业务处理方面的控制，主要依靠交易授权、人员权限控制、相关业务的程序化控制来实现。

第二节　互联网时代增强企业财务内部控制的措施

一、网络控制

对于网络控制而言，网络安全是其最主要的控制内容。网络控制方法主要有以下两种。

（一）配置硬件设备

主要是指加强控制中心（网络机房）的安全建设，配置硬件防火墙、入侵检测设备、防病毒网关等网络安全防护设备和网络版防病毒软件。

（二）加强制度建设

对于网络控制，除了部署安全防护设备外，还应加强制度建设，如机房管理制度、网络管理制度、设备管理制度等。

二、系统控制

系统控制主要包括对操作系统和各类应用系统的控制。对系统进行控制时，除了应利用信息技术和设备外，还应加强安全管理制度的建设。

（一）操作系统控制

操作系统是整个网络财务运行的平台，其安全性至关重要，因此，系统控制首先应作好操作系统的内部控制。由于操作系统面向所有的用户，再加上自身的缺陷，因此，它时刻面临着来自各方面的潜在威胁，包括系统内部人员的滥用职权、越权操作和系统外人员的非法访问甚至破坏，还包括各类针对操作系统的网络攻击，以及各种各样通过操作系统破坏整个网络财务信息系统的计算机病毒等。要提高操作系统的安全可靠性，除了要尽可能地选用安全等级较高的操作系统产品，并经常进行版本升级外，还应在日常管理控制上采取以下措施。

（1）指定专人对系统进行管理，删除或者禁用不使用的系统默认账户。

（2）制定系统安全管理制度，对系统安全配置、系统账户及审计日志等方面作出规定。

（3）对能够使用系统工具的人员及数量进行限制和控制。

（4）定期安装系统的最新补丁程序，对可能危害计算机的漏洞进行及时修补，并在安装系统补丁前对现有的重要文件进行备份。

（5）根据业务需求和系统安全分析确定系统的访问控制策略，系统访问控制策略用于控制分配信息系统、文件及服务的访问权限。

（6）对系统账户进行分类管理，权限设定应当遵循最小授权要求。

（7）对系统的安全策略、授权访问、最小服务、升级与打补丁、维护记录、日志及配置文件的生成、备份、变更审批、符合性检查等方面作出具体要求。

（8）规定系统审计日志的保存时间，以便为可能的安全事件调查提供支持。

（9）进行系统漏洞扫描，对发现的系统安全漏洞进行及时修补。

（10）明确各类用户的责任、义务和风险，对系统账户的登记造册、用户名分配、初始口令分配、用户权限及其审批程序、系统资源分配、注销等作出规定。

（11）对于账户安全管理的执行情况进行检查和监督，定期审计和分析用户账户的使用情况，对发现的问题和异常情况进行相关处理。

（二）应用系统控制

应用系统控制包括系统开发控制和系统运行维护控制。

1. 系统开发控制

（1）开发方案控制

由信息管理部门具体负责系统方案的制定。他们首先要到相关部门进行充分的调研，作出详细的需求分析。在方案设计出来后，由相关领导、信息管理部门、系统使用人员等对功能实现情况进行讨论，进行项目可行性和实用性的研究和分析后再确定开发方案。

（2）开发过程控制

如果是自主开发，首先要明确各阶段的任务、人员分工、文档编制等内容；其次要求开发工具、开发文档编制标准化和规范化，这样有利于系统开发的分工合作和今后的运行维护；每一个阶段的工作结束后，要形成阶段开发报告，经论证审定后才能进入下一阶段，并作为下一阶段的依据。

如果是委托软件商开发，应与软件商签订开发协议，明确知识产权的归属和安全方面的要求，提出详细的需求报告。

（3）系统测试和验收控制

在网络环境下，应利用网络在线测试功能，检验整个系统的完整性、可靠性，并对非法数据的容错能力、系统抗干扰能力、发生突发事件的应变能力以及系统遭遇破坏后的恢复能力进行重点测试，核实既定控制功能能否在系统中得以有效实现，一旦发现网络系统中的各类软件存在漏洞，应立即进行在线修补与升级，并将所有与软件修改有关的记录报告及时存储归档。

在系统正式使用前，应组织专家、软件商、使用单位一起进行系统验收，形成验收报告。验收内容主要包括：系统是否安全，是否达到设计方案和合同规定的功能要求，系统技术文档是否交付完整，软件包是否经过检测且不含有恶意代码。

2. 系统运行维护控制

（1）系统的运行维护由系统管理员负责，除此之外不得再有其他登录系统的账户和密码。

（2）系统工具职能由系统管理员进行控制，并由其负责系统安全配置、系统账户及审计日志等的管理。

（3）应定期安装系统的最新补丁程序，对可能危害计算机的漏洞进行及时修补，并在安装系统补丁前对现有的重要文件进行备份。

（4）其他控制内容和操作系统控制类似。

3. 设计USB-Key的数字认证体系，实施系统内部控制

该体系主要用于系统和数据库的身份认证、权限管理。通过USB-Key的组合，能实现多种控制模式，这对建设统一的数字认证门户，控制数据库的访问，保证数据安全，监督系统管理员的工作有着重要的作用。

（1）USB-Key

简单来说，USB-Key 就是具有 USB 接口的硬件数字证书，它是与 PKI 技术相结合开发出的符合 PKI 标准的安全中间件。利用 USB-Key 来保存数字证书和用户私钥，并对应用程序开发商提供符合 PICI 标准的编程接口（如 PKCs#11 和 MsCAPI），有利于开发基于 PKI 的应用程序，作为密钥存储器，USB-Key 自身的硬件结构决定了用户只能通过厂商编程接口访问数据，这就保证了保存在 USB-Key 中的数字证书无法被复制，并且每一个 USB-Key 都带有 PIN 码保护，这样 USB-Key 的硬件和 PIN 码便构成了可以使用证书的两个必要因子。如果用户 PDsf 码被泄露，只要保存好 USB-Key 的硬件就可以保护自己的证书不被盗用；如果用户的 USB-Key 丢失，获得者由于不知道该硬件的 PIN 码，也无法盗用用户存在 USB-Key 中的证书。与 PKI 技术的结合使得 USB-Key 的应用领域从仅确认用户身份，扩展到了可以使用数字证书的所有领域。

（2）基于 USB-Key 的数字认证系统的实现手段

①制作 USB 接口的硬件数字证书。②将"原用户号＋密码"的认证方式改为"数字证书＋用户号＋密码"。③建立一个信息系统数字认证软件对所有应用系统和数据库进行集成认证。④该硬件证书应包括使用人基本资料（如姓名、性别、科室、所在工作组等）、财务软件的进入权限、某一财务软件的具体操作权限。⑤可以修改该硬件证书使用人资料，但权限仅由所在工作组确定。

（3）网络财务信息系统的数字认证设计

①网络财务信息系统的内部控制依托硬件数字证书实现。②一般操作使用单证书认证，重要的操作使用双证书或三证书同时认证。③将工作组分为财务负责人、系统管理员、单一软件主管、复核、审核（业务操作员）、查询。④系统管理员、单一软件主管工作组的成员由财务负责人进行认定和调整，复核、审核（业务操作员）、查询等工作组的成员由单一软件主管进行认定和调整，财务负责人不具有具体业务操作权限。⑤系统管理员负责整个信息系统的维护，但不具有具体业务操作权限。⑥数据库操作、数据初始化等由系统管理员具体执行，但需要财务负责人、单一软件主管和系统管理员的数字证书共同认证后才可进行，并在系统日志中予以记载。⑦重要的业务操作（由涉及的金额、性质区分）需由业务操作人员和软件主管双证书共同认证后才能执行，或者由业务操作人员预执行，再由软件主管或者财务负责人复核认可后转为正式数据。

三、信息控制

对于互联网财务而言，保证数据安全和正确的信息控制是最为重要的。信息控制主要包括以下三个方面的内容。

（一）数据库的内部控制

在网络财务中，数据库的安全是重中之重，因此，对于数据库的控制应该十分严格。

（1）对数据库的操作只允许通过客户端软件进行，没有特殊原因，任何人不得进入后台数据库。

（2）建立数字认证系统，将数据库的访问模式设计为"USB-Key+用户名+密码"，以加强数据库访问的权限控制。

（3）对于特殊原因需要直接进入后台数据库的操作，需由财务主管审批，并持财务主管的硬件证书和系统管理员证书共同进行身份认证后才能进入。

（4）禁止数据库的远程访问，软件商的维护人员不得自行进入后台数据库，如工作需要，需由系统管理员通过审批后执行。

（5）配置数据库审计系统，对重要的数据库操作进行实时监控，设置异常操作报警机制，同时记录日志作为日后审计的凭据。

（6）每周整理数据库审计系统记录，对进入后台数据库、未经客户端的数据修改进行重点审查。

对于以上数据库的内部控制目标的实现，一些设备和技术可以起到关键的支撑作用，其中主要包括数据库审计系统、基于 USB-Key 的数字认证体系等。

（二）数据的备份和恢复

1. 备份和恢复系统应具备的条件

由于网络财务的信息都是采用电子数据进行存储的，故必须建立一套备份与恢复机制，以确保出现自然灾害、系统崩溃、网络攻击或硬件故障时数据能够得到恢复。

（1）支持大容量存储。

（2）支持异地备份与恢复。

（3）具有跨平台的备份能力。

（4）支持多种存储介质和备份模式。

（5）支持自动恢复机制。

（6）对数据库服务器建立双机热备系统。

2. 管理制度主要应该包括的内容

在完善数据备份与恢复的硬件设备和软件系统的同时，建立严格的数据备份与恢复管理制度是非常必要的。

（1）应识别需要定期备份的重要业务信息、系统数据及软件系统等。

（2）应规定备份信息的备份方式（如增量备份或全备份等）、备份频度（如每日或每周等）、存储介质、保存期等。

（3）应根据数据的重要性和数据对系统运行的影响，制定数据的备份策略和恢复策略。备份策略应指明备份数据的放置场所、文件命名规则、介质替换频率和将数据离站运输的方法。

（4）应指定相应的负责人定期维护和检查备份及冗余设备的状况，确保需要接入系统时能够正常运行。

（5）根据设备备份方式，规定备份及冗余设备的安装、配置和启动的流程。

（6）应建立控制数据备份和恢复过程的程序，记录备份过程，并妥善保存所有文件和记录。

（7）应根据系统级备份所采用的方式和产品，建立备份设备的安装、配置、启动、操作及维护过程控制的程序，记录设备运行过程中发生的状况，并妥善保存所有文件和记录。

（8）应定期执行恢复程序，检查和测试备份介质的有效性，确保可以在恢复程序规定的时间内完成备份的恢复。

四、业务流程的实时控制

（一）实时控制理论模型

由于事项驱动型的网络财务是业务流程和信息处理流程的集成，加之在网络环境下，业务活动的自动化处理替代了人工处理，存储介质也由磁介质代替了纸张，因此，在对待如何完成对交易数据的正确获取这一目标上，就不能采取事后进行一致性检查等传统控制手段。又由于业务是通过网络实时发生的，人员干预的成分较少，必须实施事中控制，即实时控制，由于已识别了事项驱动型网络财务的有关风险，就应该在风险发生时尽可能地控制它，并对业务的合法性和合理性进行充分检查，使之符合既定的业务规则。这不仅需要在业务或信息处理发生时检查和管理与事项相关的规则、政策，还需要将控制程序化，即在系统的设计和开发阶段把控制规则编写成源程序代码并嵌入业务事件的执行过程中，使各项控制由计算机自动完成，从而降低错误和舞弊发生的可能性。当然，在网络环境下，要使人们正确树立会计实时控制观念，还必须进一步深入研究网络财务的流程再造、实时控制方法、实时控制模式等理论问题，不断丰富和完善网络财务实时控制系统，使其高效、安全、正常运转，最终保证网络财务实时控制目标的实现。

（二）会计流程再造

1. 会计流程再造的意义

在网络财务中，传统的会计业务流程已无法适应，"流程再造"是必要的，也是必需的。所谓"流程再造"，就是指利用信息技术去改变传统会计中的管理流程、业务流程及会计流程，并将这三种业务流程集成，以实现会计的实时控制。它的实质就是采用所谓的基于"事项驱动"方式，再造传统会计和信息系统的业务流程。在网络财务中，这种基于"事项驱动"方式的会计业务流程有以下几个特点。

（1）实现了源数据仓库的共享

这种系统结构将使物理上分散的企业的多个数据库在逻辑上集中，并支持不同层次、综合性的信息需求。经过标准编码的源数据信息，可以满足企业外部所有的信息使用者的需求，使数据真正作到同出一源，实现共享。

（2）各流程紧密合作

业务流程、会计流程（信息流程）、管理流程之间能够紧密合作，各部门之间信息不协调的状态可以得到缓解。

（3）提供实时财务报告

由于信息处理与业务活动的执行过程是同步的，能够实施会计的事中控制，且系统能就违反规则的活动实时地向负责人发送异常情况报告，或者阻止舞弊活动的执行，可使系统预防风险的能力大大提高。

2. 再造内部会计业务流程

（1）企业内部会计业务流程再造的实现路径

①企业组织结构的再造——构建扁平化的组织。为了应对市场环境的瞬息万变，价值链会计要求企业以流程运作为中心，把"流程"作为关注的核心重视"流程"就意味着要打破职能制的组织结构，因此，有必要构建扁平化的组织。这种组织结构因为扩大了管理幅度，所以能减少管理失误，提高管理效率，从而增强组织快速反应的能力。

②输入环节的再造——转变会计数据采集方式。价值链会计要求清除不必要的非增值作业，其方法是采用电算化系统自动收集的方式进行会计数据的采集，即当经济业务发生时将原始信息按统一编码录入并存储于信息数据库中，财会部门进行账务处理时就可以从该数据库中调用相应的信息并进行加工，这样会计部门就可以实时监控到多种原始业务单据以保证账实相符。这种区别于传统数据存储和处理的模式使会计信息系统不再是一个"孤岛"。

③处理环节的再造——建立事件驱动型的信息实时处理系统。价值链会计要实现会计业务和其他业务的有效集成，必须建立事件驱动型的会计信息系统以实现财务业务与其他

业务的协同。其具体操作程序是：当经济业务发生时，该业务信息由企业各部门的管理信息子系统收集、编码后，将原始数据通过局域网传递并保存到共享事件数据库中。这样的信息处理系统能够根据每一项交易或事项自动生成凭证、账簿和报表，给经济事项留下"脚印"从而使业务流程具有可视性和还原性。

④输出环节的再造——建立实时动态的信息披露系统。目前会计信息输出的形式单一，只是各种报表。要改变这种单一形式，提升会计信息的价值，就需要对会计信息输出环节进行再造，再造后的业务流程应当是：当交易或事项发生时各部门业务人员根据相应的规则将信息存入数据库，由会计人员对其进行账务处理；当使用者想要获取相应的信息时则由其发出指令，信息系统启动相应的账务处理程序对源数据库进行加工并生成所需的相关信息。

（2）再造后的会计业务流程图

管理理论和思想变革不断适应新形势的需要，为再造会计业务流程提供了强大的理论支撑。会计业务流程再造就是利用先进的管理理论对企业原有的组织机构和工作程序进行重新设计，以形成一个能适应新形势需要的、高效的会计信息处理系统。

3. 基于价值链会计业务流程再造的实现路径

基于价值链会计的业务流程再造除了涉及企业内部资源的整合之外，还包括价值链企业之间的资源整合。

（1）拓展会计主体：成立价值链联盟组织

当今的竞争形式已经不再只局限于企业与企业之间的竞争，而是发展到了产品与产品、产业链与产业链之间的竞争，所以有必要拓宽会计主体，将其扩至企业外部链条，并视外部链上的所有节点企业为一个联盟组织。这种组织是一种虚拟主体，但并非虚构主体，虽然该主体不具备确定的实体，但可以从联盟整体的角度来协调联盟企业之间的事务，从而实现整个组织价值的增值。

（2）实现资源的共享：建立"中央数据库"

处于价值链节点的企业要想实现信息资源的共享，就有必要建立企业之间的"中央数据库"。该数据库存储的信息来源于价值链上不同节点的企业，这些信息不仅要有定量、确定性信息和财务信息，还应包括定性、不确定性信息和非财务信息。鉴于一些信息的特殊性，中央数据库中的信息并不是所有节点企业的所有信息，有些信息如技术性的核心机密信息是不包含在其中的。

（3）降低运行成本：成立会计协调委员会

为了加强企业之间的协调以减少会计业务流程的运营成本，价值链上的所有企业有必要成立一个协调委员会。该委员会的任务是致力于会计数据编码标准的制定、发布与管理，协调链条中企业会计信息共享并解决其中的会计产权问题，维护价值链企业所构建的"中央数据库",使其正常运行。

(4)降低转换成本:统一输入输出标准

将价值链上企业的会计信息统一标准并共享,有利于降低各供应商、客户信息的搜寻成本,从而达到价值链企业之间共赢的效果。现今各企业的会计信息是以不同形式的数字化文档保存于价值链各节点企业之中,为了更好地发挥这些信息资源的使用效果,应当统一会计信息标准,若数据标准不统一势必会加大企业之间数据的转换成本。因此,要统一会计数据输入和输出的标准,以保证企业之间数据的可读性和可比性。

(三)实时控制方法

完成了会计流程再造后,实现网络财务的实时控制便成为可能。在网络平台和信息技术的支持下,可通过识别结构化控制规则和非结构化控制规则来设计不同的内部控制方法,并在信息系统开发时将一些规则嵌入系统中,或者设计一些管理控制模块,并将其和信息系统结合起来以完成实时控制。

1. 结构化控制规则程序化

在会计数据处理过程中,判断会计数据处理是否正确是根据结构化规则进行的,其基本规则包括以下几种。

规则1:有借必有贷,借贷必相等。

规则2:资产=负债+所有者权益。

规则3:上级科目余额=下级明细科目金额之和。

规则4:未审核凭证不允许记账。

规则5:审核人与制单人不允许为同一人。

上述规则是会计数据处理中的基本规则,同时也是"不相容职务相互分离控制""授权批准流程控制"等控制方法的具体体现。事实上,规则远不止这些,人们一直在不断探索,不断丰富和完善规则,以使会计处理流程更加规范。

2. 设计业务流程管理模块

为了实现网络财务的实时控制,可结合再造后的新业务流程,设计业务流程管理模块,并将其和会计信息系统相结合以完成内部控制工作。设计业务流程管理模块的目的在于不因为实施内部控制而影响业务流程的流转,降低工作的效率。该模块内嵌于信息系统中,可以实现信息的单向、双向、多向传递,可在线实时完成业务处理申请、处理结果批复,保证信息传递的时效性和授权审批等内控手段的实现。

业务流程管理模块主要包括如下一些功能模块。

(1)采购管理模块

采购管理模块主要用于实时获取从采购订单、出货、到货、处理采购发票等一系列采购活动中的各种信息，并应用控制标准（如采购价格标准、采购费用预算等）、控制准则（如采购价格审批准则、采购发票控制准则等）以达到对供应商选择和确定采购订单价格、处理采购发票等一系列活动进行实时控制，为企业最大限度地降低采购成本、提高经营效率提供支持。

（2）销售管理模块

销售管理模块主要用于实时获取从销售合同签订到结束全过程的经营活动信息，并应用控制标准（如信用额度、销售费用预算等）、控制准则（如赊销控制准则、销售价格控制准则等）对销售订单价格进行严格控制、指导，约束销售行为，动态控制产品的分配量、现存量、可用量、不可动用量、在途量等，在提高资金回笼流量和流速的同时，保证企业经营效益目标的实现。

（3）库存与存货管理模块

库存与存货管理模块主要用于实时获取物料入库、出库、盘点、报废及结存等信息，并应用控制标准（如各种存货的最高储量、存货最长储存期、标准用量等）、控制准则（如超储或缺货控制规则、超出最长储期的扣款规则等）实时控制存货的流量和流速，最大限度地降低库存资金占用，提高存货周转率。

（4）成本管理模块

成本管理模块主要用于实时获取成本中心信息、每道作业的信息，并应用控制标准（如材料成本、产品成本、作业成本等）、控制准则（如各种价差控制规则、各种量差控制规则、各种成本动因的控制规则）在实施标准成本控制和作业成本控制的同时，最大限度地降低作业成本、产品成本，提高企业经营效益。

（5）财务管理模块

财务模块主要用于实时动态地获取企业经营过程中的个人和部门费用，现金流入、现金流出等信息，应用控制标准（如利润中心控制标准、费用中心控制标准、资金预算等）、控制准则（如个人借款限额规则、部门费用和总额费用规则等）严格按照预算对费用和资金进行实时控制，提高资金周转率，降低各种费用，最大限度地保证提高企业的经营效益。

针对以上各类业务，应制定相应的业务流程，在每个流程中规定各种业务的处理规则，并将其与业务流程管理模块相结合，以达到实时控制的目的。

3. 通过数字认证体系进行权限控制

权限控制法是指企业高层管理者给予企业员工或部门一定的权利和责任，限定其活动范围，防止无权限人员对经营活动进行非法处理的控制方法。权限控制法也是授权批准控制法。在经营过程中，应用权限控制法能够使会计控制系统在有效的控制下正常运行，并能严格执行内部控制制度，保证系统的安全性和保密性。在实施权限控制法时，也需应用相应的结构化规则来指导、协调、约束经营活动。其基本规则是当某项经营活动或事件发生时，如果某人有权限，则可以处理该事件，否则不允许处理。权限控制法从控制内容看，既涉及财务事件，也涉及业务事件控制权；从控制范围看，既涉及某一具体事件，也涉及整个流程的控制权。设计数字认证体系是实现权限控制的方法和途径。

4. 建立实时监控系统

在网络财务实时控制中，对各类重要业务和事项进行实时监控是非常必要的，因此，建立业务事项的实时监控系统是至关重要的，其具体内容如下所示。

（1）通过与各子系统的集成数据接口实时提取数据。

（2）对于需要监控的数据，根据各子系统通过业务事项的重要程度设置数据提取的条件。

（3）业务监控系统向不同级别和权限的人员实时提供相应的监控信息。

（4）在数据到达时进行实时消息提示。

（5）具有权限的人员登录业务监控系统后，未阅读的监控信息会自动提示阅读。

（6）对提取的监控数据存档备查。

综上所述，在网络财务中，优化和再造业务流程后，能够将控制规则嵌入会计控制系统，使计算机能严格按照控制规则进行实时控制。这样不仅减少了人工控制的缺陷，规范了经营活动，而且对发挥财务对经营活动过程的实时控制，实现提高企业经营效率和效益的目标起到了推动作用。

第三节 互联网时代企业财务内部控制体系的设计

简单地说，互联网环境下财务信息系统内部控制设计的指导思想，就是以内部控制理论，尤其是 COSO 报告的内部控制整体框架为依据，发挥网络财务信息系统在内部控制方面的优势，利用信息技术和 IT 设备解决其面临的难题。

一、网络环境下财务内部控制体系的设计原则

（一）合法、合规性原则

网络财务内部控制的设计应当遵循国家有关财经法规及单位自身有关管理制度的要

求，以保证每一项经济活动在合法、合规的状态下开展。

（二）成本与效益原则

由于网络财务信息系统自身的特点，内部控制不可能作到尽善尽美，而且相对于传统会计内部控制来说，网络财务信息系统的内部控制在软件和硬件的投入也要大得多，因此，需要讲求成本效益原则。一般来说，控制程序的执行成本不能超过可能由风险或错误造成的损失或浪费，基本标准是实行控制的收益应大于其成本，否则，再好的控制措施和方法也将失去存在的意义。

（三）针对性原则

网络财务的内部控制应该有很强的针对性，应该依据网络财务内部控制的优势和所面临的难题，针对网络财务内部控制中的薄弱环节，找出关键控制点，制定具体内部控制程序，采取相应实施手段。

（四）内控严疏和效率高低协调的原则

单纯从会计工作上来讲，需要最为严格的内部控制。但是如果内部控制实施后使得原本简捷的工作流程变得复杂，工作效率大幅降低，则该内部控制制度并没有可操作性。因此，应该在这两者之间找到一个最佳结合点。

（五）重要性原则

网络财务的内部控制应该突出重点，照顾一般。在把握事项的重要性方面，应考虑该事项对系统的影响力、业务性质、金额大小等。

（六）安全性原则

与传统会计内部控制不同，网络财务首要的内部控制就是安全性问题，其中最核心的就是系统和数据库的安全。系统不安全，就无法正常运转，就不能提供可靠的会计信息。数据库一旦被破坏，其损失将是无法弥补的。

（七）实用性原则

网络财务内部控制的建设，是以理论为依据的，但绝非为了研究理论而建设，因此，实用性是非常重要的原则。内部控制的建设不是仅仅制定一个原则和制度并把它挂在墙上，而是能够将其切实有效地贯彻执行。要特别注重将内部控制嵌入系统中去，并利用各种信息技术、IT设备等有效的手段来实施它。

（八）一般性原则

一般性原则也就是传统会计内部控制所说的相互制约、职责分离、审批监督等原则，这些原则在网络财务内部控制中依然有效，所不同的是要将它们嵌入系统中去，并将人工控制转换为程序控制。

（九）发展性原则

随着企业经营情况的发展变化，以及系统的完善和发展，网络财务的内部控制环境也将随之发生变化，控制的关键点和内容也会有所变化。内控建设应该要始终关注上述因素变化，定期评估并适时作出调整，以适应企业财务管理的发展需要。

（十）坚持以人为本

坚持以人为本，以制度规范更为人性化为根本的出发点和落脚点。人才是互联网企业最大的财富，互联网企业做内控应该着重考虑这些方面：第一，内控应该尊重人性、顺应人性、激发人生；第二，专业，即内部控制符合业务发展规律；第三，透明、公平，即各项内部控制条款和指标规范要以公平、透明为根本的出发点和落脚点；第四，清晰的责、权、利，即在制度规范中要明确企业各个部门、相关工作人员的责任、权利和利益，确保人人都能够知道自己干什么，又能获得什么，即执行这项政策各项结果都可预知的；第五，制度标准化、网络化和可便捷查询，即每个人随时随地都可查询自己身上所拥有的关键风险控制点和控制措施。

二、网络环境下财务内部控制的整体框架

对于网络财务而言，其内部控制整体框架，同样可以依据COSO报告的要求来设计，其具体内容如下。

（一）控制环境

COSO报告指出，控制环境应包括以下方面：管理哲学、组织结构、董事会或审计委员会、人力资源与实务、权责分配方式、品行与价值观、胜任能力等。对于网络财务内部控制而言，最主要的是建立健全的组织结构，并根据工作和内部控制的需要设置不同的人员角色，赋予不同的操作权限。一般来说，操作人员可以分为以下几类：财务主管、系统管理员、一般核算人员、管理人员、稽核人员等。权限的分配既要考虑工作的顺畅，又要考虑到相互制约。同时，加强人员的职业道德教育，提高各类人员的专业技术水平，

也是非常必要的。

（二）风险评估

控制环境和风险评估是提高企业内部控制效率和效果的关键。对于网络财务而言，内部控制的研究不可能脱离其赖以存在的环境和单位内、外部的各种风险因素，且应分析网络财务内部控制发生了哪些质的变化，以及这些质的变化对网络财务的潜在影响。和传统会计相比，网络财务重要风险点发生了很大的变化，主要包括网络的风险、系统和数据库的风险、会计数据修改的风险、由数据存储形势变化带来的风险、由交易授权形势变化带来的风险等。因此，必须从环境因素及其风险成因入手，对网络财务可能存在的各种风险进行全面分析和评估。必要时可设置风险评估部门或岗位，专门负责有关风险的识别、规避和控制。

（三）控制活动

应首先根据风险分析，结合业务流程，找出关键控制点，然后对这些控制点设立良好的控制活动。控制活动应该涵盖核准、授权、验证、调节、复核、保障资金安全及权限控制等活动。对于网络财务而言，控制活动可大致分为网络控制、系统控制、数据库控制、各种具体业务活动控制，还可将控制活动分成事前预防、事中控制、事后审计来具体加以实施。

（四）信息与沟通

网络财务的信息与沟通一般包括会计部门内部的信息与沟通、会计部门与其他职能部门之间的信息与沟通两部分，有些还包括会计部门和单位外部的信息与沟通。在会计部门内部，信息是通过财务内部局域网来传递的，这些传递和沟通根据具体业务控制的需要，可以是单向的，也可以是双向的甚至是多向的，而且这些信息与沟通是嵌入系统中由程序来完成的。对于会计部门与单位其他职能部门之间的信息与沟通，其主要目的是实现各部门之间的信息共享，提高工作效率，提高信息传递和处理的及时性，这一部分主要可以依靠在各部门之间开发数据接口来完成。至于会计部门和单位外部的信息与沟通，主要是指一些基于因特网的网上应用业务。总体而言，对网络财务而言，内部控制中的信息与沟通主要是通过网络，借助信息系统来完成的。

（五）监控

传统的监控一般包括日常内部稽核和审计、自我工作评估等。由于控制环境的变化、风险点的不同、控制活动实现方式的改变，以及信息与沟通的网络化、程序化，网络财务监控的内容发生了很大的变化。网络财务监控主要包括对网络平台的监控，对系统整体运行情况的监控和控制，对信息传递过程的监控和具体业务的监控。除了可借助传统的会计稽核和审计手段外，还可以借助防火墙、安全审计系统、信息系统的实时监控模块等设备和技术来完成监控。

三、网络环境下财务内部控制体系的设计流程

（一）明确控制目标

网络财务内部控制的目标，是指通过控制所要解决的问题和所要达到的目的，可概括为以下六个方面。

1. 确保系统的合规合法

信息系统与手工业务操作一样，其本身及其所处理的经济业务必须符合国家的有关法律、法令、方针、政策，以及有关部门颁布的各种规章制度、条例等，如现行的会计制度、财务制度等。因此，在设计系统的过程及系统运行阶段中，必须建立适当的内部控制，确保系统及其所处理的经济业务合规合法。

2. 保证系统处理数据的正确无误

保证系统处理数据的正确性，是网络财务内部控制的基本目标。为了保证系统处理数据的正确性，在系统设计过程中，要注意设计程序化的控制，如平衡控制、合法性控制、综述核对控制、合理性检验、纠错系统检验、输入数据类型检验、顺序检验等。在系统运行过程中，要对数据输入环节进行严格的控制，确保输入数据的正确性。

3. 提高系统的安全性

保证计算机信息系统的安全可靠，是系统能够正常运行的前提和基础。因此，在系统正式投入运行之前，就应考虑系统的安全性。应通过建立严密完善的硬件、软件和数据安全措施来保证系统安全、可靠。

4. 提高系统运行的效率

信息系统的运行效率在很大程度上取决于输入数据的速度。因此，在系统输入设计中，可采用适当的控制设计技术，提高系统输入的效率。例如，在网络财务信息系统中，可用计算机自动生成凭证编号，以编码的形式输入会计科目，规范摘要的格式，用代码输入常用的摘要等。

5. 提高系统的可维护性

系统维护的工作不仅量大而且复杂。可维护性是指系统易理解、易修改和易扩充。为了达到这一控制目标，从系统开发工作开始，就应该考虑到今后的维护工作。在系统开发

过程中，必须对系统开发的每一个环节进行严格的管理和控制。

6. 增强系统的可审计性

可审计性是指有能力、有资格的审计人员，能够在一个合理的时间和人力限度内，对系统的正确性和可靠性等作出公正的评价。影响计算机信息系统可审计性的因素较多，其中一个重要的因素就是审计线索。计算机信息系统的审计线索既容易被销毁，也容易被篡改，若设计时考虑不周，则很难进行事后审计。因此，只有在计算机信息系统的输入、处理和输出等设计环节采取适当的控制措施，如在网络财务信息系统中设立总账、明细账、记账凭证等各种数据库，才能保留各种审计线索，才便于对会计数据进行追踪审查。

（二）进行风险评估

风险评估主要是指对网络风险、系统风险、信息风险进行评估。

（三）设置关键控制点

在对网络财务所面临的网络风险、系统风险、信息风险进行评估后，应针对各类风险设置关键控制点。

（四）进行流程设计

要想优化网络财务业务流程，必须将其和控制体系相结合，同时应根据网络财务的特点进行会计业务流程再造，建立财务业务一体化流程。

（五）采用支撑控制方案实施的网络信息技术

要想实现网络财务内部控制，网络信息技术和IT设备的支持是必不可少的，它们是实现内部控制的基本保障。

四、内部控制审计对财务报表影响分析

（一）研究设计

1. 研究假设

本书基于委托理论等理论，提出以下假设：

假设一：企业的内部控制审计意见与财务报表审计意见显著正相关。

假设二：实施内部控制审计与财务报表审计意见显著正相关。

假设三：企业的内部控制信息披露指数与审计意见显著负相关。

2. 变量选择

（1）被解释变量

下面主要研究内部控制审计报告对财务报表审计报告的影响，使用研究设计中的被解释变量选择财务报表审计意见。根据财务报表审计意见的分类标准，本书将其划分为标准和非标准两种。在研究设定中，审计意见用OP（Opinion）表示，标准审计意见定义为0，非标准审计意见定义为1。

（2）控制变量

资产规模（SIZE）。公司的规模越大，受到的社会监督越多。为了提供真实且良好的信息，公司需要对自身进行管理，建设能够有效执行的内部控制，那么舞弊的可能性就小，内部控制审计出具非标准意见的概率也就相对变小。因此，本书采用资产规模这一控制变量，以其自然对数进行衡量，预计与审计意见呈负相关。

本年度损益（LOSS）。财务报表能直接反映企业的财务状况，而通过分析财务报表指标也可以推断企业内部控制情况。财务报表出现亏损，则表明企业在经营管理方面出现了一定的问题，可能是内部出现舞弊现象导致资产流失或是其他可以导致大量损失的事项等。在此种情况出现时，我们有理由认为，企业内部控制存在缺陷，且财务报表审计出具非标准审计意见的概率较高。将亏损定义为1，反之定义为0，预计与审计意见呈正相关。

资产负债率（LEV）。资产负债率高表明企业的财务风险较大，对企业财务报表进行粉饰遮掩的可能性也就越大，增加出具非标准审计意见的可能性。预计与审计意见呈正相关。

是否被ST（ST）。当上市公司出现连续多年亏损或者财务上出现困难导致企业可能无法持续经营的危机时，将被进行"特别处理"，即变成ST公司。被ST的公司，其管理层可能会为了赢取投资者信任提供虚假的财务报表。所以，注册会计师出具非标准审计意见的概率较高。预计与审计意见呈正相关。

董事长兼任总经理（PT）。对于上市公司而言，所有权与经营权一般分离。董事会代表公司的所有者权益，可以任命企业高层管理人员。因此，为了维护双方以及公司的利益，需要制定一系列的监督措施。如果董事长兼任管理层，也就意味着内部控制面临失效，董事长可能会对公司运营进行极大的干预。因此，当企业的董事长兼任总经理时，其财务报表审计出具非标准意见的可能性加大。将兼任定义为1，反之定义为0，预计与审计意见呈正相关。

3.模型建立

在以上假设和变量的基础上，进行实证检验，采用多元回归的方法，设计了以下的回归模型：

$$OP = \alpha + \beta_1 ICAR + \beta_2 SIZE + \beta_3 LOSS + \beta_4 LEV + \beta_5 ST + \beta_6 PT + \varepsilon$$
（i=1，2，3分别代表假设1，2，3）

其中：a代表常数，ε代表误差值，β_1-β_6代表回归系数。

（二）研究结果

假设一：即内部控制被出具非标准意见的企业财务报表比被出具非标准意见的概率更高。这说明内部控制审计与财务报表审计之间存在一定的关联。究其原因，一方面，可能是注册会计师在进行财务报表审计的过程中可以利用内部控制审计结果，提高审计的质量和效率；另一方面，有效的内部控制可以在一定程度上预防舞弊和差错的可能性，合理保证财务报表的真实合法。

假设二：即披露内部控制审计报告的企业比未披露的企业更可能在财务报表审计上获得标准无保留意见。首先，强制要求部分上市企业披露内部审计报告之后，大部分企业对内部控制的重视度提高，健全和完善内部控制制度并保证其有效运行。其次，企业自愿披露内部控制报告能够看出内控情况良好，或者虽然存在一定缺陷，但影响不大或能够改进。而未披露内部控制审计报告或未实施的企业，有极大的可能是内控存在重大缺陷，甚至会影响财务报表审计结果，有可能通过不实施或不披露来进行遮掩。因此，披露内部控制报告的企业，财务报表在真实性和合法性上的可信度更高，也就是说被出具标准无保留意见的概率。

假设三，即内部控制信息披露指数更高的企业，财务报表被出具标准无保留意见的可能性较大。因为企业信息披露的程度越高，意味着受到社会的监督越多，以及企业愿意披露内部控制信息的信号，这也会督促企业建设自身的内部控制，避免舞弊和差错等情况的发生，从而合理保证真实合法的财务报表。

五、网络环境下会计信息系统内部控制发展建议举措

（一）强化工作人员的操作程序

工作人员要在计算机程序中的所有操作，包括时间、内容、人员都要留有记录，要制定相关数据的处理标准，对数据的文件名、存储位置、保留时间等事项一一作出规定，建立上机操作日常制度，以便实现统一管理。在计算机会计软件中设置重复操作、错误操作、遗漏操作的控制程序，以便能在违反程序时给出提示。对于已经完成的会计业务设置不可更改的操作程序，要想修改就要通过补充记账等形式来完成，以保证会计信息数据的真实性与准确性。在对计算机的硬件系统进行安装时，一定要按照程序顺序进行，不要随意进

行计算机系统安装处理。启动计算机应该先打开外设再打开主机，关机时应该先关闭主机再关闭外设，在软盘读写的操作过程中，不能强行将软盘拔出，容易对计算机造成一定的损害。在布线的过程中，也要考虑到不能被电磁和人为损坏，不能经常移动计算机等。还需要对操作人员进行相关操作时提出具体的要求，建立严格的硬件操作规程。明确进入系统的标准的规程，制定操作员访问系统的流程，对于突发事件如突然断电等情况作出及时处理。

（二）建立安全的网络环境

要提高企业和相关工作人员对会计信息系统安全风险的认识、业务素质和思想素质，使工作人员能够自觉地遵守各种操作流程和规章制度，减少实际工作中的错误，有效地提高系统安全意识，增强保护系统安全的自觉性。培养知识全面的专业的网络系统管理人员，要有高超的网络系统技术，还要具有思考问题、视察问题、发现问题的意识，并对系统出现的风险隐患及时处理的能力。要建立预防病毒的安全措施，以防止病毒的侵害，使用正版的软件，对外来的软盘要先杀毒再使用，对系统进行实时控制。定期对硬盘进行检测，如果发现有病毒存在，应在开机时进行及时的控制，注意查杀病毒，对文件与数据进行定期备份，对于来路不明的邮件与网页坚决不能浏览打开，以防止病毒的进入。还要建立对黑客等不法分子的防护措施，如设置防火墙，使用入侵检测软件等。采取一些安全措施，包括数据加密、访问限制、技术认证等，有效地拒绝黑客的入侵。还要加强对重要数据资料的保密工作，防止随意扩散。加强对重要网络设备的管理，删除系统正常运行所必需的之外的一切用户，增强网络的安全性。

（三）加强组织控制力度

随着计算机技术的发展，会计信息系统也在不断地更新，包括基本会计岗位和信息化会计岗位。其中，基本会计岗位有会计主管、核算、出纳、稽核及档案人员等，信息化会计岗位则有管理员、操作员、维护员、审核员及开发员等，而这些工作任务不能一人兼任。建立各岗位的工作人员实行岗位责任制度，将责任落实到个人，加强工作人员的规范化与可行性。建立健全相应的会计制度，让每个工作人员都要有统一的授权，并且用密码控制，防止非法操作和越权操作，不能随意地将各种软件导入系统内，以防止外来软件对于会计系统的不利影响，同时要做到不相容职务的分离，各岗位之间要具有一定的内部牵制监督作用。形成相互制约机制，有效地防止违法行为的发生，及时发现错误，减少企业的损失。因此，要不断地完善企业内部的会计信息相关制度，建立健全相关的法律机制，加大监管控制力度，全面有效地实现对会计人员与软件的管理。

第六章
互联网时代企业财务会计与电子商务

第一节 电子商务对传统财务系统的影响

一、电子商务对传统会计领域产生的冲击

（一）传统会计假设理论有待进一步完善

会计假设理论（会计主体假设、持续经营假设、会计分期假设、货币计量及市值不变假设等）已无法满足电子商务发展的客观需求，暴露出许多局限性。例如，企业间虚拟联合、战略联盟的出现，打破了原来会计主体假设的活动范围；网上兼并、收购、破产对持续经营假设提出了疑问；会计实时报告系统的出现，使得随时生成财务报告成为现实；电子货币、电子银行的出现，使得无纸化、非货币计量交易梦想成真。为了更好地适应电子商务时代的步伐，传统的会计理论必须不断完善、修正和改进。

受电子商务特殊性的影响，电子商务交易真正地实现了无纸办公，对传统财务会计来说是巨大的挑战。传统会计在记账的时候，全部是以书面形式进行的，电子商务形式下的会计记账是将原始票据和凭证录入电脑中，电脑自动完成传统会计手动完成的各项工作。电子商务形式下的会计数据是以电子信号形式被保存起来的，这些信息可以随意修改而不会保留任何痕迹。对于企业而言，信息数据的可靠性就会受到质疑，针对会计信息开展的企业战略规划就会受到影响。电子商务会计数据能不能当作有效证据已经成为一个国际性

问题，如今的电子商务会计在做账的时候，全部使用的是电算化，电脑打印后装订成册，这就需要有规范化的电子商务模式。只有这样，电子商务会计数据信息才能获得法律上的保障。

（二）电子商务要求会计服务范围更加广泛

电子商务是信息社会的产物，它将原有的商务活动扩散，伸向商品生产企业的采购、销售环节，伸向政府的贸易、调控采购部门，伸向消费者的办公室、家庭等网络可以达到的一切地方，从而形成了全球统一、规范竞争的有序的大市场。而会计为了更好地适应电子商务的客观要求，服务于这个大市场，其服务范围也应不断扩大，不但要服务于物质生产领域，还要服务于非物质生产领域，即面向政府、流通行业、生产行业、消费者及国内外贸易的各个方面。

（三）电子商务要求会计手段多样化、现代化

在信息时代，企业的竞争非常激烈，作为一种以提供财务信息为主的经济信息系统，为了不断地满足财务报告需求者的客观需求，会计必须采用多样化、现代化的手段为企业服务。会计电算化、网络会计的出现，打破了原先束缚会计自由发展的桎梏。而会计实时报告系统的应用，更加速了财务报告生成的及时性，为会计的充分发展提供了一个新的契机。

（四）电子商务需要高素质的复合型会计人才

电子商务使会计的工作效率得到明显的提高，通过网上银行可以实现资金的流通，网络系统生成的实时会计报告可以使财务系统的应变能力得到提升。电子商务时代的会计工作不会受到某些客观条件的制约，通过互联网可以完成所有的工作，传统的工作环境和工作形式都被改变了。电脑可以完成很多的工作，与传统企业会计相比较，企业需要对工作岗位进行重新的调整或者是撤并，需要根据工作形式的改变对企业会计的工作任务进行不断的变革，从而满足企业会计工作人员的技能标准。电子商务形式下的企业会计工作需要使用网络和电脑来处理工作业务，这就对会计工作者又有了新的要求，不仅要熟悉会计业务，同时还要能够熟练掌握电脑操作，对现代主流会计软件要娴熟地进行操作，从而满足快速发展的电子商务需求。只有从根本上将电子商务会计的工作认识进行不断提高，才可能实现对传统会计工作的改变和整合，进而使企业财务工作得到高效、优质的完成。

市场的竞争就是人才的竞争。完整的电子商务内涵由四个方面组成，即前提条件、人的知识与技能，系列化、系统化的电子工具，以及以商品交易为中心的各种经济事务活动。由此可见，电子商务的核心是人才。电子商务作为信息现代化与商贸有机结合的产物，既

需要能够掌握及运用电子商务理论与技术的专业人才，又需要精通财会理论知识及具有实践工作经验的复合型、全方位人才。

（五）电子商务要求会计市场国际化

随着电子商务的不断发展，会计市场必将打破国界而趋于国际化，使得世界各地的人们可以在国际化的会计市场中方便地寻求自己所需要的会计商品，同时为其他用户提供自己的会计商品，最大限度地实现会计商品等价交易的双重耦合。会计市场国际化也为电子商务的进一步发展提供了新的契机。

二、电子商务对现行财务报告的冲击

以网络环境形势为背景，企业可以随时向社会大众、债权人和投资人提供详细的会计信息，创建网络实时报告体系就可以将这些技术进行全面的开展。在新形势下，对于传统财务会计报告来说，面临着巨大的挑战，同时也是促使企业会计快速成长的良好时机。传统会计报告中的信息都是企业管理者在日常经营管理中的经营信息，传统会计报告是针对债权人和投资者开展的。电子商务出现后，会计报告则倾向于向企业决策者提供更为全面的会计信息，帮助企业决策者作出新的战略决策提供具有参考价值的信息。新型的会计报告模式，可以突破时间和空间的限制，实现了分期假设和成本效益原则约束之上的定期报告模式，并且会计报告已经不再受到传统的资产、负债、所有者权益、收入、费用和利润等方面的限制，会计报告各要素需要不断地精细化，借助新型的会计报告形式将企业经营过程中的所有信息全面、实时地反映出来。

现行财务报告的局限主要表现在以下几个方面。

第一，现行财务报告体系重视对企业有形资产的报告，而对无形资产的揭示却不够。在网络时代，无形资产已取代有形资产在企业生产经营中的重要作用，如果在财务报告中不能对无形资产作出充分的揭示，将会妨碍信息使用者对企业整体价值的评估。

第二，现行财务报告所呈报的是一种历史的、货币化信息，难以对电子商务时代企业的生产经营状况作出全面揭示。其原因主要有以下几个方面：一是缺少有关企业未来机会及风险的预测性信息；二是缺少非货币信息；三是信息缺乏时效性。受制于信息收集和处理的能力，现行财务报告不能将发生于企业的经济活动及时地向信息使用者进行披露，其所提供的信息主要是一种面向历史和过去的信息。

第三，现行财务报告体系是建立在历史成本计量属性基础之上的，这种呈报基础所反映出的资产与其公允市价之间的差异，不利于信息使用者对企业整体规模和真实生产力作出准确的评估。特别是在网络时代，随着知识和技术创新速度的加快，企业产品和设备的生命周期大大缩短，如仍根据历史成本对企业资产进行计量，将会极大地扭曲这些资产的现时价值及生产力，从而误导信息使用者。

第四，现行财务报告是一种通用性的财务报告，这种报告模式有以下两个明显的缺陷：一是忽略了不同信息使用者在信息需求和使用上的差别；二是报表要素划分比较综合，许多会计数据在分类、加工、汇总的过程中失去了其本身的含义。

而在网络财务概念中，网络计算将极大延伸会计核算的时间和空间范围，提高会计核算效率；动态核算将极大改善会计信息的及时性，丰富会计信息内容，提高会计信息价值；实时报告将极大地提高会计信息质量，更有效地为会计信息使用者提供决策服务。

三、电子商务对传统财务管理的冲击

随着电子商务时代的到来，客户需求出现了新的变化。这些新变化主要表现在需求个性化、随意性，以及由此带来的电子商务模型的多样化等。这些变化必然对企业内部的资源配置效率提出更高的要求，其中对财务管理的要求尤为严格。

（一）电子商务对传统财务管理内容的冲击

1. 无形资产管理将成为财务管理的重要内容

在工业经济社会，经济增长主要依赖于厂房、设备、资金等有形资产，而在电子商务时代，专利权、专用技术、商标、信息、计算机软件等以知识为基础的无形资产，对经济的增长起着决定性的作用。与此相对应，企业资产结构中无形资产的比重迅速上升，甚至成为企业的主要资产。为适应有形资产向无形资产转变的需要，企业财务管理的重点要转变到无形资产的管理上来。

2. 筹资管理与投资管理意识的转变

传统财务管理的筹资与投资主要是指企业资金的筹集与应用。由于电子商务的应用扩展了企业资本的范围，因此，改变了企业的资本结构。在电子商务环境下，企业的资本包括物质资本与知识资本两大类，其中起主导性作用的不再是物资资本，而是知识资本。企业财务管理应根据企业实际情况，对企业知识资本的筹集进行规划，加强对企业无形资产及人力资源的管理。筹集知识资本将成为企业未来财务管理的重要环节。企业拥有了大量的知识资本后，若使用不合理，也不能为企业创造财富。企业财务管理应帮助企业充分利用企业的知识资本，包括合理估计无形资产带来的价值与收益，使企业知识资本达到最佳效益结构。企业财务管理重在发掘企业知识资本的潜在收益能力，可使知识资本为企业带来源源不断的财富。

3. 风险管理意识将进一步得到强化

在电子商务条件下，客户的需求产生了许多新的变化，主要表现为个性化及消费时机、地点的随意性趋势。随着整个企业组织经营流程围绕充满着不确定性的顾客需求而设计，上述压力定会给企业内部的生产、研发、质量管理、供应等环节带来倍数式的负面影响，即这种新的需求特性使得组织内部各关键环节面临更多的不确定性，而这些环节的不确定性最终必然反映为企业财务管理的不确定性，从而增加了企业财务管理的风险系数，这就促使企业进一步提高其风险管理水平。

（二）电子商务对传统财务管理职能的冲击

财务管理的主要职能包括决策、计划和控制职能。电子商务的发展加速了全球经济的一体化，给企业谋求全球发展带来了机会。由于电子商务的迅速发展改变了传统的商业模式，企业财务管理职能的执行也呈现出了不同于传统财务管理的新特点，如下所示。

1. 电子商务企业能在更广范围乃至全球范围内扩张及经营其业务

利用因特网技术，可实现信息技术和企业经营的有效结合，从而节约成本和时间。通过合并多个数据中心，可节省信息技术的管理费用并保护稀缺的信息技术资源。运用共享服务中心可提高经营效率并降低信息成本。财务部门可以在诸多关键领域运用共享服务中心，这些领域包括采购、付款、订单管理、收款、项目管理、资金管理、预算和报告等。通过集成信息和优化业务流程，可摒弃冗杂成分，减低企业财务管理的复杂程度。

2. 计算机及计算机网络的发展同时也铸就了最富有成效的财务分析

作为 20 世纪最富有创意的发明，计算机的数据处理、分析能力是无与伦比的。对于结构化财务决策，如财务管理中的最优库存模型的确定，可完全交由计算机来完成。

3. 与传统的财务管理相比，电子商务条件下的财务管理充分应用因特网技术，对企业财务进行了实时管理

首先，企业财务管理、会计核算从事后达到实时，财务管理从静态走向动态，在本质上提升了财务管理的质量；其次，网络财务下的会计核算从事后的静态核算转变为事中的动态核算，丰富了会计信息内容，提高了会计信息的时间价值，因而产生了各种能更有效反映企业经营和资金状况的动态财务报表和财务报告；最后，通过与网上银行的连接，可随时查询企业的最新银行资金信息，最大限度地加快资金流程。企业还可针对瞬息万变的市场，及时掌握第一手信息并作出反应，部署经营活动和作出财务安排。

4. 整合企业财务资源，实现财务与业务的协同

在电子商务条件下，企业能够更有效地实现整体管理，这样可以整合整个组织的财务资源，实现财务与具体业务的协同，从而改变过去财务与业务各行其是且非常松散的情况，使企业的财务资源与业务运作直接挂钩，从而实现资源配置的最优化。

第六章　互联网时代企业财务会计与电子商务

第二节　互联网时代电子商务环境下企业财务会计发展的新趋势

一、线上工作

在信息爆炸的电子商务平台上，金融部门在通过互联网获得更多信息的同时，完成在线工作。企业管理人员可以随时了解业务信息，从而最大限度地及时反馈，间接提高整体竞争水平。各部门的财务管理可以进行远程控制、远程监控和管理。例如，一些员工和客户通过互联网的电子平台解决问题，及时找到并解决。

在这种条件下，财务管理部门可以对整个工作进行实时动态管理；同时通过网络信息反馈，财务部门还可随时获得双方的交易信息等财务信息，以使工作运行稳定。

二、财务管理部门可完成与业务部门的衔接

电子商务平台下的财务管理还可完成与企业的业务部门的衔接，从而将每个部门进行信息联合，进一步统筹每个工作部门的工作，便于企业整体分配任务给每个部门，最终达到提升效率的目的。以采购部门为例，销售工作要和财务工作及其他相关部门的业务数据记录到财务软件中。财务管理部门对所有的数据进行分析，就可完成与企业经营相关的财务指标的信息记录，便于今后审查使用。

三、电子商务网络财务会计发展中的会计国际化

电子商务在全球范围内的推广促进了各国之间的经济联系和人员沟通，世界越来越成为一个地球村。利用先进的互联网技术能够实现资金在非常短的时间内流转的广度和力度，促进了巨额资金在世界范围的周转使用，提高了资本在国际范围的投入力度与流动力度。在这种局面下，企业要想在国际舞台上发展，在激烈的国际竞争中求得生存和发展的空间，就必须有雄厚的资本做后盾，同时利用巨额资金对落后的产能与工艺进行大胆的淘汰与改进，促进新产品的研制和新科技产品的开发。电子商务已经进入了国际贸易舞台，我国企

业应该对外国企业的会计报表以及会计制度有一定的了解和把握，作到知己知彼，百战不殆，根据国际惯例的标准化要求制作出会计报表，加强统一的会计程序与会计方法的建立与完善，要在会计国际化市场中发展，我们应当充分重视这些问题。

四、电子商务网络财务会计发展中的会计主体虚拟化

会计主体是指会计服务的主要对象。传统模式下的会计主体一般是指一个具体存在可感的单位实体。在现代电子化商务财务会计发展中，会计主体已经有别于传统模式下的空间限制范围发展到了世界各地，突破了实体主体的空间制约。互联网技术的发展使跨国集团公司之间的战略联盟比以往更加方便，促使了远距离以及多对象商务服务中集中式财务核算管理的实现，为其提供了技术支持。这种新型的电子商务会计主体依托互联网进行无形化运作，突破了传统会计主体的地理桎梏，没有固定的办公场地以及办公地点，包括一些肉眼看不见也触摸不到的虚拟的网络公司以及网际公司。根据不同会计信息使用者的不同要求，虚拟化的会计主体及时根据市场中的实时变化，进行相应的组合与发散，或者消失。在电子商务环境下，网络会计主体的虚拟化的运作状态比较模糊，这些众多的虚拟网上企业和网际企业凭借其不同的经济形态构建成了网络经济主体，在具体的工作中应该加强对其虚拟性的有效辨认。

五、电子商务会计系统的需求分析

在当前电子商务环境下，电子商务会计系统必须适应社会经济发展现状，使用社会经济发展原则，满足会计系统的发展需求。当前电子商务会计系统的发展需求主要体现在以下几个方面。

（一）基础理论需求

社会在变，科技在发展。随着电子商务的发展，传统经济模式发生着转变，会计系统的工作也需要发展和转变。在电子商务环境下会计系统需要满足的基础理论需求主要有会计主体假设需求、持续经营需求、会计分期假设需求、货币计量假设需求等。

（二）会计环境需求

在当前电子商务环境下，在会计系统的发展和完善需要满足的需求中，会计环境需求主要是满足会计系统生存发展的客观环境。会计环境的变化，会对会计系统的运行产生一定的影响，通过会计环境的改变，推动会计理论的发展，更好地为电子商务和会

计系统服务。当前电子商务不断发展，网上交易、网上银行等的产生，使得网上支付等产生，为了保证电子商务的正常安全运行，需要为电子商务会计系统提供一定的会计环境。

（三）会计信息质量需求

会计信息质量是会计系统运行中产生的会计信息必须具备的特征，在电子商务环境下，会计系统的发展，需要满足会计信息质量需求。满足会计信息的相关性需求、可靠性需求、可比性需求，还需要满足会计信息量的相关特征和成本效益等原则需求，保证在电子商务环境下，产生的会计信息具有透明性，借助网络技术、信息技术等，完善会计信息，更好地为用户提供个性化的信息需求。

（四）会计职能需求

在社会不断发展的过程中，社会生产力和生产技术不断发展和变化，会计的职能也会不断完善和发展。当前电子商务不断发展，其对会计系统和会计职能的发展产生了一定的影响，需要保证会计系统满足会计职能需求。会计系统的会计职能主要体现在会计控制职能、决策职能、核算职能等需求。在电子商务发展的过程中，会计系统的结构需要得到完善，只有将系统结构完善，才可以更好地促进其相关职能的完善。

在电子商务发展的过程中，会计系统的职能得到完善，将传统会计系统中存在的不足进行解决和改善，将会计信息相关的工作进行完善，形成完善的会计信息核算流程，保证各项会计核算工作顺利地进行。

除了以上的需求内容之外，会计系统需要满足的需求还很多，如会计财务报告需求、会计计量需求、人员需求等。会计系统的发展，需要得到各种技术的支持，在电子商务的不断发展下，完善会计系统的设计，可以推动经济的发展，促进经济发展水平的提升，创造更多的经济收益。

第三节 电子商务企业"流量支持"业务的会计处理

随着电子商务市场的发展，企业之间的战略合作变得越来越重要，在"流量支持"形势下相互保证。但我国尚未形成电商企业"流量支持",电商行业企业记录"流量支持"的账目仍然令人很困惑。但是,"流量支持"本身就具有巨大的商业价值,"流量支持"方式的管理将直接影响到企业的财务报表,在一定程度上影响投资者对企业股票预期的影响,如果管理费用和企业股份的增长率以"流量支持"计算方式,就会间接影响到企业赔偿的管理。

一、"流量支持"会计处理方式

"流量支持"通常伴随着电商企业之间签订战略联盟协议而产生,在进行股权交易时,一些电商企业会以平台企业提供"交易入口"等方式作为附属条件,为对方提供"流量支持"。如腾讯与京东的战略联盟,腾讯在微信和手机 QQ 上为京东提供一级入口。

将"流量支持"在合并当期资本化处理,后期分期费用化处理最接近企业会计准则的处理规定,但由于"流量支持"蕴藏的价值很大,分期摊销将会对分摊期间的利润造成很大的负面影响。对"流量支持"不进行会计处理,不仅处理方式简单,而且不会给企业的账面利润带来负担,这是大多数电商企业比较青睐的做法。不同电商企业的管理层对于"流量支持"的会计处理方式有着不同的偏好,每种偏好都将直接或间接影响着管理层的利益。

二、管理层"流量支持"会计处理倾向的博弈分析

(一)博弈假设

站在电商企业管理层的角度,采用博弈分析的方法,分析在证券监管部门严厉监督的情况下,提供"流量支持"的合作方是否违约对管理层的利益产生的影响。在进行博弈分析之前作出如下假设。

1. 管理层具有一定的买卖股票的权利

我国的资本市场不成熟,各方掌握的信息是不对称的,假设在合法的情况下,企业管理层将会比其他方优先掌握买卖股票所需要的信息,并具有一定的买卖本公司股票的权利,且能根据自身需要买卖一定数量的股票。

2. 管理层致力于提升企业价值的衷心是不变的

大部分企业管理层的报酬与管理层为企业创造的价值息息相关,因此,企业价值越大,管理层获取的报酬越多。假设电商企业的管理层在与合作方战略联盟之后,在利益的驱使下,致力于提升电商企业的价值,并且努力程度不会因为时间的流逝而减少。

3. 管理层提供真实的会计报表

假设企业对外提供的是真实的会计报表，即投资者和企业管理层使用和参考的是同一套会计报表，投资者知悉的关于"流量支持"的会计处理与电商企业实际采取的处理方式是一致的。

4. 企业股票价格波动与企业价值走势相同

假设电商企业因合作方违约遭受的损失、因合作方赔偿获取的收益、因将"流量支持"费用化处理而使其减少的收益等都能反映在企业价值上，并且企业股价的波动与该企业价值走势相同。

5. 监管部门的处罚措施严厉

假设电商企业管理层对"流量支持"的会计处理是合作方提供"流量支持"的证据。若合作方违约，停止提供"流量支持"，监管部门会对合作企业进行严厉处罚；若电商企业对"流量支持"不进行会计处理，则合作方违约将会因缺少证据而免于遭受监管部门的处罚。

（二）博弈过程

对管理层进行何种会计处理方式与战略合作者是否违约四种不同组合情况下管理层将获得的收益进行博弈，并假设战略合作者不违约的概率为 a。由于博弈的结果只需要确认管理层将选取何种会计处理方式，因此只对管理层的收益进行博弈分析。电商企业管理层选择"流量支持"会计处理方式博弈过程中涉及的参数及其含义如下所示。

参数	含义
λ	激励系数（$1 > \lambda > 0$）
ω	股利支付率（$\omega > 0$）
r	投资回报率（$r > 0$）
g	股利增长率（$g > 0$）
δ	$\delta = \dfrac{\omega}{r-g}$（$\delta > 0$）
V	电商企业对"流量支持"不进行会计处理时的年收益
$\lambda \times \delta \times V$	依据企业的价值，管理层能获得的激励报酬
B	管理层所能获得的固定报酬
A	合作方违约，电商企业将遭受的损失
A_1	合作方违约，电商企业对管理层的处罚
β_1	合作方违约，管理层将抛售的股票比例
D	若电商企业对"流量支持"进行分期费用化处理，其每期将减少的收益

β_2　　　　若电商企业对"流量支持"进行分期费用化处理,管理层将购进的股票比例

C　　　　　合作方违约,监督方对合作方的处罚金额

β_3　　　　因监督方处罚合作方,管理层将抛售的股票比例

由于"流量支持"暂假设为按直线法摊销,每年的摊销额相等并计入损益,不进行会计处理将在财务报表上比进行分期费用化会计处理多出一定的收益额,用 D 表示。通常企业管理层的报酬与管理层为企业创造的价值息息相关,根据市盈率企业估值模型,$\delta \times V$ 表示企业价值,$\lambda \times \delta \times V$ 表示管理层由于为企业创造价值而获得的激励报酬。A、A_1、C 都假设为一次性的,并且只在企业的总体价值层面产生影响。由于假设基于一定的信息基础,管理层比其他方会优先反应并买卖一定数量的股票,因此,无论消息的好坏,管理层都将在股票上获取一定的收益,$\beta_1 \times A$、$\beta_2 \times \delta D$、$\beta_2 \times C$ 即表示企业管理层基于一定的信息基础买卖股票所获取的收益。

当管理层对"流量支持"不进行会计处理时,管理层将获得的期望收益为:

$$E1 = \alpha \times [\lambda \times \delta \times V + B] + (1-\alpha) \times [\lambda \times (\delta V - A) + B - A_1 + \beta_1 \times A]$$

当管理层对"流量支持"进行分期费用化处理时,管理层将获得的期望收益为:

$$E2 = \alpha \times [\lambda \times \delta(V-D) + B + \beta_2 \times \delta D] + (1-\alpha) \times \{\lambda[\delta(V-D) - A + C] \\ + B - A_1 + \beta_2 \times \delta D + \beta_1 \times A + \beta_3 \times C\}$$

(三)博弈结果

对于该博弈,无论管理层对"流量支持"选择何种会计处理方式,若要得到相同的期望报酬,则必须使得管理层对"流量支持"在不进行会计处理与进行费用化处理方式下获取的收益相同,即纳什均衡的结果为:E1=E2。对该博弈均衡求解得到的合作方违约的概率为:$1-\alpha = (\lambda - \beta_2)/(\lambda + \beta_3) \times \delta D / C$。

当电商企业的战略合作方违约的概率为 $(\lambda - \beta_2)/(\lambda + \beta_3) \times \delta D / C$ 时,电商企业管理层对流量支持不进行会计处理与进行分期费用化处理时所获得的报酬是一样的。此时可以随意选择两种会计处理方式中的一种。当电商企业的战略合作方违约的概率大于 $(\lambda - \beta_2)/(\lambda + \beta_3) \times \delta D / C$ 时,电商企业管理层对流量支持进行分期费用化处理所获得的报酬较多,对"流量支持"的会计处理方式选择分期费用化更为恰当。当电商企业的战略合作方违约的概率小于 $(\lambda - \beta_2)/(\lambda + \beta_3) \times \delta D / C$ 时,电商企业管理层对"流量支持"不进行会计处理所获得的报酬较多,对"流量支持"的会计处理方式选择不进行任何处理更为恰当。

三、结论

综上所述,从电商企业管理层的角度而言,在选择"流量支持"的会计处理方式时,应充分调查合作方的信用水平,对战略合作方作出违约行为的概率进行充分合理的估计,并据此选择"流量支持"会计处理的方式,在保证会计信息质量准确性的同时,使管理层的利益最大化。

电商企业获得"流量支持"属于企业长期战略层面,归类于销售费用的长期效应,应首先估计此项业务能给企业带来的总收益和受益期限,在确认当期作为递延资产,根据各受益期间实际的收益水平进行合理的摊销,受益多的期间按多摊销的原则进行,计入销售费用。现行的国内外会计准则并不能涵盖电子商务企业的"流量支持"业务的处理,对于此类特殊的业务并没有规范的处理,电商企业管理层的倾向性选择会对企业利润与报表的披露造成巨大的影响。随着电子商务的发展,我国会计准则需要针对电商企业的特殊业务出台明确的准则,以规范会计信息的披露。

第七章
互联网时代企业财务会计战略与模式的创新

第一节 互联网时代商业模式创新

在互联网时代,企业的竞争已经不仅局限于关注投资收益、对目标市场的控制和稳健的客户关系,企业要想长远发展,必须具备高效运行的财务战略和财务模式,这也是企业发展潜力的综合体现。财务战略与运营模式的选择和制定不仅决定了企业的财务资源配置方向,也影响着其投资活动的效率和效果。凭借稳健的财务体系以及可行的投融资战略,企业的长期发展才能顺利实现。近年来,随着我国网络经济的高速发展,互联网技术呈现着螺旋式上升的发展态势,对社会的贡献值不断提高。在网络交易的地位不断提高的今天,对企业的财务管理特别是对财务模式的适应力提出了更高更新的要求,必须对作用于组织运行的所有因素进行实时的汇总、分析和预测,实现企业资金的均衡配置。因为只有财务模式适时改进了,企业才可以长期立足于战略高度,实现企业资金流、信息流、物流的流畅运营,在财务运营层面使组织保持竞争力。但是随着社会主义市场经济的不断深化,我国企业财务活动的监督与控制,仍然存在财务模式应用标准差异大、战略选择与评价指标不完整、规避风险能力欠佳、组织财务模式落后等诸多问题。因此,如何更好地更新和适应高速发展的互联网时代,探索最适合企业发展的长效财务管理策略和模式成为近年来备受理论界和实务界关注的问题。

互联网时代,在企业的价值链不断延伸的同时,企业应向更符合客户需求的方向发展,企业的盈利一定要依靠为客户提供更多的价值而实现。互联网技术不仅为企业财务战略的执行奠定了客观基础，还促使企业进行商业模式创新，让客户更愿意参与到企业的改变和创新中来，在不断创新中与客户携手享受"互联网+"的便利，让企业得到更多的利益，让客户享受到更多的实惠，实现企业的良性循环，让客户的需求得到最大程度的满足。

企业如何利用"互联网+"的优势对商业模式进行创新以获取持久的盈利能力，已成为落实企业既定财务战略的最关键问题之一。关于商业模式的内涵也正由经济、运营层次向战略层次延伸，强调商业模式要能在特定的市场上创造可持续竞争优势。随着经济、社会的不断发展，各种新的商业模式不断涌现，商业模式的概念不断完善和提升，其内容也越来越复杂，包括产品、服务、市场、供应链等诸多要素，商业模式正逐步形成一个市场需求与资源紧密相连的系统。

一、商业模式的基本概念

商业模式是关于产品、服务和信息流的架构，其中，包括描述各种商业的参与者和他们的角色，各种参与者潜在收益的描述，以及对于收入来源的描述。

商业模式是组织抽象的表现，它包括在概念上、文本或图形、所有相关的核心构建、合作，从资本上考虑一个组织当前和未来的发展，以及所有组织所提供的或将提供的核心产品或服务。但上述定义都是从静态视角来对商业模式进行概括的，如果从时间的维度看，商业模式是一个动态系统，且这个动态系统能够决定厂商跨边界互动的内容、管理和建设。

在互联网时代，商业模式发生了极大的改变，以往的商业模式被颠覆，传统意义上可依托的壁垒被打破，任何的经验主义都显得苍白无力。无数例子说明，互联网时代的商业模式需要让消费者参与生产和价值创造，让厂商与消费者连接，厂商与消费者共创价值、分享价值。这样才能既享有来自厂商供应面的规模经济与范围经济的好处，又享有来自消费者需求面的规模经济与范围经济的好处。如果说商业模式是一个组织在明确外部假设条件、内部资源和能力的前提下，用于整合组织本身、顾客、供应链伙伴、员工、股东或利益相关者来获取超额利润的一种战略创新意图、可实现的结构体系以及制度安排的集合，那么，互联网时代的商业模式是在充满不确定性且边界模糊的互联网下，通过供需双方形成社群平台，以实现其隔离机制来维护组织稳定和实现连接红利的模式群。

二、互联网时代商业模式新特征

"互联网+"的特质驱动了新商业模式的发展，表现在："互联网+"带来了厂商组织环境的模糊与"混沌"，使厂商的经营处于一种边界模糊、难分内外的环境中。正如管理学家彼得（Tom J, Peters）所认为的，混沌将导致一场必要的革命，向我们自以为熟知的关于管理的一切知识提出挑战。"互联网+"的模糊让传统的产业分工、以往成功的商业模式变得毫无意义。由于互联网时代环境的不确定性，使得厂商的商业模式具有高度的随机性和不固定性，厂商已经没有坚固的堡垒可以依托和支撑，只能求新求变，一切成功的模式在互联网时代都很难持续。"互联网+"推动去中心化（Decentralization）。这不仅相对于中心化媒体，甚至与早期的门户和搜索互联网时代相比，如今的"互联网+"已经从少数人建设或机器组织内容然后大众分享转变为共建共享。自媒体使得互联网的中心原子化，信息发生自传播。微信、人人、微博等更加适合大众参与的服务出现，信息由大众产生、大众参与、大众共有，使得互联网内容的来源更多元化。互联网时代的商业模式具有极强的不可复制性，没有一模一样的东西，也没有完全相同的商业模式。

与之相伴的是，工业经济时代商业模式中很多重要的元素在"互联网+"模式下逐渐消亡。商业模式包含了价值创造的逻辑和商业资源的有效协调，由于互联网时代下价值创造的逻辑发生了变化，商业资源的流向也无法避免地发生改变。分销渠道曾经是商业模式的重要组成元素之一，"渠道为王"是工业经济时代商业模式的主旋律，借助他人的渠道或分销商体系进行销售和配送，是工业经济时代厂商完成价值创造和实现价值增值的基本工具。但是，互联网时代出现"脱媒"以后，供需双方可在没有渠道的帮助下进行互动，比如O2O，通过线下的体验然后进行线上的购买，根本不需要中间环节，而直接在供需双方间促成交易行为的实现。分销渠道曾经作为商业模式的重要元素，由于无法起到创造价值和协调资源的作用，自然被互联网时代的商业模式所抛弃。

三、互联网时代商业模式创新

互联网时代，商业模式逻辑下的新元素正在逐渐形成。"互联网+"的世界是通透的，无法通过地理的距离形成区域市场，也无法对厂商进行人为分隔，加之"互联网+"具有极强的不确定性，通常一个商业模式只能存活一个厂商，很少有完全相同的商业模式。与此同时，人与人之间的互动变得密切，知识溢出范围增大，知识生产难度下降。促使商业模式的不断创新，商业模式的更替速度加快。但是，互联网时代商业模式创新背后存在共同的逻辑，即以社群为中心的平台模式或称为社群逻辑下的平台模式，简称社群平台，它是互联网时代商业模式创新的关键。

（一）社群

社群是指聚集在一起的拥有共同价值观的社会单位。它们有的存在于具体的地域中，有的存在于虚拟的网络里。有学者认为，在互联网模式中社群是一个两两相交的网状关系，用于满足和服务顾客，而社群发展到一定程度会自我运作，是一个自组织的过程。

笔者认为，所谓的社群逻辑就如顾客主导的 C2B 商业形态。品牌与消费者之间的关系由单向价值传递过渡到厂商与消费者双向价值协同，在社群的影响下，传播被赋予了新的含义——价值互动（Value Interaction）。Value Interaction 也可译为价值界面，是指代厂商与顾客的界面。同时，厂商的品牌被赋予了社群的关系属性，转化为社群的品牌，融入顾客一次次价值互动的体验当中。在社群逻辑下，产品的所有属性由于人的参与都有了显著的提升。产品的寿命不再被定义为有限的，而是可以因为重要的人而缩短或延长；产品的销量起伏取决于人或网络之间关系的稳定程度，而不再是被动地服从产品周期；产品的管理不再需要每个阶段不同的市场、金融、制造、销售和人力资源战略，而转向依靠大量的参与者在一个参与者网络中持续地使价值结构在重复鉴定过程中保持稳定。同样，在社群逻辑下，市场定义也发生了改变，市场不再只是在现实生活中厂商与消费者双方进行价值交换的场所，市场已经成为厂商与社群消费者合作网络各成员之间的知识碰撞、交流与增值的场所；而顾客作为知识创新的另一种来源，他们既是参与者和建设者，也是直接受益方。创新知识的来源已经变得模糊。这样的社群逻辑与工业经济时代的规模逻辑是完全不同的。规模经济时代，规模越大越经济，因为标准化与流水线生产的需要，品种越少越好；而社群逻辑却将这个规律倒置过来——大规模的定制化产品成为主流，价值是厂商与顾客在大规模定制化产品的生产过程中相互影响而创造出来的。厂商要尽可能满足长尾末端的需求，因为这是厂商在市场中取得成功的基点。需要注意的是，在社群逻辑下跨社群营销是没有意义的，因为社群讲究的是个性，物以类聚。正是由于群内对产品独特性的要求，就出现了社群粉丝（崇拜者）自限产品规模的要求。因而，社群逻辑是规模逻辑的反动。反过来说，厂商如果不自限范围和规模，没有自己的核心粉丝（崇拜者）社群，就无法实现价值。在"互联网+"模式下，厂商获得资源进行价值创造，对于社群的依赖度很高。当然，也要求厂商要形成多品种开发的能力，以满足社群中不同粉丝（崇拜者）的需求。只有当网络（社群）建立，品牌、服务等才能够稳固地建造或共建起来。人们根据不同需求，形成不同的偏好，构成了不同的小圈子或者不同的社群，厂商的产品研发就从围绕着"物"转向围绕着"人"或"社群"来进行。在社群逻辑下，可以说互联网时代的经济是基于人的经济，而非基于产品或物的经济。

（二）平台

以前平台主要是指计算机的操作环境，后来引入经济领域，出现了产品平台、技术平台、商业平台。如今管理学中的平台指的是商业模式中的重要一环。迈克尔·哈耶特（Michael Hayet）认为，平台就是你借以沟通社群中的粉丝和潜在粉丝的工具，产品和平台是当今市场成功的必要战略资产。笔者认为，平台强化了在信息和沟通技术下商业模式的安排能力。例如，它用来强化已设计出的商业逻辑，还可以帮助提升厂商或厂商战略联盟的决策水平。一方面，平台提供供需双方互动的机会，强化信息流动，降低受众收集有用信息所需的成本，提供双方实现价值交换、完成价值创造的场所。正因为如此，平台消除了信息的不对称性，打破了以往由信息不对称带来的商业壁垒，为跨界创造了条件。另一方面，平台的存在有利于建立制度，通过对平台的管理，防止功利主义行为，保护消费者和供应商的利益，使得平台中参与者的凝聚力增强。换个角度看，平台促进社群的发展。以百度贴吧为例，在百度这个平台上通过无数个主题和关键词建立了一个庞大的集群。据百度贴吧在发布会上公布的数据，目前百度贴吧有10多亿注册顾客，近千万个主题吧，日均话题总量过亿。由于社群有天然的排他性，再加上人的从众心理和马太效应，往往成功平台的所有者很有可能就是该商业模式下行业的垄断者。

互联网时代厂商与顾客共同创造价值是价值创造的基础。索尼创始人出井伸之认为，互联网公司是"顾客平台级公司"，其实质就是要实现消费者行为的被动接受向消费者行为的主动参与转变，要让顾客参与到产品创新与品牌传播的所有环节中去。而消费者群体也希望参与到产品创意、研发和设计环节，希望产品能够体现自己的独特性。这就是需求的长尾末端，工业经济时代，这部分需求被归类于"闲置资源"。一方面是由于这种需求不易被察觉；另一方面是由于需求量太小，无法形成规模生产。但"互联网+"模式下厂商的感知能力和柔性生产能力获得大幅提升。长尾末端需求的存在说明了当今市场正在产生从为数较少的主流产品和市场（需求曲线的头部）向数量众多的狭窄市场（需求曲线的尾部）转移的现象和趋势。只要保障好流通与存储，范围经济下的市场份额，就可以和那些以前规模经济下的市场份额相媲美，甚至有过之无不及。任何厂商越能满足需求，其生存能力和盈利能力就越强。

从边际效用递增角度看，"顾客平台级公司"所主张的社群逻辑使厂商的经营有不同于工业经济时代厂商的做法：一是注重挖掘传统市场边界之外的潜在需求，特别是长尾末端的需求；二是注重超越传统产业市场边界，往往进行跨界经营，推出新产品或新服务处于价值链的高端或具有独特性，具有较高的效用价值；三是注重追求针对社群消费者心理需求与社会需求的效用创新，注重为消费者创造产品的功能价值（需要满足）、情感价值（如品牌知觉与忠诚）、学习价值（经验、知识累积的机会）；四是注重市场顾客的消费体验，强调厂商组织的所有活动都是顾客体验，即从产品研发、设计环节开始，再到生产、包装、物流配送、渠道终端的陈列和销售环节都有消费者体验，以获得边际效用递增；五是非常重视来自需求方的范围经济，使得消费者之间的效用函数相互依赖，而非相互排斥。

（三）跨界

跨界是指跨越行业、领域进行合作，又称为跨界协作。它往往暗示一种不被察觉的大众偏好的生活方式和审美态度。可以说，"跨界协作"满足了互联网模糊原有边界进而创造新价值的需求，通过跨越不同的领域、行业乃至文化、意识形态而碰撞出新的事物，使很多曾经不相干甚至不兼容的元素获得连接，产生价值。

中国移动、中国电信和中国联通在移动通信市场上打斗多年，有一天蓦然回首，才发现动了它们"奶酪"的竟然是腾讯的微信，微信成了移动通信的跨界者。阿里巴巴做起了金融，长虹电视做起了互联网……如果从深层次分析，不难发现互联网提供了无边界存在的可能性。从产业层次看，虚拟经济与实体经济的融合，平台型生态系统商业模式的发展，使得更多的产业边界变得模糊，产业无边界的情况比比皆是。从厂商组织层面看，随着专业分工的日益精细，虚拟化组织大量出现，厂商组织跨越边界成为可能。从知识结构层面看，互联网使信息不对称情况大为好转，能够跨越传统产业的跨界人才和产品经理的出现成为可能。

跨界合作不仅能提高产品对环境的适应能力，延长产品寿命，更重要的是在战略上将竞争关系转化为合作关系，这能为进入市场降低成本。值得注意的是，作为品牌的生存基础，知名度和忠实用户数量无法通过资本投入直接获得，需要机遇和沉淀。跨界合作所创造的价值与涉及知识的复杂程度、跨界跨度成正相关，与过程中产生的新事物的寿命及其环境适应能力、竞争力也成正相关。跨界者用一种开放式创新提供了企业创新商业模式的机会，尽管可能因为产业不同而存在差异。

（四）资源聚合与产品设计

按照资源基础观角度，社群平台实现了挑选资源和聚合资源的功能。作为一种异质性资源，社群平台在互联网时代是极其重要的。很多学者给出了判断资源的价值标准。厂商的资源基础理论认为，组织可以被看作资源的堆积物，资源是一个组织维持竞争优势的主要原动力，它们必须是有价值的、稀少的、不能完全模仿的和难以替代的。有的学者认为，当资源能使厂商在满足需求的同时比竞争对手用更少的成本或者它能够使顾客的需求得到更好的满足时，会被认为是有价值的；如果一种资源能开发出机会或者抵消厂商在环境中遭遇的威胁，就会被认为是有价值的。还有学者认为，如果资源能够让厂商拥有或行使能够提升厂商效率或影响力的战略，那么资源也是有价值的，它不仅具有自身的专属性，同时也是资源交流和聚合的场所。社群平台，一方面使得消费者得到更大的满足，另一方面为厂商提供隔离机制。综上所述，工业经济时代最有价值的是技术和资源，互联网时代最有价值的就是社群平台。

按照动态能力观视角，社群平台实现了整合资源和利用资源的功能。社群平台能促进产品设计的发展。"产品设计"是资源配置在"互联网+"中的术语，它是一个创造性、综合性的处理信息过程，通过产品设计，人的需求被具体化且无限趋近理想的形式。厂商是资源的载体和集合体，但是无论厂商多么庞大，资源都是有限的。为了创造新的或更好的产品，企业需要重新分配资源，组合新资源，且用新的方法组合现有资源。当既有产品已经无法支撑厂商发展，如何靠资源的再配置来实现价值创造就是厂商发展的重点。而在社群这个强调个性、突出偏好的平台上，目标顾客的需求和期望能被放大到极致，然后厂商配合C2B策略，根据需求提供生产，通过产品设计，使得顾客感知的使用价值最大化，满足顾客需求，从而最大程度实现供需平衡，满足价值创造的需要。

第二节 互联网时代的财务管理与企业战略创新

商业模式与财务管理战略的关系，归属于业务与财务的关系，显然，与业务对应的是商业模式，与财务对应的是财务管理战略。前方的业务，决定了幕后的财务，所以从理论层面上看，商业模式与财务管理战略之间具有内在的因果关系，具体表现为：商业模式决定投资战略，投资战略在很大程度上决定了筹资战略，筹资战略在一定程度上影响甚至制约投资战略，而投资和筹资战略共同影响经营和分配战略，最终影响企业价值。

一、战略及战略管理的特征

随着人类社会的进步和发展，战略思想和理论被应用到各学科领域、衍生出许多新的专业用语，如政治战略、外交战略、科技战略、教育发展战略、经济发展战略、企业经营战略等。战略的含义得到了极大的外延和拓展，作为一种思维方式和统帅艺术广泛地运用到各个管理领域，并促成许多新学科的出现，企业战略管理就是其中之一。

自20世纪80年代以来，企业战略管理作为一种新的管理思维在企业界得到了广泛的应用，同时，战略管理理论得到了极大的丰富和发展，并形成了相对完善的理论体系。虽然，大多数人都认为战略管理是企业成功的主要因素，但是，人们对"战略""战略管理"的概念和理解仍存在着较大的差异，这些差异不仅反映了战略管理是一个相对年轻的学科，也反映了在企业组织中战略问题的复杂性和多样性。

根据以上内容，笔者提出适用于本研究目标的定义，从而使本研究能够对战略及战略管理有个更完整的理解，为财务管理战略研究范围的界定奠定坚实的理论基础。企业战略管理是指为求得企业长远发展和核心竞争力，根据企业外部环境的变化和内部的资源条件，采用一定的方法和技术，对企业各层次的业务活动所进行的全局性谋划过程。在这个概念的表述中，强调了企业战略管理如下的几个特征。

（一）长远性

企业战略制定的着眼点在于企业未来的生存和发展，只有面向未来，才能保证企业战略的成功。因此，评价战略优劣的一个重要标准就是看其是否有助于实现组织的长期目标和保证长期利益的最大化。这也是战略管理与一般战术或业务计划的显著区别，即战略管理更关注长远利益，而不是关注短期利益。例如，如果一个产品项目尽管在短期内会赚些钱，但长期市场潜力不大，无助于提高企业的核心竞争力，从战略管理的角度看，这样的产品或项目就不应该生产或建设。相反，如果一个项目尽管短期内会造成亏损，但从战略管理的角度看，长期市场潜力巨大或呼应技术发展的趋势，只要经营得当，就会获得长期稳定的收益，从战略管理的角度看，该项目就应该实施。因此，战略管理的长远性要求企业根据外部环境和企业内部条件的变化，对有关企业生存的战略问题进行长远规划。

（二）竞争性

市场如战场，制定战略的目的就是要在激烈的市场竞争中与竞争对手抗衡，在与竞争对手争夺市场和资源的竞争中取得优势地位。企业战略管理说到底是一种竞争战略的制定和实施过程，企业制定战略的目的就是满足企业在激烈的市场竞争中形成与竞争对手相抗衡的行动方案的需要，以保证自己能够战胜对手。因此，企业战略管理不同于那些不考虑竞争因素、只是为了改善企业现状、提高管理水平的行动方案的制定和选择，这也是企业战略管理在激烈的市场竞争中产生和发展的原因。

（三）层次性

虽然企业规模、类型及层次结构不同，但进行战略管理的基本层次是相同的。一般来说，对于大中型企业而言，企业战略一般可以划分为以下三个层次：一是总体战略或企业战略，主要包括发展战略、稳定战略、紧缩战略等全局性的管理战略，总体战略管理主要是决定企业选择哪些经营业务，进入哪些领域；二是竞争战略，主要研究不同行业经营战略等方面的战略选择与应用，它主要涉及如何在所选定的领域内与对手进行有效的竞争，因此，它所研究的内容是应开发哪些产品或服务，这些产品将提供给哪些市场等；三是职能战略，主要包括财务战略、生产战略、研发战略、营销战略等。在实际工作中，不同企业、不同层次战略的侧重点和范围不同，高一层次的战略变动总会波及低层次的战略，而低层次的战略影响范围较小，尤其是职能战略涉及的问题一般都可以在部门范围内加以解决。

（四）全局性

企业战略管理是从企业的全局出发，适应企业长远发展的需要而进行的管理活动。它所规定的是企业总体行动，它所追求的是企业总体效果，它是指导企业一切活动的总谋划。虽然企业战略管理包含和规定着企业的一些局部活动，但这些局部活动是作为总体活动的有机组成部分在战略管理中出现的。例如，企业的总体发展战略是在一年内成为国内最大的家电企业，那么实现这一目标必然会涉及经营突破口的选择、产品、价格、分销渠道、技术、企业形象、组织设计等多个局部战略管理活动。因此，战略管理的全局性还应注意要妥善处理好局部利益和整体利益的关系。例如，某一产品部门或销售部门设计或销售低质产品的行为，可能会损害公司整体形象，但会增加部门的利益，这时的做法应该是"丢卒保车"。一个高明的统帅和企业家总是能在复杂的条件下把握全局，进而作出正确的战略部署。同时，战略管理的全局性还要求企业战略必须与国家的总体战略和社会经济发展的总目标相一致，要与世界的经济技术发展相一致。

二、财务管理战略的含义及特征

传统的观点认为，财务管理作为企业的一种职能管理，只是企业管理的一个侧面，只具有战术的性质，而不具有战略特征。然而，随着企业组织规模的日益扩大和市场竞争的不断加剧，以及战略管理理论、竞争理论的不断完善和发展，无论从实践上还是理论上，人们越来越清楚地认识到，财务管理并非仅限于策略、战术层面，它对企业的长远发展有着直接的影响，是企业战略的一个重要组成部分。

由于财务管理战略涉及了企业战略和财务管理两大领域，人们对"企业战略"和"财务管理"这两个术语的解释莫衷一是，要想对"财务战略"下一个能够为大家普遍接受的定义将是一件非常困难的事。笔者采用研究战略及战略管理定义的方法，在吸收和借鉴中外专家、学者不同观点的基础上，试图形成一个较为综合的定义。

借鉴一些专家对财务管理战略的理解，笔者认为，财务管理战略是为实现企业战略目标和加强企业竞争优势，运用财务管理战略的分析工具，确认企业的竞争地位，对财务战略的决策与选择、实施与控制、计量与评价等活动进行全局性、长期性和创造性的谋划过程。这个定义具有以下主要特征。

（一）以财务战略目标为导向

任何一项成功的战略都需要在明确的目标导向下得以实施和完成。财务管理战略目标为企业财务战略的形成确立了方向，定义了企业财务战略的边界，即财务战略应当做什么而不应当做什么。因此，企业财务管理战略目标在整个财务战略系统中处于主导地位，为企业战略目标服务和获得持续竞争优势的财务管理战略目标指明了企业财务管理战略的总体发展方向，明确了财务管理战略的具体行为准则，从而可以有效界定财务战略方案选择的边界，排除那些偏离企业发展方向和财务目标的战略选择。将财务管理战略尤其是财务战略形成过程限定在一个合理的框架之内，使财务管理战略能够对企业财务活动的发展目标、方向和道路从总体上作出的一种客观而科学的概括和描述。同时，明确的财务管理战略目标明确了财务管理战略的属性，将其作为企业战略管理的子系统和为实现企业战略目标服务的一个重要工具，它必须服从和服务于企业战略管理的要求，与企业战略管理协调一致，从财务上支持和促进企业战略的实施以致其完成。

（二）以企业竞争力为核心

在经济活动中，企业的竞争力要受到企业财务战略管理的目标、经济资源的使用和分配、各项财务决策的制定和实施等活动的直接影响。经济资源和财务资源只是企业发展的必需之物，但拥有了一定的资源并不能完全保证企业核心能力与核心竞争力。以企业竞争力为核心的财务战略不仅明确了财务战略的直接目标，也为财务战略决策提供了选择标准，为财务战略管理行为提供了行为导向。在财务管理战略中，企业要考虑做什么能提升企业的竞争力，企业能利用哪些资源形成核心能力，如何实现既定资源允许的财务战略，如何利用企业的核心能力创造企业的持续竞争优势。可以说，脱离了企业核心能力的财务战略如同空中楼阁，是不可能实现的。

因此，应识别、构建和利用企业的核心能力，形成竞争对手难以模仿的、满足最终消费者需要的、能够将机会转化为现实的有效资源，具备较高的支配、驾驭这些资源的能力，不断提高财务资源的使用效率与效果，以强大的竞争力作为财务管理战略的坚强后盾。同时，企业的竞争能力也需要科学的财务战略来创造、培育、维持、创新和发展，才能保持企业长久的竞争优势。

（三）将战略成本管理作为提升企业竞争力的主要参数

战略成本管理是财务战略管理研究中无法回避的问题，因为成本是影响企业竞争力的一个重要因素。面临日益激烈的市场竞争和急剧变化的经营环境，向战略成本管理要效益，向战略成本管理要竞争优势，已成为企业获取和保持持续竞争优势的关键。

在企业战略层次开展的成本管理，实质上就是将成本置于战略管理的广泛空间，与影响战略的相关要素结合在一起，从战略的高度，运用战略成本的管理工具，对企业成本进行全面了解、分析、控制与改善，以寻求成本持续改进和获得持续竞争优势的战略成本管理过程。

因此，在企业竞争力为核心的财务管理战略中，战略成本管理成为企业竞争力和财务管理战略的连接点，用战略成本管理理念，用成本动因分析、价值链管理、产品寿命周期成本管理、质量成本管理、作业成本管理等战略成本管理方法，将成为企业寻求成本持续降低、获得持续竞争优势、实现企业财务战略管理目标的现实选择。将战略成本管理问题纳入企业财务管理战略体系，不仅有助于实践，还丰富和深化了财务管理战略的内涵。

（四）以财务战略决策的选择、实施与控制、计量与评价为内容

企业财务战略决策的选择，决定着企业财务资源配置的取向和模式，影响着企业理财活动的行为与效率，决定着企业竞争能力的高低。

财务战略的选择、控制和评价是建立在企业保持持续竞争优势这一财务战略本质的基础上。财务战略决策的选择、实施与控制，计量与评价应当从企业全局的角度进行思考，必须符合企业整体战略，并与其他职能战略相适应。可以说，从战略的角度研究企业的财务问题，突出财务管理战略的特征，这是财务战略管理不同于其他各种战略的本质特性，也是企业财务战略良性循环过程。财务管理战略注重整体性，以企业管理的整体目标为最高目标，协调各部门运作，减少内部职能失调，需要通过有序的财务战略实施过程来实现。

（五）重视企业理财环境因素对财务管理战略的影响

财务管理战略更重视环境因素的影响。财务管理战略的环境分析不是针对"过去"和"现在"，而是面向未来的一种分析；不是仅仅关注于某一特定"时点"的环境特征，更为关心的是这些环境因素的动态变化趋势；不仅具有一般战略管理中的政治、法律、社会文化、经济等宏观环境的综合分析，而且还必须有对产业、供应商、客户、竞争者、财务状况和财务实力等企业内部因素的微观环境分析。同时，还要处理好环境的多变性与财务战略的相对稳定性之间的关系，从而通过科学的环境分析，为企业制定正确的财务战略奠定基础。

从上面的特征中可以看出，财务管理战略作为企业战略管理系统中的一个子系统，表现出一定的独立性，但它也要服从企业战略管理的思想和目标。同时，它也具有一定的综合性，具有企业战略管理的全局性、长期性、竞争性、稳定性等一般特征，企业需要在综合考虑内外部各种影响因素的基础上进行财务战略的制定、实施和控制。财务管理战略具有战略视野，关注企业的未来、长远、整体的发展，重视企业在市场竞争中的地位，它以扩大市场份额、实现长期获利、打造企业核心竞争力为目标。财务管理战略以企业的外部相关情况为管理重心，提供的信息也不仅限于财务主体内部，而是以企业获得竞争优势为目的，把视野扩展到企业外部，密切关注整个市场和竞争对手的动向，包括金融和资本市

第七章 互联网时代企业财务会计战略与模式的创新

场动态变化、价格、公共关系、宏观经济政策及发展趋势等情况。提供的信息不仅包括传统财务管理所提供的财务信息，还包括竞争对手的价格、成本等，以及市场需求量、市场占有率、产品质量、销售和服务网络等非财务信息。

三、财务管理战略在企业战略管理中的地位

虽然在企业战略的各个层次中，财务战略不过是其职能战略的一个组成部分，但由于财务战略本身的特殊性，使其在企业战略管理体系中具有非常重要的特殊地位，它以资金为链条将企业各个战略有机地联系在一起，并以货币的形式表现出来，从而使财务战略成为企业战略体系中不可缺少的一个功能性子战略。财务战略与企业战略之间是整体与部分、主战略与子战略之间的关系。财务战略虽然只是企业战略的一部分，然而，由于资本是决定企业生存发展的最重要的驱动因素之一，财务战略也就往往构成企业战略的中坚。

财务管理战略在企业战略管理系统中处于基础地位，它与生产战略、研发营销战略一起共同构成对企业竞争战略的直接支持系统。同时，财务管理战略又是企业竞争战略的执行战略，它从财务角度对涉及经营的所有财务事项提出切实可行的操作目标，从而使企业竞争更具有针对性。企业的任何活动都离不开企业财务的支持，企业的人、财、物等各种生产要素的获取，都需要财务资源的投入，企业的各种经济资源的投入、运用效率和产出也是由不同的财务指标加以表现和计量的。事实上，任何一个企业都难将企业各层次的不同战略准确地区分为哪些是财务性的战略，哪些是非财务性的战略。例如，企业的筹资活动要取决于企业发展和生产经营的需要，资金的投放和使用是与整个企业的再生产过程密切相关的，即便是股利分配，也不是单一、纯粹的财务问题，它取决于企业再生产和投资的需要。因此，企业财务活动的实际过程总是与企业活动的其他方面相互联系的。可以说，财务管理战略渗透在企业的全部战略之中，它不是一个简简单单的职能战略，与其他职能战略之间既有区别，又有联系。

同时，由于企业的竞争环境是不断变化的，为保证企业战略的稳定性，就需要根据企业战略竞争环境分析，及时调整财务战略，使财务战略能够在不同时期、不同环境下，始终保持对企业各种竞争战略的直接支持，并借助于竞争战略搭起的企业战略与财务战略的桥梁，使财务战略能够在企业总目标指导下进行正确的决策、选择、实施、控制、计量和评价。

因此，笔者认为，财务管理战略是企业战略的基石，是企业战略管理系统中的一个综合性子战略。它不仅为企业战略目标和各种竞争战略的实现提供资金上的保证，与其他职能战略共同支撑起企业战略管理体系的"金字塔"，它还通过资金这条主线以及综合的财

务信息将企业各个层次的战略有机地联结在一起，成为协调企业纵向战略、横向战略以及纵横战略之间关系的桥梁和纽带。因此，财务管理战略与企业战略管理之间的关系是一种相互影响、相互印证、相互协调的动态反馈关系，财务战略在企业经营战略中是一种具有从属性、局部性和执行性的战略。一个成功的企业战略必然要有相应的财务战略与之配合，财务管理战略既从属于企业战略管理，又制约和支持着企业战略管理的实现。

四、互联网时代企业战略管理流程和方法创新

互联网时代，传统的企业战略管理理论的假设条件和基础已经发生了重大变化，需要融合互联网带来的社会经济形态的变化，从而使得企业战略管理的流程和方法发生重大变化。

（一）企业需要确定适合自己的经济形态

这往往是多种经济形态的组合，比如，门户网站就是虚拟经济和流量经济的组合，而O2O的上门服务一般是体验经济、个性经济和速度经济的组合。而要确定经济形态，需要以企业对所处行业的趋势判断为前提。一旦确定了经济形态，企业的战略愿景、定位和目标就应该是倾尽全力去实现经济形态所应当带来的价值。在这个意义上，企业做的不是产品，作为经济形态的实践者，产品只是载体或形式。只有这样，企业才可以脱离具体产品和行业的约束，能够以更高、更宽的视野进行业务拓展，优化业务布局。比如，腾讯和阿里巴巴基于平台经济分别打造成为社交和电商行业的垄断者之后，继续利用平台的优势不断进入其他业务领域。

（二）根据战略目标制定重点战略举措

产品战略是互联网时代企业战略的核心，主要回答选择什么产品以及如何研发和运营的问题。这个时候，企业应根据经济形态重新审视哪些是最合适的产品。阿里巴巴选择了数据经济之后，就通过并购不断积累电商、地图、社交、用户上网行为等方面的数据，利用数据再开发新的产品。企业还需要确定合适的人力、组织、技术和资金方面的举措，与产品战略进行匹配。

（三）利用市场迭代对战略举措进行修正

在每周、每个月、每个季度之后，企业根据产品的流量、收入、用户评价以及对运营数据的分析，对产品战略以及相应的保障措施进行调整。

可见，与传统的战略管理相比，基于"互联网+"的战略管理流程的主要创新点在于：

一是制定战略的依据是经济形态，而不是内外部环境的 SWOT 分析；二是企业战略是实践经济形态并达到特定的目标，战略高于行业和产品；三是基于合伙人意志、股东回报、竞争压力或标杆来确定目标，而不是根据行业份额来制定目标；四是以产品战略作为战略举措的核心，整合能力和资源去适配目标，而不是让目标服从于能力。

第三节　互联网时代税收筹划的挑战与战略创新

在互联网时代，税收筹划可以运用互联网、大数据、云技术挖掘海量数据本身的潜在价值，洞察数据信息间的相关规律，并在此基础上创新税收筹划，构筑智能化、个性化的税收筹划体系，使税收筹划发展进入新阶段，也使企业经营管理者以及社会公共部门通过"互联网+"税收筹划创造更多的价值。

一、互联网时代税收筹划面临的主要挑战

"互联网+"已渗透到税收立法、政策制定、征管规程、信息管税等领域与环节，因此，税收筹划需要适应当前新的市场和规则，具备"互联网+"的思维方式，以适应互联网时代对提升税务决策及税收促进社会经济可持续发展的要求。互联网时代，税收筹划面临的挑战主要体现在以下四个方面。

（一）经营模式的多样化对税收筹划依据产生挑战

在互联网时代，经济发展的多元化和社会分工的细致化使得企业的经营范围越来越广泛复杂，经营方式越来越灵活多样，核算方式逐渐由传统的纸质记录向便捷化、信息电子化和无纸化方向发展，管理模式也突破了原有的框架和既定的运行规则。这些变化在传统税制下出现了模糊地带，因而增加了税收筹划中适用税收政策和规则的风险。

例如，网上购物如何纳税，网上购物模式会根据交易对象的不同形成企业之间的 B2B 运营模式（Business to Business）、企业与消费者之间的 B2C 运营模式（Business to Consumer）、消费者之间的 C2C 运营模式（Consumer to Consumer）以及将线下商务与互联网结合在一起，让互联网成为线下交易前台的 O2O 运营模式（Online To Offline）等，此外，很多网购平台突破了单一销售功能，兼有直接销售、买断式销售、销售捆绑无形服务等多

种混合方式,很多运营模式使订单和物流都存在难以监控的问题。例如,在互联网时代电子技术进步基础上发展起来的信息服务,商家在平台上定期向某方面有需要的特定客户发布特定的商品信息,设计收费策略和信息提供方式,有需要的客户可以查询和购买。这种方式销售的就是各种信息需求,这种服务活动并不在商家与消费者之间实行有形商品交换,但在无形商品流转的同时却有资金流生成。再如数字化的信息商品,在线图书购销、IT软件以及有声图文资料出售之类,此种销售形成的税收是通过"特许权使用费"还是通过"销售收入"或"其他收入"核定纳税,直到目前学术界依然在争议。还有一些新兴的经营模式也超越了传统的商业逻辑,例如,很多公司都习惯了向用户支付高额补贴或返利,以吸引用户使用它们的服务,指望在它们花光钱之前,竞争对手们会先破产,这种高额的补贴或返利大多是以"烧钱"换取市场占有率或增加点击率及访问流量。这些灵活多样的混合销售方式,基本涵盖了资源交换、网络结算、线上销售、物流配送、售前售后服务等,因支付、结算和流转的方式等有所不同,使企业资金流、票据流、服务流与现行税收政策中的标准和要求不匹配,对传统税收筹划中关于经营模式的税务思考产生了观念上的冲击。针对互联网时代的经营模式与现行税收政策的不匹配,如何在遵循现有规则的基础上作出合理正确的抉择,是对税收筹划者目前的一个挑战。

(二)信息传播的灵活化对税收筹划理念产生挑战

在互联网时代,信息传播的方式、广度、速度都是过去任何一个时代无法比拟的,移动互联网、大数据、物联网、云技术等推动着财税环境的变革,对税收筹划工作模式、税收筹划质量效率、税收筹划的理念产生极具颠覆性的影响。

传统税收筹划的理念是避免多纳税,实现纳税的最小化。从实际情况看,由于纳税人对行业不了解,虽符合税收优惠条件,但因没有申请而不能享受优惠、由于计算方法的不正确或者对政策的疏忽误解等对于准予扣除的项目,因没有报备,而不得税前扣除,这些情况都导致多纳税。因此,不少企业在税法允许的范围内选择低税负以此实现纳税最小化的理念。从传统观点来看,将追求税负最小化作为税收筹划的目标没有争议也合情合理。

税收效益不能等同于企业整体效益,税款的减少并不一定意味着企业整体价值的提升,还有可能导致其他相关费用的增加。此外,由于互联网时代信息传播的范围广、速度快、途径多,企业税收筹划无形中受到社会各界的关注和监督,他们不仅关注税收本身,还会更加广泛地了解和观察企业整体,包括财务状况、经营成果、广告宣传、人力资源、市场策略等判别企业税收筹划的成败。因此,税收筹划的理念不能停留在片面追求税负的减少上,这会给税收筹划的意义大打折扣。在互联网时代,税收筹划理念应当综合考虑信息传播、时间价值、风险报酬、长短期利益,兼顾各方面的整体效益,实现企业价值最大化。

（三）税收征管的智能化对税收筹划空间产生挑战

传统的税收征管处于企业信息流和业务流的末端，税收管理仅重视事后检查，这种征管方式给事前、事中和事后的税收筹划都提供了可行性，税收筹划人员可利用传统税收征管信息获取滞后性的天然缺陷对经济活动运行的时间、轨迹和呈现的结果进行修正和调整，以此进行税收筹划。

互联网时代，将传统手工录入渠道采集的数据和通过大数据、物联网等新兴感知技术采集的数据以及第三方共享的信息，有机整合形成税收大数据。运用大数据、云技术在互联网上收集、筛选、捕捉纳税信息，实现了实时税源管理、涉税稽查、调查取证的高度信息化和智能化税收征管，使纳税人的相关信息在税务税收征管系统上有了更多的记载痕迹和沉淀。国家税务总局在增值税发票新系统中导入商品和服务编码，所有的增值税发票，无论是普通发票还是增值税专用发票，全面纳入网络开具，此系统具有强大的预警功能，根据国家税务总局的大数据系统自动预警，税务机关可以通过发票的轨迹清晰掌握企业的每一笔款项的进进出出。例如，一家销售空调的一般纳税企业，员工从京东商城为孩子购买了一张婴儿床以及一些儿童积木等商品，该企业将3510元的增值税专用发票入了账并进行了抵扣。很快，税务部门找到了这家空调销售企业，这张用于抵扣的增值税专用发票被国家税务总局的大数据系统预警查出，原因在于这家销售空调的企业突然购进了儿童玩具，正是因为这个异常现象，这笔业务成为风险监控的目标。随后经过税务机关的实地调查核实，这笔属于个人的福利性支出，不得抵扣增值税。再如，一个硬盘应该对应一台计算机，一个酒瓶就应该对应一瓶酒，企业所有生产的主料、辅料信息都标准化进入了税务机关监控，税务机关利用互联网时代的大数据系统建立精确的对应变量的投入—产出模型，以此监控纳税人投入、产出信息以及投入产出之间的对应数量关系。

纳税人投入和产出之间的关系已全面纳入税务机关的实时监控，在这个大数据下，税务机关的风险模型真正发挥了作用。此外，企业无论是否对外开具发票，只要实现销售，都需要将销售商品或提供劳务的信息录入系统中，使征管系统实时全面监控整个社会商品和劳务的流向信息，实现互联网时代税收征管的无缝隙全面智能监管。通过此系统，各地税务机关可以完整地提取企业的开票信息，快速、直接、全面地掌握纳税人的有关生产经营情况，从本质上讲是掌握了企业的购销账本，再通过汇总到国家税务总局，形成全国一体的电子底账库。新增值税发票系统的全覆盖，使整个社会的投入—产出都处在税务机关的实时源头监控下，缩短了事中和事后纳税筹划的空间，使企业经营活动中税收筹划的位置进一步前移。

（四）财税行业的专业化对税收筹划人员产生挑战

互联网时代的税收筹划人员不仅要有全面而扎实的专业知识、丰富的实践经验和背景，而且应具备统筹谋划能力、职业判断能力和沟通协作能力，是具有完善的税收筹划知识、系统认知职业能力、全面分析和解决税收筹划问题的专业人才。可以说，一个优秀的税收筹划人员，不仅能够为企业设计出合法、合理、有效的筹划方案，而且善于沟通与协作，为企业的长远发展以及实现企业整体价值最大化创造有利环境。总体而言，目前我国的企业财税人员及中高层经营管理人员的纳税筹划业务素质还有待进一步提高。

二、互联网时代税收筹划战略创新

企业税收筹划内嵌于财务管理的范畴，它是一项系统工程，应结合企业战略、财务战略的目标，考虑企业税收筹划的自身特点，运用互联网时代的大数据、云会计、人工智能等先进技术，将税收筹划定位于战略角度，实现税收筹划由个体信息化向云信息化转型，既能提高对企业进行全生命周期管控的效率，又能提高互联网时代税收筹划的工作效率。JDJG 集团是一家集城市园林景观设计、公园规划、城市广场、商业景观、居住区景观、园林绿化设计、水系生态治理等为一体的规模较大的建筑设计集团，注册资金 10 000 万元，在国内建筑设计领域中占有重要地位。下面以 JDJG 集团为例，说明互联网时代税收筹划战略创新的主要内容。

（一）基础设施层与业务、数据层

基础设施层主要包括软件资源和硬件资源，为企业税收筹划提供环境支撑。存储器、网络资源池、智能终端等资源为税收筹划平台提供存储、网络和运算的基础服务，将存储器、网络资源池、智能终端、服务器等连接到云端，不仅能为 JDJG 集团的业务层提供筹资管理系统、投资管理系统、供应管理系统、销售管理系统以及分配管理系统等，还可以在云端获得相关行业的数据，为上游的数据层、服务层和应用层收集所需管理控制的相关数据。

数据层通过大数据技术，如 Hadoop、HPCC、Apache Drill、Rapid Miner、Pentaho 等，利用数据抽取 ETL（Extract 提取、Transform 转换、Load 加载）工具将分布的、异构数据源中的数据如关系数据库、NOSQL、SQL、File、DBMS 等抽取到临时中间层后进行清洗、转换、集成，加载到数据仓库或数据分析中心，成为联机分析处理、数据挖掘的基础。数据分析中心以整个企业的经济业务为起点，形成多维度的采购数据、销售数据、投资数据、筹资数据、经营数据等，为上游的服务层和应用层提供所需管理控制的相关数据。

（二）服务层

服务层对来自数据处理中心和数据分析中心的数据进行信息管理、建立纳税筹划的备选方案、比较差异、评估内部控制风险、选择最佳方案、方案实施和评价绩效。面向应用层的企业整体税收筹划，服务层提供了完备的税收筹划风险管理价值链。

1. 信息管理

信息贯穿税收筹划活动的整个过程，既包括国家税收政策内容信息，也包括企业过去和现在所处的现状环境信息，例如企业的税收筹划意图、企业的财务状况和经营成果、目前的实际税收负担等信息，还包括税收筹划人才管理信息。通过大数据技术和云平台，收集和应用精度高、价值大、实用性强的信息，能够避免税收筹划中不必要的经济损失，是保证税收筹划方案有效实施的关键所在。税收筹划是企业的财务管理活动，税收筹划需要充分了解企业财务管理活动的各个环节以及生产经营活动的特点和现状信息，在熟悉并掌握国家现行税收政策导向的基础上，寻求税务筹划的可操作空间。由于税收筹划是一个动态过程，需要根据税收筹划方案实施过程中反馈的信息随时分析调整筹划方案，及时消除不利因素，确保方案的合法性和有效性。

此外，税收筹划作为高层次的理财活动需要具备高素质的税收筹划人员。JDJG集团通过"三层两式"的税收筹划人才培养模式，塑造全面完善的税收筹划知识系统认知职业能力，培养出具有全面分析和解决税收筹划问题的专业人才。三层是指三个层次，即基础能力、税收专业能力、全面管理创新能力。两式是指传统培训模式和"互联网+"培训模式。

第一层次培养基础能力，税收筹划人员必须具备全面而扎实的基础能力和基础知识，不仅要掌握财务、法律和税收政策，还要通晓管理学、经济学、金融学等基本理论和基本知识。只有具备这些基本素质，筹划人员才有可能为企业设计出合理有效的筹划方案并科学组织实施。时代进步带动科技的发展，随着微课、慕课、翻转课堂的迅速兴起，云技术、电子书包也早已深入教育培训领域。在信息技术部的帮助和支持下，JDJG集团将以上相关知识按照模块并结合集团自身实际案例改编、设计出一套基于企业税收筹划基础能力培养的较系统完整的贾斯珀系列微视频资料。JDJG集团打破了传统企业的内训，利用云技术创造新的企业文化，促进财务人员及税收筹划人员对相关基础理论和基础知识的消化和吸收，提高学习效率，为企业员工创造了个性化、信息化的学习环境。培训模式的创新，不仅为JDJG集团降低了设备配置和维护成本、培训软件服务成本，更能启发和引导税收筹划人员积极广泛思考，树立完整、发散式思维，逐步渗透到不同学科学习研究与实践中，提高税收筹划基础工作能力，也为培养高层次税收筹划人才打下坚实基础。

第二层次培养税收专业能力。JDJG集团对财务和税收筹划人员进行税收专业技能训练和利用互联网技术的云计算模式训练。首要任务是利用云计算完成针对企业自身的税务会计实训、纳税筹划实训、网络财务实训、财务管理实训、审计实训等。云计算是利用现代化信息技术，通过互联网对信息数据进行集中处理、交换、共享，利用云计算完成税收筹划相关实训，不仅可以对实训或模拟数据进行集中存储与计算，打破地域、时间的局限，同时可以创造较稳定和安全的财务及税收环境，提高财务管理工作效率。

第三层次培养全面管理及创新能力。税收筹划作为一项系统的财务管理工程，不仅需要企业与多方面协调配合，更需要税收筹划人员有较强的语言表达、文字沟通、互助协作能力。JDJG集团除了依照传统，每年聘请资深税务筹划师、注册税务师为财务及税务人员继续教育以外，还引导财税人员参加注册税务师考试、组织财税能力大比拼、挑战杯等大赛，增强财税人员与本集团其他企业、企业各部门之间以及企业与外部政府部门、事务所等的沟通协作，提升应对和处理复杂问题及团队协作的能力。此外，JDJG集团实行新入职员工的顶岗培训和在职员工的换岗培训，目的增强财税人员的操作能力及全面处理问题的才能，利用在相应岗位中互相探讨、共同合作的方法来推动和全面调动学习积极性和创新能力，将"互联网+"培训的云技术、云计算方法探究、思考、整理和利用，创建完善的认知系统，真正培养出具有综合分析和解决税收筹划实际问题的全面管理及创新能力的综合素质的专业人才。

税收筹划人才是企业发展的战略性宝贵资源，其数量和质量直接决定了企业能够尽快适应经济发展新常态并形成长期竞争优势。JDJG集团通过"三层两式"的税收筹划人才培养模式，打破了传统思维，培养出税收筹划"升级版"的实战能力，实现从"财务型"向"战略型"纳税筹划的转型升级。

2. 税收筹划方案的建立、决策与实施

评估备选方案前，进行差异的比对以及风险的处置。评估备选方案时，一般会认为每个方案的预计未来现金流量可以事先确定，但即使利用再先进的技术，也不可能对每个方案的未来现金流量的不确定性进行精确的预知，因此，进行税收筹划时应始终保持对筹划风险的警惕性，合理利用有效方法处置备选方案的风险。

方案决策和实施时，JDJG集团建立了纳税内部控制系统，通过对集团内部生产经营过程中各涉税环节纳税活动的计划、审核、分析和评价，使集团纳税活动处于规范有序的监管控制中，便于及时发现和纠正偏差。此外，可以建立具有危机预知功能和风险控制功能的税收筹划预警系统，当出现引起税收筹划风险的关键因素时，系统发出预警信号提醒税收筹划者关注潜在的隐患并及时采取应对措施；当找到导致风险的根源时，系统引导筹划者制定科学合理的风险控制措施以有效应对税收筹划风险。

3. 绩效评估

税收筹划方案的比对、决策和实施后，JDJG集团制定了税收筹划分析与评价指标，通过绩效评估系统中成本效益分析、本量利分析、业绩评价等的综合分析与考评，既能对筹划人员形成激励，也有利于集团积累经验和总结教训，并对下一个周期的税收筹划起到很好的铺垫和预测作用，以不断提高集团税收筹划水平。

（三）应用层

应用层位于纳税筹划框架模型的最高层，它需要基础层、业务层、数据层和服务层的基础与支撑，JDJG集团将整体税收筹划分为筹资税收筹划、投资税收筹划和经营分配税收筹划三个关键环节。在筹资税收筹划环节中，考虑到债权筹资需要定期还本付息，压力负担较重，但是这种借款利息税前支付，利息既起到税收挡板的作用，又能使债权融资的成本降低；此外，当投资收益率高于资金成本率时，债权筹资能给集团带来巨大的财务杠杆收益，但还要充分考虑随之增加的财务杠杆风险。对于股权筹资，虽然不用定期还本付息，但股息红利不具有税收挡板的功效，没有抵税功能，加之股权筹资的门槛高以及成本费用高，因此，很多企业没有机会也不愿意股权筹资，对于互联网时代的股权众筹等筹资方式却情有独钟。

互联网技术的快速发展，改变了传统经济运行的模式，也带来对传统税收模式的挑战。税收筹划必须适应经济的新发展，基于互联网时代的数据共享，依托平台，整合筹划流程，通过财税信息化的高效支撑，调整和改变传统筹划模式，以企业价值最大化的财务战略为目标，谋求企业资金均衡有效流动，通过合理筹划融资安排，完善企业营收资金、投入资金等的筹划，运用战略思维发挥企业资金运作的导向性作用，全面规划企业税收筹划战略，防范企业财务风险。

第四节　互联网时代成本管理战略创新

企业财务管理战略创新除了纳税筹划战略创新以外，还包括成本管理战略创新、财务决策战略创新等，是企业财务管理在实现了量的渐进积累之后，在相关因素的影响和改变下实现了质的飞跃，这种交替演进的过程构成企业财务管理战略创新。竞争机制的升华是企业财务管理战略创新的基础，它把生产与技术、经营与管理等诸多条件同财务管理要素进行重新组合。

一、构建大数据平台，理性开展成本谋划

在互联网时代，企业要有大数据思维，构建自己的大数据平台，利用成本行为数据和成本关系数据精准定位成本信息。大数据能够使企业更好地与消费者互动、洞察顾客需求、拓展服务品牌和从事商业创新。移动互联网将产业之间异质性的社会互动向更深层次推进，社会化互联网使企业可以主动发起自身和上下游企业的互动式的成本谋划，从而使基于用户生成的社会互动成为企业的重要决策变量。大数据成本数据类型繁多，包括结构性成本数据和非结构性成本数据，成本信息采集的范围广，包括财务与非财务、数量与质量、经济与非经济、物质与非物质。成本信息处理速度快，时效性要求高。

成本结构的复杂度是成本上升的源头。企业应立足成本的相关范围和复杂的成本结构，借助大数据成本信息分析，减少或者消除非增值作业。例如，O2O模式将线上资源和线下资源充分整合，提供了消除非增值作业的商业模式保障。虚拟仿真技术和智能个性定制技术，将使消费者的现场体验更加平滑和流畅，企业只需为消费者提供全程深度、因需求激发而生的智能化支持服务。管理者不应将目光过分地集中在显性成本的控制上，实践证明，这种控制往往是一种短视的决策行为，会带来诸多隐性成本的上升，最终得不偿失。例如，大幅削减高管薪酬会导致高管人员流失，过分削减研发支出会导致企业丧失潜在的核心竞争能力，过分削减营销支出则会让企业逐渐丧失市场竞争力。企业应积极推广精细化管理的责任会计，细化核算单元，专注可控成本。各部门按照谁主管谁负责的原则，建立成本控制量化分解体系，形成责任共担、利益共享、相互监督、相互制衡的运行机制，助力企业管理效益的提升。美国麻省理工学院曾以汽车工业为例进行精益生产效果的研究，发现精益生产可以使生产效率提高60%，让废品率降低50%，大大降低成本。战略企业还应将环境成本管理纳入战略成本管理体系，不能将本应由自身承担的环境成本转嫁给整个社会负担，而应评估企业生产对生态环境造成的影响，倡导循环经济和清洁生产，开展绿色成本核算，切实履行社会责任，企业生产负的外部性，追求经济价值和社会价值的协同最大化。

二、秉持互联网的用户思维和跨界思维，基于价值链进行战略成本分析

互联网的用户思维和跨界思维，要求企业在价值链各个环节建立起"以市场为导向、以消费者为中心"的企业文化，采取多样化的方式，深度理解用户，满足客户体验，通过增值服务等方式来提升用户黏性，抢占行业前沿阵地。价值链战略整合能有效降低企业的成本。互联网时代的竞争不是单兵作战，而是产业链、供应链和价值链的竞争，是对消费

者的响应速度以及互动能力的测试和检验。"互联网+"的社会互动已成为解决企业与消费者之间的信息不对称、消除产业间市场失灵的主要手段。价值链的功能越来越趋向资源的整合和价值的共创。社会互动影响到价值链的每一个阶段直至最上游新产品的开发。价值链上企业集群的成本的边界以及传统的劳动分工变得越来越模糊，演变为企业、消费者和各种利益相关者的价值共创。

价值链分析不仅包括行业间、企业内部和竞争商家的价值链分析，还涵盖纵向和横向价值的分析，涉及价值转移和价值增值环节、产业内部的相互平行的内在联系。价值活动会影响企业在价值链中的成本相对地位权重。随着移动互联网智能时代的到来，很多产业的边界犬牙交错、融合共生。"产业互联网"更强调通过对生产要素的优化配置、个性化设计与制造、各个产业间的协同提高效率和大规模应用智能设备并共享信息，最大限度地降低对自然资源的损耗、提高产品对用户的价值、增强经济运行的整体效率。通过对行业价值链的分析，实现上、下游价值链的协同增值，站在整个价值链的角度分析成本结构，将行业的成本信息同步到企业的成本数据中心；通过对自身价值链的分析，消除不增值因素，为内部价值链的重构提供决策依据；通过对竞争对手价值链分析，则可以统揽全局，制定企业成本管理的竞争战略。

运用价值链进行战略成本分析，可以提高价值增值的全局可视性，对价值增值的环节可以进行全景式扫描，整合内部生产数据、外部互联网数据和企业上下游数据。拓宽成本管理的空间范围，由企业内部活动延伸到企业整个供应链条，拓宽成本管理的时间范围。从经营管理的层次提升到战略决策层次，利用大数据、云计算和物联网、智能终端技术，革新成本管理的方法和手段，增强互联网时代企业战略管理与成本信息的匹配度，改善企业的商业竞争生态，为企业腾挪出足够的生存空间。

三、贯彻"互联网+"思维，分析战略成本动因

"互联网+"思维，就是把产品、服务做到极致，超越用户预期。产品和服务的设计要抓住消费体验的关键点，用"互联网+"思维创新产品。因此，企业应从成本的起源展开成本动因分析，凭借资源耗费的因果关系进行分析。成本动因即导致成本发生的因素。产品消耗作业，作业消耗资源，作业成为连接产品和资源的纽带。成本动因分析的目的就是通过探索各类不增值作业根源，优化成本动因。战略层次上的成本动因可分为结构性成本动因和执行性成本动因，前者为战略成本管理目标的实现提供组织保证，后者为战略成本管理目标的实现提供效率保证。

实施战略成本管理就应当考虑成本信息与成本管理的相关性，对各环节的成本动因加以分析，从而确定管理重心。例如，企业获得的业务优势、捕捉的市场机会、创新的技术

工艺和营造的企业文化等都会影响产品成本动因分析，管理者应当充分重视非生产环节的成本动因分析。战略成本动因分析有助于企业战略成本定位，关注企业竞争地位和竞争对手动向的变化，以建立与企业战略匹配的成本战略。

四、借用"互联网+"的平台思维，建立战略成本管理信息系统

"互联网+"的平台思维就是开放、共享、共赢的思维。平台模式的精髓，在于打造一个多主体互利共赢的生态圈。"互联网+"的平台思维落脚到企业战略成本就是建立战略成本管理信息系统。互联网时代企业战略成本管理需要信息系统作支撑平台，战略成本管理的信息化推动着成本共享中心的快速发展，生成面向战略决策的、高价值的成本数据，既是企业的资源力和执行力，也是企业的控制力和决策力，体现了企业的管理智慧。战略成本管理提供的成本信息的覆盖面更广，层次更丰富，准确性更高，及时性更强。战略成本管理需要信息系统作支撑。例如，青岛啤酒在实施战略成本管理过程中与现代信息化技术的发展趋势相结合，建立了以 Oracle ARP 为核心的 ERP 信息系统，对公司总体业务的信息化进行规划，实现了公司业务的整合及资源的优化，提高了资源的利用效率，进而节约了企业的成本，提高了企业的竞争力。成本管理的内部评价和绩效管理机制，可以促进企业成本管理部门和业务部门之间的横向联系和团队协作能力，保持成本战略管理信息系统的稳定性和可靠性，有利于及时反馈成本管理的各项活动绩效，提升绩效目标，提高成本科学管理和规范管理的水平。绩效评价指标体系，应囊括财务能力、客户满意度、成本管理效益和竞争能力等多个层面。

五、聚焦"互联网+"虚拟思维，树立风险防控意识

"互联网+"虚拟思维是指企业时刻处在虚拟的空间和环境中，战略成本管理面临极大风险。从企业面临的外部环境层面分析，当前我国经济进入新常态，经济发展面临着速度变化、结构优化、动力升级三大挑战，宏观调控体系呈现区间弹性调控与结构性定向精准调控相结合的特征。由于资本游离于实体经济之外服务虚拟经济，企业的规模扩张和技术创新缺乏资本保障，融资困境没有得到根本扭转。从企业内部层面分析，企业提供的产品和服务与市场需求的对接程度、市场占有率、产品研发设计水平、成本结构的变动、售后服务的满意度存在较大变数等。这些和大数据、云计算、物联网的时代背景相互叠加，企业互联网时代经营环境的不确定性不断加大，企业战略成本管理实施过程中面临风险环境复杂、风险因素众多和风险程度加剧。企业可以提高自身的信用水平，借助互联网金融中众筹融资的方式降低资金成本，解决融资难、融资贵和融资险的难题。企业还应开展成

本抉择关系分析，平衡成本结构、成本与质量、成本与效率、成本与竞争能力、成本与收益之间的关系。

互联网时代企业之间的竞争格局也必然从封闭型趋向开放型并处于日益全球化和智能化的进程之中。互联网时代企业的战略成本管理是管理战略、成本信息和现代技术的结合，是企业全员管理、全程管理、全环节管理和全方位管理，多中心、同步快捷的成本信息采集、处理、储存和传递方式使全员决策、实时决策成为现实。

当前看企业的战略成本管理有没有潜力，就要看其和"互联网+"融合程度，就要看互联网思维贯彻得是否彻底，就要看企业的整个生态链是否完善。能够在意识和行动上用"互联网+"的思维重构战略成本管理的企业，才是真正和最后的赢家。

第五节　互联网时代财务决策战略创新

财务决策是对财务方案、财务政策进行选择和决定的过程，目的在于确定最为令人满意的财务方案。只有确定了效果好并切实可行的方案，财务活动才能取得好的效益，完成企业价值最大化的财务管理目标，因此，财务决策是整个财务管理的核心。财务决策需要有财务决策的基础与前提，对财务预测结果的分析与选择是一种多标准的综合决策。决定方案取舍的既有货币化、可计量的经济标准，又有非货币化、不可计量的非经济标准，因此，决策方案往往是多种因素综合平衡的结果。

一、财务数据与财务决策

海量的数据资源背后是对传统人类行为分析工具的彻底突破，过去的商业决策更多地依赖经验、直觉或小样本调查的统计推论，而互联网时代的决策更多地依靠全面的数据分析。互联网背景下，消费者各种行为与特点的发展变化更容易被记录、观察、分析和了解。因此，互联网时代快速满足消费者需求成为企业的核心竞争力。

互联网时代的大数据将推动来自各个渠道的跨界数据进行整合，促使价值链上的企业相互连接，形成一体。地理上分布各异的企业以消费者需求为中心，组成动态联盟，将研发、生产、运营、仓储、物流、服务等各环节融为一体，协同运作，创造、推送差异化的产品和服务，形成智能化和快速化的反应机制。互联网时代，企业之间通过信息开放与共享、资源优化、分工协作，实现新的价值创造。互联网时代的到来给企业财务工作带来了新的思路，利用分析工具可以从海量数据中挖掘出有用信息，并以科学的分析预测方式帮助企业规避风险，进行精准的财务管理与决策。云会计结合大数据技术在企业财务领域中的应用，将给企业带来更多的经济价值，提高企业在全球经济一体化下的核心竞争能力。

为了更好地了解大数据的规律，在具体操作层面上，财会人员所面临的挑战是需要将经营指标转换成财务结果指标，抓住最重要的关键绩效指标（如转换率、客户流失率），并在每个月考核这些指标。企业财务决策离不开各种财务数据和非财务数据之间的相关性分析，它需要财务业务数据的有机融合。基于云会计平台，在抽取、转换、加载与企业财务决策相关的各种结构化、半结构化、非结构化类型的财务和非财务数据之后，通过大数据技术，分析数据之间的关联关系，并挖掘出数据背后蕴含的巨大价值，可以为实现科学合理的财务决策提供支撑。

二、财务管理决策流程创新

互联网时代，企业财务管理决策不同于之前的管理与决策方式，这种变化影响着企业对于数据的态度和运用，促进了企业之间及企业内部的信息传递与交流。在种类繁多的数据下，企业的决策者和管理者对于决策的能力及效率有所提高，进而影响了企业的内部结构以及新形式的学习型组织的构建。同时，互联网时代大数据的出现，对于企业决策技术提出了更高的标准，影响着企业的销售策略、企业的网络生态建设、企业的商业模式等的转变等。因此，对于财务行业来说，深入挖掘数据，不仅是对数据规律的探索，也是对传统的财务计划和分析缺陷的弥补。从一般意义上讲，传统的财务分析能做的仅是分析财务结果、了解不同产品或业务的盈亏状况，分析的主要对象是相对的数段的数据，但如果财务人员要挑起重任，给决策者提供信息，就必须到前端的数据中去挖掘。决策是企业财务管理的重要职能，贯穿于企业财务管理的各个环节和职能系统中，科学决策是财务管理的核心，而决策的关键是决策的程序和流程。

在这种变与不变之中、财务人员需要放眼企业的整体运营，通过财务流程对企业的现金流、资源配置、风险管控、收购兼并等进行管理，利用大数据等工具深度挖掘分析数据、达到前后端数据的完美衔接。要在正确的时间从海量的数据库中提取数据难度较大，财会人员的职责将涵盖管理企业数据库内的所有数据（包括财务数据和非财务数据），目的是提供高效的数据质量保证，用合理的成本释放企业价值。财会部门需要与企业各部门密切配合，将分散孤立的内部数据进行有效整合，通过制定有效的数据质量控制和报告制度等措施，保证数据符合相关规范以及满足企业自身要求和质量保证标准，从而提高内部数据库的安全性和完善度，提升数据价值。

综上所述，互联网时代，不断发展的网络技术，大大提高了人们的信息处理能力和利用效率，提高了科技成果向现实生产力转化的速度，给企业参与市场竞争带来了新的机遇与挑战。互联网时代的信息化和全球化对现代企业财务管理战略的全面创新发挥了极大的推动作用。

第八章

互联网时代企业财务会计管理技术与方法的创新

第一节 互联网时代预算管理创新

"互联网+"为企业带来了信息大变革，企业拥有海量的交易数据、运营数据、财务管理数据，以及供应商数据等，在这些数据中隐含着难以计算的信息资源。因此，互联网时代利用大数据分析对企业发展起到越来越重要的作用，同时对企业财务管理技术与方法的创新也有一定的引导作用。在当前激烈的市场竞争下，企业的财务数据成为企业竞争所掌控的重要资源，互联网时代的变革，为财务管理技术和方法的创新提供了必要的平台。通过互联网时代的财务管理技术与方法的创新，可以时时追踪企业的最新状态，为客户量身定做针对性强的个性化方案，实时接收客户对企业的评价，并及时针对企业的问题进行优化改良，使企业在健康的内外部环境下，灵活调配财务资源，使企业在市场竞争中创造更多的机遇，带来更大的商业价值。

互联网时代，企业通过搭建先进的硬件平台，利用云计算的强大分析能力，随时监控企业管理过程的执行情况，及时了解企业的最新状态，找到企业目前的薄弱点，有针对性地制订改进计划，将预算应用于最需要的地方，以调整企业战略部署。

第八章　互联网时代企业财务会计管理技术与方法的创新

一、全面预算管理创新

（一）互联网时代全面预算管理的机遇

互联网时代的信息系统将从企业内部出发，利用集成化、价值化、智能化、网络化的管理，借助信息技术实现跨越企业边界，实现真正意义上的客户、企业内部和供应商之间的供应链管理，充分挖掘企业大环境中每一个经济元素的潜在价值以实现盈利。在"互联网+"时代背景下，企业财务预算的制定不能再单纯考虑本企业内部的财务活动，而是要全面考虑网络化环境中各个企业之间的关联协作关系，如材料供应企业、产品生产企业、销售网点企业、产品开发、投资管理、决策制定部门等。只有各部门密切配合，才能制定出真正合理、动态的预算，从而达到制定预算的目的。一个企业预算的制定需要协调整个价值链上各节点企业的财务数据和财务计划，即企业的财务预算是以对各节点、关联企业的财务计划的协调和综合为基础进行的。只有这样，企业作出的预算才更具有实际效用，才能为企业的未来服务，才能为企业决策的制定、计划的实施提供参考依据，使企业朝着规范化、标准化的方向发展。互联网时代的全面预算管理，一方面应该和传统的预算管理模式对接，另一方面又应该凸显其网络的功能与特性。

1. 制定全面预算体系

企业的预算管理单位可以将全面预算体系嵌入预算管理信息系统中，然后通过互联网下发给各下级部门；对于下级部门来说，通过网络来接收上级下发的体系并增加本部门的内容。

2. 编制预算

在互联网时代，财务人员在编制预算时主要是制定各种预算规则，将规则作出定义并存储在预算管理信息系统中。以后只需要将一些关键数据填入表中，各种计划表中的大部分数据可以根据前期定义的规则自动生成，这样极大地提高了编制预算的效率和准确性。

3. 实时控制

在互联网时代，利用预算管理信息系统设计了预算体系、编制了各种预算数据，并存放在数据库中。当经济业务（例如某一事件）发生时，该事件实时驱动相应的子系统获取信息，同时驱动预算子系统的控制器接收数据；预算控制器将预算数与实际数进行比较，根据控制方法进行有效、实时的控制。

4. 预算分析

在互联网环境下，预算分析是指计算机自动从数据库提取数据，按照分析要求自动生成预算分析结果，如异常分析、预算数与执行数比较分析等。互联网时代，信息利用的价值挖掘也应更加深入。预算管理信息系统可以建立大数据平台，支持海量数据，为企业高层管理者提供强大的决策分析与风险预警信息服务。基于互联网的全面预算管理信息系统还可以通过收集预算部门数据、信息，制作"预算部门基础信息表"，掌握预算部门的收支等具体情况，进一步作好部门预算数据基础，并在此基础上作出科学的考核依据；通过建立关键指标的科学参数、分析数据变化结构和增减趋势，发现苗头性、倾向性问题，及时预警；通过挖掘信息背后有利于企业增收减支、提高效能的因素，推进企业更科学、高效地发展。我们可以看到，互联网技术为企业信息化带来的不仅是基础设施的虚拟化、动态和高效率，更重要的是推动了组织架构和流程的优化、经营模式和理念的转变。

（二）互联网时代全面预算管理创新

1. 提供可靠数据基础，创新预算管理模式

互联网引发企业商业模式的转变，销售预测也由原来的样本模式转变为全数据模式。随着网络技术的发展，非结构化数据的数量日趋增多，在销售预测中仅根据以往销售数据的统计分析只能反映顾客过去的购买情况，难以准确预测其未来的购买动向。因此，企业如果能将网络上用户的大量评论收集到数据仓库，再使用数据挖掘技术提取有用信息，就能对下一代产品进行有针对性的改进，也有助于企业作出更具前瞻性的销售预测。

在预算管理方面，"互联网+"可以为建立在大量历史数据和模型基础上的全面预算的合理编制和适时执行控制，以及超越预算管理提供重要的依据。在实施责任成本财务的企业，成本中心、利润中心和投资中心根据大数据仓库的数据和挖掘技术编制责任预算，确定实际中心数据和相关市场数据，通过实际数据与预算数据的比较，进行各中心的业绩分析与考核。"互联网+"有助于作业成本管理的优化。虽然作业成本法能对成本进行更精确的计算，但是其复杂的操作和成本动因的难以确定使得作业成本法一直没有得到很好的普及。互联网时代数据挖掘技术的回归分析、分类分析等方法能帮助财务人员确定成本动因，区分增值作业和非增值作业，有利于采取措施消除非增值作业，优化企业价值链。

2. 针对差异化市场，实施精准智能预算

互联网时代，给企业提供了使用数据创造差异化市场的机会。"互联网+"为更多服务创造了机会，这将提升客户满意度。"互联网+"使得直接面对客户的企业运用数据细分市场、定位目标客户、实现个性化市场提供成为可能。制造商也能利用从实际产品使用者获得的数据改进下一代产品开发，创造新的售后服务。在制造业，整合研发、供应和制造单位的数据以实现并行生产，能显著减少从产品制造到市场销售的时间，并提高质量。

"互联网+"能使企业创造高度细分的市场，并且通过精确调整产品和服务以满足这些需求。营销部门使用社交媒体信息，能从过去的客户抽样分析转变为全数据集分析，从按人口特征细分市场转变为一对一营销，从基于历史数据的长期趋势预测转变为对突发事

件近乎实时的反应。一些日用消费品和服务提供商已开始使用更加成熟的互联网技术，如实时的客户微细分，对企业的促销和广告进行精准定位。企业充斥着由交互网站、在线社区、政府和第三方数据库获取的客户信息，先进的分析工具能实现更快、更有效和更低成本的数据处理，并创造出开发新洞察力的能力。由此，企业通过不断满足客户差异化需求、提供具有前瞻性的服务等手段，建立更加亲密的客户关系。

全面预算是对企业未来一定时期内生产经营活动的计划安排，通常以过去资料为基础制定预算。然而，市场处于不断发展变化过程中，依赖企业自身历史数据构建的全面预算存在着很大的不确定性，最终通常流于形式，不能切实有效地执行。互联网能够帮助企业及时掌控企业目标市场中的用户、产品、价格、成本等信息，辅助企业高效实施全面预算管理，并根据市场变化及时调整预算，真正实现企业的个性化经营，提高对市场风险的应对能力。另外，互联网时代，能让企业多渠道获取信息，实现精准成本核算。成本核算是对企业经营数据进行加工处理的过程，传统的成本核算通常发生在生产过程之后，财务人员将一定时期内生产经营的费用总额进行核算，根据产品生产情况分配费用。借助互联网技术，企业能够从多渠道获取成本数据，根据实际生产数据分析制定生产工艺流程标准及材料用量标准。工资明细、进销存单据和制造费用等结构化和非结构化资料能够在信息系统中实现实时共享，使成本核算更加细致、精确，便于进行更深入的品质成本分析和重点成本分析，实现精准成本核算。

互联网时代，企业根据消费者和企业策略的数据，利用商务智能新技术，开发出各种决策支持系统，从而对市场关键业绩指标进行实时性的监控和预警。移动性、智能终端与社会化互联网使企业可以实时获得消费者和竞争者的市场行为，并作出最快的反应。企业营销活动成败的关键在于是否对顾客价值进行准确的研发和判断，但由于当前顾客需求差异化、竞争行为随机化的程度不断增强，以及行业科技发展变革速率不断加快，企业实现有效预测已经变得越发困难，然而互联网时代的深入，逐渐使精确预测成为可能。互联网时代是一场革命，庞大的数据资源使管理开启量化的进程，而运用数据驱动决策是互联网时代营销决策的重要特点。事实证明，企业运用互联网时代的大数据驱动决策的水平越高，其市场与财务绩效表现越好。可见，互联网时代通过强化数据化洞察力，从海量数据挖掘和分析中窥得市场总体现状与发展趋势，帮助企业提升营销活动的预见性。因此，互联网时代，将市场数据与财务及资本市场数据相结合，确立市场业绩和公司财务绩效的相关性和因果关系，对企业安排最优营销投资和策略具有重大现实意义。

二、互联网时代的滚动预算与弹性预算管理创新

借助"互联网+"技术与全面预算管理平台进行行业背景、企业竞争能力、企业隐性

资产、产品价值，自身财务状况的评估，以广泛、准确、及时的数据为企业提供智能决策和验证，全面预算管理向前瞻性战略决策转型。对于制定全面预算的方法而言，滚动预算作为动态的预算管理方法，是随着预算期的不断进展，进而不断修改预测的结果以指导最新的决策来达到制定目标的预算方法。由于其编制期限的灵活性，能够规避定期预算的僵化性、不变性和割裂性等缺点，逐步成为预算管理的主要手段。

传统的滚动预算编制应用的方法，都是基于对内部生产经营资料及以前预算期间的市场经营数据进行分析和判断，预测未来报告期的经营数据，这必然导致预算数据的陈旧和保守，同时，仅对内部资料进行分析归纳，作出的预算脱离市场变化决策，反映不出复杂多变的经济形势。通过互联网时代的技术进行滚动预算编制，分析的基础是海量的市场消费数据，这样可以根据市场对产品和服务的反应，快速对销售和采购进行实时的调整，有效把握市场节奏。

（一）互联网时代的滚动预算及创新

1. 互联网时代提升了滚动预算结果的精准度

编制滚动预算提高整体运营效率，而互联网时代能够更好应对复杂多变的社会经济形势。编制滚动预算目的是动态预测未来运营中市场开拓、资源占用、资金匹配等各要素的处理能力契合问题，通过编制预算加强内部控制管理提升整体高效运行，在具体操作上需要确定公司的经营能力，包括财务能力、市场容量、费用政策、业务结构、现金流量分布，以及资金运用安排及固化资产结构。通过上述数据构成来规划未来各环节的管控，而互联网时代，可以通过对同类行业数据的取得和分析，对比海量消费数据来判断外部市场的变化，有利于及时调整预算数据，纠正运营中的偏差。同时，运用互联网进行滚动预算，既可以预测经营中的整体运行效果，又可以有针对性地对市场、成本、人工进行预测，借助外部数据的分析，使经营贴近市场，保证了信息获取的充分性，不会出现因为数据失真导致预算失败的状况。

2. 互联网时代拓展了滚动预算预测的涵盖范围

编制滚动预算时，所制定的时间长度和数据细分程度都是借鉴过去以往时段的经营状况来确定，利用的大多数是内部数据，在时间跨度上更是以年度、季度为单位进行编制。由于传统预算编制方式本身就对数据处理要求复杂，同时在编制中还要假定经营是持续进行的、市场改变是逐步变化的，且业务数量不会瞬间出现极端变化等。而在运营中，各种极端状况都有可能遇到，传统预算剔除了波动情况，导致当经营环境和经济状况出现大幅波动时，预算数据无法跟上市场变化，加上预算时间跨度较大，不能有效纠正预算执行偏差。互联网时代技术的运用，强化了对外部数据的计算分析能力，使经营者更容易把握市场变化的脉搏，缩短预算期间，有利于全面量化分析经营中的各项指标，并更多地分析外部数据为预算服务。利用互联网时代的大数据技术可以大大缩短预算期间，也有利于提升运营的风险意识，加强数据处理的重视程度，使管理层更有意愿从市场反应来编制滚动预算，将分析视角外部化。

3. 互联网时代改变了滚动预算的功能重点

传统预算管理重点包括预测计算和能力管理两个模块，通过预测计算确定未来经营趋势，加强管理和内部控制。在执行中，通过数据分析辅助完成经营发展的目标，在分析中，逐步纠正偏差，以加强逐级逐层的控制管理。这样，可以通过对数项的多维组合进行分析比较，找到管理弱点或匹配缺口，继而进行改善，为接下来的产品效益管理奠定基础。因此，传统预算管理更多的是利用内部企业数据进行处理分析，通过加强内控的方式来提升运营效率。互联网时代，将大数据分析纳入滚动预算中，在对大数据量化分析时，更容易发现运营流程的标准模式，以整合出更科学的管理手段来提升运营效率，这样使滚动预算的重点转移到战略管理和市场运营管理上。利用互联网强大的数据库和数据处理能力，在提升传统产业效率和降低其成本的同时，推动企业发展，使其具备大数据能力、基础计算存储能力、数据库检索、语义分析、深度学习等，同时了解自身在整个"互联网+"的生态链中所处的环境和位置，从而有利于经营的准确定位，及时调整运营战略。因此，利用互联网时代的优势编制滚动预算有利于强化滚动预算的战略地位，形成以市场为主导的营销运算分析模式。"互联网+"运用到滚动预算中，不仅增加了全面预算管理的弹性，也使得预测的结果更接近市场的真正需求。

（二）互联网时代的弹性预算及创新

1. 弹性预算法的优点与限制分析

预算不仅是控制支出的工具，也是增加企业价值的一种方法，是各部门工作的奋斗目标、协调工具、控制标准、考核依据，在经营管理中发挥着重大作用。在"互联网+"的环境下，通过改进弹性预算法，克服原有的限制，使预算编制更加准确、有效，预算控制更加精确，预算分析从事后转移为事前，促进企业进行更好的预算管理。弹性预算法又称变动预算法、滑动预算法，是在变动成本法的基础上，以未来不同业务水平为基础编制预算的方法，是固定预算的对称，是指以预算期间可能发生的多种业务量水平为基础，分别确定与之相对应的费用数额而编制的、能适应多种业务量水平的费用预算，以便分别反映在各业务量的情况下所应开支（或取得）的费用（或利润）水平。正是由于这种预算可以随着业务量的变化而反映各该业务量水平下的支出控制数，且具有一定的伸缩性，因而称为"弹性预算"。

相比于其他几种预算方法，弹性预算法有个显著的特点，它是按一系列业务量水平编制的，扩大了预算的适用范围，使预算更加接近企业的真实情况，更好地发挥预算的控制作用，避免了在实际情况发生变化时，对预算作频繁的修改。弹性预算是按成本性态分类列示的，在预算执行中可以计算一定实际业务量的预算成本，且更加准确、有效，便于预算执行的评价和考核，在成本费用的预算中应用比较广泛。理论上弹性预算法适用于所有与业务量有关的预算，但是实务中主要用于编制成本费用预算和利润预算。其原因是成本费用预算较其他预算更便于找到变动成本部分和固定成本部分。要准确找到一个最能代表生产经营活动水平的业务量计量单位，这样预算得出的结果才可能更加接近真实情况。另外，弹性预算法的两种具体方法中，由于实际生产中具体的成本项目的复杂性，此公式模型并不能完全符合未来的情况进而对全面预算的结果造成影响。

2. 互联网时代的弹性预算法

互联网时代促进现有弹性预算法改进，能更高效准确地进行预算，打破原有方法的一些限制。

（1）准确选择业务计量单位

选择业务计量单位是弹性预算基本的工作，在实务中财务管理人员可能会根据经验和企业惯例来选择适合的业务计量单位。例如，以手工操作为主的车间就应选用人工工时，制造单一产品或零件的部门可以选用实物数量，修理部门可选用修理工时等。在实务中计量单位比较复杂且不容易直观判断，如车间中手工操作与机器耗用相差无几、某一车间制造多种产品等。

（2）挖掘有价值的数据

在互联网时代，企业可以利用大数据技术，在成本性态分析的基础上拟合出更好的成本曲线，而不仅仅是对成本性态的分析，更是对已有的海量数据的价值的发掘。在海量数据中提取出需要的业务及它们对应的成本额，用计算机技术把这些数据点描绘在一个坐标图上，作为预算的公式所用。列表法是在预计的业务量范围内将此业务分为若干个水平，然后按不同的业务量水平编制预算。列表法虽可以不必经过计算即可找到与业务量相近的预算成本，但在评价和考核实际成本时往往需要使用插补法来计算实际业务量的预算成本，比较麻烦。大数据技术拟合出的曲线能进行很好的预算，降低了列表法的难度。

（3）加大预算范围

理论上弹性预算法适用于所有与业务量有关的预算。但是实务中主要用于编制成本费用预算和利润预算，即使有些预算如销售预算等，不便于利用成本性态模型分析的预算，可用互联网时代的大数据技术获取以前年度的相关数据建模分析，得出所要的预算，以此来扩大预算的范围。这样可以使预算更加完整，以实现企业的总目标，减少因各级各部门职责不同而出现的相互冲突的现象。

第八章 互联网时代企业财务会计管理技术与方法的创新

第二节 互联网时代筹资活动创新

筹资是指企业从自身生产经营现状及资金运用情况出发，根据企业未来经营与发展策略的需要，通过一定的渠道和方式，利用内部积累或一定的渠道和方式，向企业的投资者及债权人筹集生产经营所需资金的一种经营活动。资金是企业的血液，是企业机体正常运转的保障，从严格意义上讲，企业的破产本质上就是资金链断裂。而筹资活动是企业经营活动中获得持续资金流的过程，评价筹资活动的最重要指标是资金成本率。在互联网时代，企业的筹资活动在筹资的观念、筹资的方式、筹资的渠道等方面均发生了变化，这就要求企业充分利用"互联网+"提供的优势进行筹资决策，实现低成本筹集适度发展资金。

一、创新筹资观念由单纯"筹资"转向注重"筹知"

互联网时代，知识和掌握知识的人力资源将比资本和土地等有形资源为企业创造更大价值，企业要想保持活力以及恰当地应对环境变化，"人"无疑是基础。人之所以重要，是因为其具有学习知识、将知识转换为现实生产力的主观能动性。实践表明，一个企业能否持续发展，关键在于其是否拥有和掌握了新知识和新技术，进而形成其核心竞争力。因此，在企业筹资活动中，所筹集的资本既包括财务资本，又包括知识资本，并尽可能多地从外部吸收知识资本，用以改善企业的软环境，同时还应有开发和培育知识资本的意识。这需要创新财务理念，在"以人为本"基础上，形成劳动者权益财务，将拥有创新知识的专业化人才以知识资本作价入股公司，形成所有者权益，将个人的报酬与企业业绩紧密联系起来，形成长效激励机制，激发人才为企业发展献计献策，实现企业价值最大化的财务管理目标；企业也可以以自己的科技实力与其他公司联合，取得充足的资金，研发实现单个企业无法进行的项目。此外，企业还可以利用无形资产进行资本运营来扩大企业规模，包括特许加盟、无形资产抵押贷款筹集资金。

二、拓展筹资工具——利用金融创新产品

互联网时代，动态多变的环境使得企业的经营具有高风险的特征，为了能在该环境中

健康成长，企业应改变其传统的筹资方式，选择那些能既易被投资者接受又能分散风险的方式。传统单一的筹资方式缺陷明显：商业贷款的苛刻条件，尤其是银行为满足安全性和流动性要求，更多采用抵押贷款，结果是贷款资金在整个资金来源中所占比重有下降趋势，对于高风险的中小企业，甚至基本上无法获得贷款；在股票筹资中，投资者倾向于有累积股利的可转换优先股；可转换债券的负债和权益筹资的混合属性为投筹资双方带来的灵活性，使其成为债券筹资的创新品种；由商业信用支撑的商业票据受制于工商企业自身的财务状况，其运用将越来越少。

为迎合广大投资大众和企业筹资活动的需要，金融机构会越来越多地推出各种类型的金融创新品种，也成为企业筹资的新方式。目前，由基础金融工具和衍生金融工具所形成的金融产品数不胜数，因为有关合同一项条款的变动就会形成新的金融产品，常见的有期货、期权、货币互换，复杂一点儿的有房地产抵押贷款债券、债务抵押债券和信用违约掉期等。随着网络银行的普及，其方便、快捷的服务，将企业与金融机构紧密地联系起来，增加筹资工具，可以更灵活地选择筹资方式。

三、拓宽筹资渠道——筹资活动走向国际化

互联网时代，网络技术渗透到经济活动的每个角落，发达的金融网络设施、金融机构的网络服务，使得网上筹资成为可能。遍布全球的网络已将国际金融市场连接起来，一天24小时都可以进行交易，已实现了金融交易全球一体化，北美市场、欧洲市场和亚洲市场具有很强的联动效应，各自很难独立兴衰。由此，企业在筹资选择时，所面对的也将是一个全球化的国际市场，各大证券交易所奔赴全球争取客户就是证明。"筹资空间"扩展、"网上银行"开通以及"电子货币"使用，为资本国际流动插上了翅膀，加快了资本在国际的流动速度，但是同时加大了筹资风险。在国际化市场中筹资，由于涉及货币兑换，企业必须关注汇率、利率波动，最好能利用套期工具锁定筹资风险。具体来说，企业在筹资中，同时要学会运用货币互换、远期外汇合约交易、期权交易等创新型的金融工具及衍生工具控制相关风险。

四、开发大数据——筹资方式集群创新

互联网时代的筹资，其数量和质量成为企业首先要关注的两个基本因素，也是最重要的方面。企业在保证资金量充足的同时，也要保证资金来源的稳定和持续，同时尽可能地降低资金筹集的成本。这一环节降低筹资成本和控制筹资风险成为主要任务。根据总的企业发展战略，合理拓展筹资渠道、提供最佳的资金进行资源配置、综合计算筹资方式的最

佳搭配组合是这一战略的终极目标。随着互联网时代的深入，企业的财务资源配置都倾向于"轻资产模式"。轻资产模式的主要特征有：大幅减少固定资产和存货方面的财务投资，以内源筹资或 OPM（用供应商的资金经营获利）为主，很少依赖银行贷款等间接筹资，奉行无股利或低股利分红，时常保持较充裕的现金储备。轻资产模式使企业的财务筹资逐步实现"去杠杆化生存"，逐渐摆脱商业银行总是基于"重资产"的财务报表与抵押资产的信贷审核方法。在互联网时代，由于企业经营透明度的不断提高，按照传统财务理论强调适当提高财务杠杆以增加股东价值的财务思维越来越不合时宜。另外，传统财务管理割裂了企业内筹资、投资、业务经营等活动或者说企业筹资的目的仅是满足企业投资与业务经营的需要，控制财务结构的风险也是局限于资本结构本身来思考。在互联网时代，使得企业的筹资与业务经营全面整合，业务经营本身就隐含着财务筹资。大数据与金融行业的结合产生了互联网金融这一产业，从中小企业角度而言，其匹配资金供需效率要远远高于传统金融机构。以阿里金融为例，阿里客户的信用状况、产品质量、投诉情况等数据都在阿里系统中，阿里金融根据阿里平台的大数据与云计算，可以对客户进行风险评级以及违约概率的计算，为优质的小微客户提供信贷服务。

集群供应网络是指各种资源供应链为满足相应主体运行而形成的相互交错、错综复杂的集群网络结构。随着供应链内部技术扩散和运营模式被复制，各条供应链相对独立的局面被打破，供应链为吸收资金、技术、信息以确保市场地位，将在特定产业领域、地理上与相互联系的行为主体（主要是金融机构、政府、研究机构、中介机构等）建立的一种稳定、正式或非正式的协作关系。集群供应网络筹资就是基于集群供应网络关系，多主体建立集团或联盟，合力解决筹资难问题的一种筹资创新模式。其主要方式有集合债券、集群担保筹资、团体贷款和股权联结等，这些方式的资金主要来源于企业外部。大数据可以有效地为风险评估、风险监控等提供信息支持，同时通过海量的物流、商流、信息流、资金流数据挖掘分析，人们能够成功找到大量筹资互补匹配单位，通过供应链金融、担保、互保等方式重新进行信用分配，并产生信用增级，从而降低了筹资风险。

从本质上讲，大数据与集群筹资为筹资企业提供了信用附加，该过程是将集群内非正式（无合约约束）或正式（有合约约束）资本转化为商业信用，然后进一步转化成银行信用甚至国家信用的过程。大数据中蕴含的海量软信息颠覆了金融行业赖以生存的信息不对称格局，传统金融发展格局很可能被颠覆。例如，英国一家商务网站就利用海量的数据挖掘算法来做信贷。它运用社交媒体和其他网络工具大量挖掘客户碎片信息，然后关联、交叉信用分析，预测违约风险，将外部协同环境有效地转化成为金融资本。

传统一对一的筹资受企业内部资本的约束，企业虽然有着大量外部协同资本，但由于外部人的信息不对称关系，这部分资本无法被识别而被忽略，导致了如科技型中小企业的筹资难等问题。通过大数据的"在线"及"动态监测"，企业处于集群供应网络中的大量协同环境资本将可识别,可以有效地监测并转化成企业金融资本。阿里巴巴、全球网等金融创新正在基于一种集群协同环境的大数据金融资本挖掘与识别的过程,这实际上是构建了一种全新的集群筹资创新格局。集群式企业关系是企业资本高效运作的体现,大数据发展下的集群筹资创新让群内企业有了更丰富的金融资源保障,并继续激发产业集群强大的生命力和活力,这是一种独特的金融资本协同创新环境。根据大数据来源与使用过程,大数据发展下集群筹资可以总结为三种基本模式,分别是"自组织型"的大数据集群筹资模式、"链主约束型"的大数据集群筹资模式,以及"多核协作型"的大数据集群筹资模式。阿里巴巴、Lending Club 代表的是"自组织型"模式;平安银行大力发展的大数据"供应链金融"体现的是"链主约束型"模式;而由众多金融机构相互外包的开放式征信的"全球网",正好是"多核协作型"模式的代表。

五、利用"互联网+"降低资金成本

企业资金成本包括资金筹集费用和资金使用费。在互联网时代,企业应充分利用网络优势降低这两部分费用,从而降低企业资金成本。

一般而言,资金筹集费用又可大致分为直接成本和间接成本。人们往往关注从财务角度能够直接计量的成本,直接成本,如证券的制版、印刷、中介鉴证、发行承销等支出上;而对于企业在筹资前期花费在方式选择、与有关方谈判及其他间接成本考虑不够。实际上,该部分也是资本成本的组成部分,在我国重人际关系的传统文化中,该部分成本有可能还占相当比重,其高低直接决定企业资金成本。"互联网+"提供的信息平台,为资金供求双方提供了交互式查询渠道,资金供求双方通过网上查询,寻找合意的合作伙伴,并通过网络实时沟通部分细节,甚至可以完成整个的谈判过程,由此形成的筹资业务,显而易见地节约了筹资费用。同时,网络也便利了资金供需双方直接交涉,省去了中间环节,减少了发生信息扭曲的机会;电子货币通过网络银行能够实现货币资金的不受时间限制地、无纸化流动,提高资金使用效率,这些便利条件大大减少了资金筹集费中的中介费、差旅费、印刷费等。

互联网时代打破了地区界限,拓展了企业筹资空间,为企业选择资金供应方大开方便之门,从而有利于降低企业的资金成本。在传统筹资环境中,企业受高信息搜集成本、沟通不及时等因素所限,筹资呈现出本土化特征,本地资金提供方处于某种程度的垄断地位,资金使用成本自然偏高。在互联网时代,企业通过网络可以便捷地获得全国甚至全球范围内资金供应信息,自愿选择资金供应方,只要国家政策允许,企业可以向任何地区的资金供应方进行筹资。这一变革,打破了传统模式中资金供应方的地区垄断地位,形成有竞争的资金供应市场，由于竞争的加剧，资金使用费呈下降的趋势，这使企业有更多的机会获取低成本的资金。

第三节　互联网时代投资活动创新

企业在正常生产经营活动之外，可能为了有效地利用暂时闲置的资金，以获得一定的经济利益；或者为了影响或控制其他企业的经营与财务政策，以保障本企业正常经营业务的顺利进行和经营规模的扩大；或者为了积累整笔巨额资金，为满足企业未来某些特定用途做准备等，而将现金、实物资产或无形资产让渡给其他单位，而获得股票、债券、基金、投资性房地产、固定资产等，从而形成企业的各种投资。投资活动是企业实现社会总财富增加的源泉，当然，投资要实实在在地为企业、社会创造价值，其选择的投资项目获得的收益除弥补成本之外还要有净收益，这就要求在众多投资项目中选择，用经济学语言来说，就是通过投资决策将稀缺的资源配置到合适的资产。企业可以选择的投资项目有建立厂房、机器设备的购置、改建、扩建等决策，还可以是购买股票、债券和以合营方式向其他单位投资等决策。

按照不同的标准，投资有各种不同的分类方法。按投资的性质进行分类，即将其分为实业投资、证券投资和产权投资三类。实业投资是指将资本投放于特定的经营项目上，以形成相应的生产能力，直接从事产品生产或劳务提供，是一种直接投资。证券投资是指将资本投放于各种债券、股票、基金等有价证券，以获取收益，通过证券载体进行的一种间接投资。产权投资是指以产权为对象的投资，从形成方式来说，既可以是通过实物投入，也可以通过资本市场购入股票实现。

在互联网时代，企业在实施上述三方面的投资活动时可以考虑如下创新尝试。

一、充分利用"互联网+"的优势，提高实业投资收益

（一）要善于洞悉投资机会

在动态的经济环境中，投资机会稍纵即逝，而对机会的把握有赖于企业对自身优势以及外部环境的准确分析，企业可以通过SWOT进行。机会与企业内外部环境的变化密切相

关，变化之中往往孕育着巨大的投资机会。人类社会的发展就是一个持续变化的过程，没有变化就没有发展。而人类社会加速发展的趋势意味着变化的加速，不可思议的瞬息万变已逐步成为现实。在这一背景下，把握投资机会的前提是对瞬息万变的企业内外部环境的把握，从看似无序的变化中预测发展趋势，寻找投资机会。对于传统环境下的企业来说，这简直是不可想象的，只有极少数的企业有充足的人力、物力及财力来建立信息机构搜集来自世界各地的相关信息并进行加工处理，以从中发掘投资机会，但是这样的代价是巨大的，实现这样的信息搜集与分析无论是在效率方面还是在效益方面都难尽如人意，即使兴起的专业信息公司，由于其中介性，难以实现与实体企业的需求无缝衔接，而作用有限。互联网时代，互联网可以将全球各地的海量信息传输于网络终端，极大地提升了企业挖掘投资机会的能力，并且成本低廉。

（二）利用"互联网+"的平台，搞好投资项目管理

在互联网时代，全球经济一体化的进程大大加快，企业跨地区、跨国投资活动迅猛增长，这就提出跨国管理的问题。与本地区或较近区域范围的投资管理相比，跨地区、跨国投资活动中的投资管理有其独特、复杂之处。由于地域范围的扩大，在传统管理模式下，企业管理层要想了解投资项目中的详细信息，如货币资金使用、存货周转、应收账款收回以及企业行政管理等方面，与本地投资项目相比，就要困难很多。虽然在互联网出现之前，企业管理中各种通信技术的运用在一定程度上能够实现远程管理，但是这些通信技术支持的投资管理存在时滞问题以及高成本的问题。相比较而言，互联网时代的技术是一种更先进的通信技术，将其运用于企业管理之中可以实现实时远程监控，既有文字、数字信息还有影像信息，这为缩短监控时滞、提高监控效率都提供了技术上的保障。这一技术的保障，一方面能够提高企业跨地区、跨国投资项目管理质量，另一方面由于这一技术的运用，企业为管理同一投资项目所需花费的人力和财力都大大减少，这样，企业就可以有更多的时间和精力来实施其他投资项目，这会促进企业增加对外投资量，在保证投资管理质量的前提下，追加投资数量。

二、优化产权结构

企业进行产权投资的目的在于取得被投资企业的控制权或部分产权。传统的产权投资以实业投资要素的部分或整体集合为投资要素，兼并、收购、参股、控股等是其主要的股权投资形式。在互联网时代，企业进行产权投资应注意以下新变化，把握投资机会。

（一）组建"虚拟企业"优化产权结构

在传统的经济环境下，企业通常采用纵向一体化的方式保证企业与其存货供应商、分销商之间的稳定合作关系。纵向一体化通过企业投资自建、投资控股或兼并等方式来控制对向其提供原料、半成品或零部件的企业及分销商，即以"产权"控制为纽带来稳定核心企业与其供应商及分销商之间的合作关系。应当说，在市场环境相对稳定的情况下，这种纵向一体化有助于强化核心企业对原材料供应、产品制造、分销及销售的全过程控制，使企业在激烈的竞争中处于主动地位。在互联网时代，企业的经营环境发生了巨大变化，突出表现是企业所面对的是一个瞬息万变的买方市场，在此背景下，企业对未来的预测越来越不准确。与此相应，企业要想保持其在市场竞争中的主动地位，就必须具有能够对市场中出现的各种情况作出快速反应的能力，而以往的纵向一体化的模式显然难以实现这一目标。因为在以产权为纽带模式下，核心企业与其供应商及分销商之间形成的是一种非常稳固的长期关系，而稳固的关系是建立在为把握以往的经验市场机会基础上的。当这种市场机会不复存在时，或者企业因需要适应新的市场需求而另起炉灶时，解除这种稳定关系绝非易事。基于此，组建虚拟企业成为网络经济环境下企业的必然选择。"虚拟企业"是企业适应市场需求，放弃过去那种从设计到制造，甚至包括销售都由自己一体来实现的经营模式，而在全球范围内寻找适当的供应商及分销商，通过与它们建立伙伴关系而结成利益共同体，形成战略联盟，是一种松散的暂时性合作组织，在相关的市场机会消失时就解除，这样组织成本比纵向一体化的运作要低得多。而互联网、大数据为企业寻找合作伙伴提供了广阔空间，因此，组建"虚拟企业"是网络经济时代产权投资的重要形式。

（二）无形资产在产权投资要素中的比重提高

无形资产的巨大潜力使其在网络经济中发挥着重要作用，企业接受的投资也出现无形化的趋势。知识已经转化成资本，成为企业生产和再生产过程中不可或缺的要素。企业在进行产权投资时，运用知识产权等无形资产形式将越来越普遍，从而在整个产权总量中，无形资产所占比重呈上升趋势，这就提出了加强无形资产投资管理的问题。目前，新成立的一些企业，给具有技术特长、开拓创新能力强的人员一定比例的技术股，因为这些人的知识技能、潜能会给企业未来带来经济利益的流入。

（三）交叉持股，形成紧密的资金联合体

现代经济是建立在分工基础上的，经济越发展，分工越细化。为了获得最大效益，企业与个人均在其具有比较优势的领域从事经营活动。互联网时代，企业之间、人与人之间

便捷的沟通为分工与合作提供更大的发展空间。这也促使企业及个人寻找自身优势即核心能力，从而在经营中取得比较优势。针对某一企业而言，在确定自己的核心能力之后，就应当发挥其核心能力去从事相应的经营活动，对于其他业务则交由其他企业去完成。在这种思路下，企业的分工合作关系将被赋予新的内涵，形成分工合作关系，即企业之间的战略联盟或伙伴关系。企业的产权投资活动也将围绕这一中心展开，而要实现这种战略联盟或伙伴关系，签订协议是一种方式，而交叉持股既是一种传统的模式，也是一种各方相互牵制的重要方式。

三、进行证券和基金投资

"互联网+"的发展将全球金融市场连接起来，为投资者提供实时信息查询、实时交易的渠道，促进了证券和基金市场的发展，也为企业的闲置资金提供用武之地。

（一）投资品种丰富

网络平台加上金融工程为投资者创造了丰富多样的金融产品，从而企业在从事闲置资金管理时有了更大的选择空间。投资品种的丰富，一方面可以使企业通过选择证券和基金投资组合分散投资风险，另一方面也使企业的投资活动日趋复杂，需要谨慎管理。

（二）投资的区域范围扩大

在全球经济一体化的背景下，为企业筹资及投资者服务的资本市场亦呈现出国际化的趋势。越来越多的企业选择海外市场作为筹集资金的对象，越来越多的投资者参与国外投资。互联网时代，市场的国际化步伐进一步加快。一方面，国际互联网的普及使投资者能够便利地查询世界各地上市公司的财务状况、经营状况等信息，还能了解各国的宏观经济政策及其他影响证券和基金市场的因素；另一方面，互联网技术在证券和基金交易中的运用，使得投资者在家里就能投资于其他国家和地区。

（三）网上业务优于传统业务模式

互联网时代的发展不仅使证券和基金市场具有新的特征，同时，它运用网络开展网上交易的新证券业务，从而改变了企业证券投资形式。网上证券业务是以互联网为交易平台，在互联网上就能实现从开户、委托、支付、交割到最终清算等的整个证券交易过程，投资者还能在线获得与证券交易有关的资讯服务。例如，腾讯财付通与多家金融机构合作为投资者提供的微信和QQ理财通，就是互联网时代方便快捷的网上投资模式，既有货币基金、指数基金，也有证券业务和保险理财。相对于传统的证券业务模式，网上投资业务具有以下四方面的优势。

1. 成本低

在传统投资业务模式下,经纪商作为交易中介,其在经营证券等业务的过程中将发生人工成本、场地成本、水电费等许多费用,而这些费用在网上证券业务模式下,由于人员的减少、场地占用小等,就会大大下降。在竞争激烈的市场中,由经纪商成本下降所带来的收益将由经纪商和投资者分享,这体现为与传统证券业务模式相比较的成本优势,这一优势也是促使投资者积极采用网上交易的重要动力。

2. 便利程度高

投资者无论身处何时何地,只要能通过计算机或手机终端连接互联网,就可以非常便捷地通过互联网获取相关信息,作出证券或基金买卖决策,并通过移动互联终端操作实施,其便利程度的提高是网上投资业务迅速发展的重要原因之一。

3. 投资交易相关资讯服务全面、快捷

对于投资者来说,科学合理投资的前提是拥有据以分析进而作出决策的相关信息。网上业务的开通,投资者可以通过移动终端随时获取即时资讯以及相关机构的分析报告,这些信息的获取在很大程度上为投资者的投资决策提供依据。与传统投资业务模式相比,资讯优势也是网上业务对投资者具有极大吸引力的一个方面。

4. 个性化的投资咨询与服务

上市公司、基金公司、证券公司、证券交易所以及监管部门都可以通过开设网站,提供投资咨询与服务业务,提供软件,让投资者根据其风险的偏好、期望的投资报酬率等,结合其资金量,为其量身推荐投资组合,实现投资者的增值目标;甚至可以通过网上交互平台,实施适时互动沟通,在网上为投资者提供投资服务。这也是网上业务比传统证券业务模式有优势的重要方面。

对互联网时代的企业证券或基金投资者来说,上述网上业务的优势,无疑是很有吸引力的。随着网上业务服务内容的增加以及服务质量的提高,关键是在网络安全性程度的保障下,网上交易方式必将成为许多企业进行投资的重要选择方式。

第四节　互联网时代分配活动创新

一、虚拟企业的利润分配

虚拟企业,尤其是以某一短期合作项目为目的的虚拟企业只是一种临时性的行动组织,

其利润分配政策也应突出这一特点。对传统企业来说，制定其利润分配政策的关键是确定利润的分配比例，即股利支付率。同时，传统企业基于长期可持续发展的考虑，会将企业当年实现的利润留存下来，以备扩大经营规模，并且现金流不足时也会不分配或者推迟分配。短期"虚拟企业"作为一种短期的动态联盟，在相关项目合作完成之后，即会宣告解散。因此，该类企业在确定利润分配政策时，就不需要考虑企业的长远发展，将其所获得的利润全部分配，即其存续期间股利支付率可达百分之百；更为激进的是，其还可以参考递耗资产的处理方法，即在发放股利时退回部分初始投资。

二、利润分配的基础——知识资本

互联网时代，知识已成为推动经济增长的重要动力，在现实中，通过掌握一定知识的人转化为人力资本或其他无形资产，同物质资本一起参与价值的创造。知识资本已成为比物质资本更为重要的生产要素，就必然要求同物质资本一起参与分配，即人力资本拥有者除获得工资外还要求享有一定的剩余索取权。

三、知识资本的利润分配形式

互联网时代，知识资本由于其对利润贡献的加大，相应地对其分配的比例也会加大，具体分配形式有版税、专利及专有技术、品牌商标、技术入股等，它们有不同的适用对象，分述如下。

（一）对著作权产品采用版税形式

版权是知识产权的重要组成部分，而版税是针对版权支付的一种报酬形式，它是指著作权人或所有者享有作品的财产权益，通常按著作出版发行的销售收入的一定比例来提取。其中，作品包括文字作品，口述作品，音乐、戏剧、曲艺、舞蹈作品，美术摄影作品，电视、电影、录像作品，工程设计、产品设计图纸及其说明，地图、示意图等图形作品，计算机软件等。

（二）对发明等采用专利权及非专利技术形式

专利是指发明人对其发明创造拥有所有权、使用权、制造产品权、销售产品权和出口产品权，包括发明专利、实用新型专利和外观设计专利。专利体现了知识资本拥有者享有在其转让过程中的经济价值，明确了发明人的经济财产权。

非专利技术又称为专有技术，是指从事生产、商业、管理和财务等活动的一切秘密知识、经验和技能，包括工艺流程、公式、配方、技术规范、管理和销售技巧与经验等。非专利技术的特殊之处在于其不为外界所知，并且不享有法律保护，靠自己的保密来维持。但是，与其他的知识资本一样，可以给企业带来经济效益。

专利及非专利技术都是知识资本常见的分配形式，一般来说，它们通过两种途径参与利润的分配：一是一次转让，由专利及非专利技术的购买者在使用专利获得超额利润之前，就将利润支付给专利及非专利技术所有者。对专利权人来说，就是一次性获取专利及专有技术转让费，这样专利出让者就不承担专利及非专利技术的市场风险，也不享有其以后的市场价值增值。二是转让使用权，企业将所拥有的专利及非专利技术的使用权让渡给他人，通过收取租金参与利润分配，出让者与受让者均可以使用出让的专利及非专利技术，即各方有条件地使用，其特点是风险大，同时回报也比较高，让市场收益检验其知识资本的"含金量"。

（三）对商标等采用特许权形式

商标是企业产品服务特性的外在标识，它体现了企业生产经营管理的理念文化等，是企业长期积累的结果，能够为企业树立良好的社会公众形象，从而实现其价值。其参与利润分配的形式主要是转让收入和收取品牌和商标使用费。

（四）技术入股

技术入股权是指以技术发明和技术成果等经评估作价作为投入要素，享有企业权益，以其为依据享有收益权的一种利润分配形式。从理论上讲，经营管理经验、特有技能等都可以作为智力资本投入要素分享企业股份及其收益。技术股权是知识资本分配的一种较高级形式。技术发明的魅力，不仅在现实回报，还在于价值增值的长期回报，更在于股权的回报。

（五）股票期权制度

股票期权是指赋予持有者在一定时期内购买一定数量公司股票的权利。持有股票期权的人员可以在规定的时期内以合约约定的行权价格购买标的公司的股票，这一购买过程称为行权。既然是一种权利，若行权期内公司的现行股价低于其行权价，持有人就可以放弃，此时，持有人不会有任何现金的损失。而如果行权期内公司股票市价若高于行权价格，则两者的差价就是期权持有人的现金净收益（扣除交易费用）。根据期权性质（欧式或者美式期权），持有人在满足行权条件的期间内可以自行决定行权的时间，行权后，符合条件就可以转让所得股票。股票期权产生于20世纪70年代，普遍使用则是在20世纪80年代，它是股份分配形式的发展，其重要特征是公司通过无偿赠予股票期权的形式,将企业利益与员工承担的经营风险联系起来,激励员工努力工作获取收益分配的同时为企业创造价值,这种分配形式将成为互联网时代知识资本参与利润分配的重要形式。

股票期权主要有股份认购期权、限制性期权、股票升值权、"影子"股权等形式。股份认购期权是指赋予企业员工在一定时期内完成事先约定的经营目标按约定价格认购一定数额的股票的权力。当企业股票市场价格上升后,持有人可以通过行权、出售获得行权价与市场价之间的价差。限制性期权是指在行权时必须具备某些限制性条件的期权,包括期限限制或业绩限制条件。股票升值权是指把股票期权的兑现条件与企业绩效指标挂钩。当企业效益上升时,可按股票升值部分兑现奖励。"影子"股权是指企业按照确定给职工的股票期权数量,发给员工"股票券",而不需要员工购买与期权数量相应的股票数量,但是,当股票增值时,"影子"股票则可像股票期权一样,持有者有权获得股票差价的现金收入。

互联网时代呼唤财务管理的创新,互联网时代的经济环境相对于传统经济环境而言,最大的变化是网络技术的广泛运用,这改变了财务管理的环境。从"电子政府"、网络税收征管、家庭办公、网上购物、电子商务的开展、虚拟企业的组建到远程控制等新事物都是建立在互联网的基础上。互联网的特性使得网络经济具有虚拟性、动态性、知识性、国际性、时效性等特点。环境条件的改变促使企业创新财务管理活动各环节,以适应时代要求。互联网时代,企业财务管理活动的全面创新依赖于网络信息资源和网络技术的充分利用,将网络技术应用于财务管理的各环节,提升其为企业创造价值的地位。

第五节　互联网时代财务报告创新

财务报告是企业财务的最终产品,通过财务报告能够有效地获取企业的财务状况、经营成果、现金流量、股东权益变动等信息,帮助信息使用者作出正确的决策。在互联网时代,很多企业转型发展、改革和重组,大大提高了经营效益,改变了经营模式,因此,传统的财务报告难以满足快速变化的企业财务信息的需求。目前,企业应该认识到互联网时代传统财务报告受到的重大挑战,必须深化改革传统财务报告模式,重新审视财务报告的内容和流程,构建一种全新的适应互联网时代发展的财务报告模式。

第八章　互联网时代企业财务会计管理技术与方法的创新

一、互联网时代传统财务报告模式面临的挑战

传统的财务报告模式采用的是分期报告模式，分为年报和中报，以"四表一注"为主干。其中，"四表"主要是指资产负债表、利润表、现金流量表和股东权益变动表，"一注"指的是财务报表附注。该种报告模式能够对资产、负债、利润和现金流量等财务信息进行确认并有效地反映经济信息，发挥其监督作用。但是随着互联网时代的到来，人们对于财务信息的需求发生了重大变化，传统的财务报告模式受到巨大冲击。

（一）网络空间财务主体的多元化和不确定性

在互联网时代，出现了大量的"互联网+"的网络公司或者运用互联网平台重新构建产业链的企业，在网络空间，企业经营业务灵活多变。因此，网络里的虚拟公司业务随时产生，但随着业务的完成，虚拟公司也能随时消灭，传统财务报告模式基于持续经营的假设，无法适应这种快速短暂的经营活动，使得传统的财务报告不能适应互联网时代的经济发展需求。

（二）互联网时代企业的周期变化

传统的财务报告基于企业持续经营的基础，但是互联网不仅加快了信息传播的速度，还缩短了企业的生产周期，加剧了企业经营活动的风险。在此种情况下，企业的利益相关者需要及时了解企业的相关经营状况，随时掌握有助于他们作出决策的信息，因此，传统的基于财务分期而进行的定期编制的财务报表无法跟上时代的发展要求。

（三）互联网时代的财务信息范围变化

随着互联网技术的发展，人类进入网络经济时代，信息使用者需要获取企业更多的信息，但由于传统财务报告模式单一地使用货币计量下的财务信息，无法满足时代发展的需要。信息使用者期待通过财务报告获取更多有利的信息，既包括货币信息，也包括非货币信息，为他们的决策提供重要的参考意义，例如企业外部环境、企业人力信息、企业地理环境等。因此，互联网时代的财务报告需要改善计量手段，扩充财务报告的信息容量，不断增加非货币信息，为信息使用者们提供更加全面系统的财务信息。

（四）互联网时代的财务信息及时性的要求

财务的价值基于信息用户能及时获得财务信息的假设，如果财务信息获取不及时，那么财务信息也就没有价值可言。传统的财务报告模式主要是以中报、年报的形式提供财务

信息，因此信息披露呈现间断性。在互联网时代，企业经营互动连续性不断增强，网络空间的经济交易更加容易产生，因此，交易活动的不断产生也促使财务信息连续不断地产生。随着互联网技术的发展，传统财务信息的及时性遭受严重的打击，无法满足信息用户的需求。

二、互联网时代财务报告创新的必要性分析

（一）财务信息化革命催生财务报告模式改革

目前，更多的企业运用计算机、网络、通信、数据库技术、云技术、大数据等现代信息化技术对传统财务模式进行改造和重构，并高度整合财务资源构建现代化的财务信息系统。因此，财务报告的产生方式以及传播媒介发生了重大变化，财务信息之间出现严重的供需矛盾，在信息披露方面要求以一种更加创新的方式呈现。否则，这种矛盾难以解决，因此互联网时代财务报告模式改革势在必行。

（二）实现财务信息数据及时共享的需要

企业通过互联网提供标准化源数据，实现财务信息数据及时共享。在互联网时代，财务信息的传递通过互联网能够实现快速更新，对于信息需求者来说，能够通过互联网及时有效地获取最新信息，并在网络环境下构建财务信息系统，实现在线财务报告的及时更新。在线财务信息处理系统能够及时收集和处理企业各项交易事项产生的数据，并及时将处理结果传递给财务报告系统，而且企业内外部信息使用者能借助在线财务报告随时了解企业财务状况，使财务信息达到自动化。同时，有关财务信息数据的传递均能通过供需双方收发电子邮件或由需求方登录供给方的网站进行访问，以获得充分的财务信息，保证了财务信息的及时性。

（三）减少资源的消耗和节省人力成本

企业在日常财务工作中，所有传统的账务处理从凭证的取得、填制到有关的账项调整，再到最终财务报表的生成、财务报告的发布。如果不借助网络，其发布的时间不仅会受到限制，而且还会浪费大量的资源，并且无法实现信息资源的共享。如果通过网络进行财务报告，不但能够最大范围地进行财务信息处理，降低有关纸张、资源的消耗，还将减轻有关财务人员的工作量，使其无须再手工记账。

三、互联网时代财务报告创新

（一）建设网上实时财务报告系统

在互联网时代，财务信息的集成难度不断增大。因此，企业应通过建设网上实时财务报告系统，建立企业的财务信息门户、财务信息中心、财务报表平台，实现财务信息的及时性、全面性、多样性，同时实现信息分析的便利性，并及时进行财务信息记录、更新等。

（二）构建交互式按需财务报告模式

在互联网时代，信息使用者的需求呈现多样化和共同性特征，通过网络系统构建交互式按需财务报告模式能够实现多种信息需求。交互式按需报告模式是向决策者适时地提供已按需编制好的或可按需加工的财务信息，旨在通过提供按需求编制的财务报告来满足不同使用者多样化的信息需求。交互式按需财务报告模式具备互联网时代下的灵活性特征，通过建设数据库和建立模块化的财务会计程序，通过报告生成器和系统反馈渠道，能够实现信息使用者和财务报告单位之间双向、快速、直接地沟通，共同完成实时报告，信息使用者主动积极地为报告单位提出改进报告系统的对策，能有效地改善信息不对称的状况。

（三）加强网络财务报告模式中的风险防控

在互联网时代，企业通过建立财务信息系统，实现财务报告实施系统，共享财务信息资源，实现交互式按需财务报告模式，但网络财务报告在网络空间的风险不可避免，比如财务信息的泄密和网上黑客的攻击等。因此，企业应该注重网络财务报告模式中的风险防控，不断提高网络财务信息系统的安全防范能力。企业可以建立用户身份验证及权限管理控制制度、系统管理多重控制制度、业务申请处理流程控制制度、预算管理流程控制制度、内控制度实施情况的审计和检查制度等，适时采用防火墙技术、网络防毒、信息加密存储通信、身份认证、数据签名技术、隧道技术等措施进行风险防控。

总之，互联网在财务报告制度中发挥的作用日益凸显，更多的财务管理软件运用到企业财务管理之中，加速了财务报告模式的深度改革和创新。在互联网时代，传统的财务报告模式将逐渐消失，网络化的财务报告模式应运而生。因此，财务人员对于新的财务报告模式的掌握和驾驭需要形成终身学习的理念，主动学习新型的财务报告编制技能，构建计算机和财务知识相互融合的知识体系，以满足互联网时代的财务报告模式需求。

第九章
互联网时代企业财务会计信息风险防范

第一节 互联网时代企业财务会计信息风险的类别

随着网络和信息技术的不断进步，网络经济迅猛发展，传统的会计核算方式已经无法满足需要，新兴的互联网财务正在不断得到完善和发展。由于工作环境、工作流程、操作方法、结算方式等方面的改变，网络财务必须要有信息系统的支撑，才能正常运转。由于信息系统的开放性，网络财务信息系统的安全更易受到威胁。因此，网络财务信息系统的风险防范是至关重要的。

一、网络风险

在今天，计算机系统网络被广泛应用，各个孤立的计算机系统通过网络连为一体。只要在网络覆盖的地方，人们都可以访问到已经连入网络的计算机，加上网络漏洞和计算机软件漏洞不断被人利用，使得网络安全威胁日益严重。

（一）局域网与互联网风险

无论是局域网，还是互联网，网络是一个开放的环境，在这个环境中一切信息在理论上都是可以被访问到的。互联网供应公司或企业以外的第三者均可以获得有关公司的内部讯息。而局域网则是企业内部的网络，企业内的每一个工作人员都可能使用到。因此，无论在企业内部还是外部，第三者有意或无意地攻击网络，都可令公司或企业蒙受金钱或公司商誉上的损失。

（二）电子网络交易风险

电子商务网络理财带来新的风险，网络电子交易买卖双方均存在信息安全威胁。这些威胁包括系统中心安全威胁、竞争者威胁、商业机密的安全威胁、假冒的威胁、虚假订单、机密性数据丧失等威胁。黑客的袭击、安全媒体的拦截、潜在的不道德事件、客户欺诈等风险，使信息技术安全受到不同层次的威胁。而企业往往由于低效的监测系统、信息技术运用政策的失败、对信息技术环境的变化缺乏及时的反应等情况，被迫重新定义传统的目标和文化去被动适应这种"非持续"环境。因此，基于Internet/Intranet的电子商务理财必须从技术上对整个信息系统的各个层次（通信平台、网络平台、系统平台、应用平台）都要采取安全防范措施和规则，建立综合的多层次安全防范体系，应用防火墙技术、数据加密技术、身份认证技术等的网络安全技术。

（三）网络实体的安全风险

对于网络财务而言，由于支撑整个业务流转的关键点在网络机房，因此，机房的安全至关重要，要着重考虑诸如水灾、火灾、地震、电磁辐射等对机房的影响。另外，计算机及大量网络设备的安全也非常重要。

硬件风险不仅来自计算机硬件自身的功能失效的可能，也来自计算机硬件所处的环境。计算机硬件可能受到零件性能的限制，影响零件的寿命。同时，如果计算机硬件处于高温、潮湿的环境中也会影响零件的使用寿命，火灾和机房漏水是对计算机硬件破坏力最大的风险。计算机硬件风险会造成会计工作信息化的重大混乱，使全部或部分电子化的会计数据及信息永久损失或损毁。

（四）人为的无意失误

操作员安全配置不当造成的安全漏洞，用户安全意识不强，用户口令选择不慎，用户将自己的账号随意转借他人或与他人共享等，都会给网络安全带来威胁。

（五）黑客的恶意攻击

黑客的恶意攻击是计算机网络所面临的主要的和最大的威胁。此类攻击又可以分为两种，一种是主动攻击，主要是指以各种方式有选择地破坏信息，如修改、删除、伪造、添加、重放、乱序、冒充、设置病毒等；另一种是被动攻击，是指在不影响网络正常工作的情况下，进行监听、截获、窃取、破译和业务流量分析等。这两种攻击均可对计算机网络造成极大的危害，并会导致机密数据的泄露。主要的网络攻击手段有如下几种。

1. 间谍软件

间谍软件是指在不知会计算机主人、未获得计算机主人许可的情况下，就偷偷安装在系统中的软件。根据反间谍软件生产商 Webroot software 公司有关间谍软件的统计报告，每 10 台连到因特网的计算机中，就有 9 台受到过间谍软件的侵染；而在公司计算机中，大约有 87% 感染过各种类型的间谍软件。间谍软件侵入用户计算机的方法有很多种，它可以通过电子邮件中的可执行附件，也可以通过网站上的"恶意代码"，还可以通过其他软件自身的安全漏洞，将其自身埋藏到其他软件的安装盘上，或者是隐藏到其他软件的下载程序中。间谍软件轻则使系统性能大幅降低，重则对系统造成蓄意破坏。它还可通过监控记录用户的键盘输入或者对用户文件进行检查，以偷取文件密码、金融账号信息及其他敏感数据等。

2. 混合攻击

顾名思义，混合攻击集合了多种不同类型的攻击方式。它集病毒、蠕虫及其他恶意代码于一身，针对服务器或者因特网的漏洞进行快速攻击、传播、扩散，从而会产生极大范围内的破坏。

3. 各种软件的漏洞和后门

任何软件都不可能完全无缺陷和漏洞，而这些缺陷和漏洞恰恰是黑客进行攻击的突破口。另外，软件所存在的后门也为黑客攻击提供了可能。

4. 网页及浏览器漏洞攻击

网页漏洞攻击试图通过 Web 服务器来破坏信息系统的安全防护，它可以完全控制系统，且可不经授权访问目录列表并建立新的账号，或者对数据进行读取、修改或者删除。

浏览器漏洞攻击试图利用用户的网页浏览器自身所带的漏洞进行攻击，尤其是在用户的网页浏览器没有打上最新补丁，或者没有进行相关安全配置时。恶意的 Java 脚本、ActiveX 及 Java 小程序可以使用户的计算机瘫痪。它还会自动下载"后门程序"或者其他恶意代码，使入侵者获得对计算机的完全访问权限。成功地攻击可以偷取用户的私密信息及其他敏感数据，并危及用户的计算机。

5. 网络欺诈

网络欺诈是指企图欺骗用户，使用户相信那些虚假的电子邮件、电话或网站，并认为它们是合法的。这些网站往往和网上银行或支付服务相关，而其意图则是让用户提交自己的私人信息，或是下载恶意程序来感染用户的计算机。在电子商务企业中，这类攻击后果尤为严重。

6. 击键记录

击键记录或者输入记录，指的都是那些对用户键盘输入（可能还有鼠标移动）进行记录的程序，它们以此来获取用户的用户名、密码、电子邮件地址，即时通信相关信息，以及其他员工的活动等。击键记录程序一般会将这些信息保存到某个文件中，然后悄悄地将这些文件转发出去，供记录者进行不法活动。最常见的按键记录方式，是利用间谍软件，或者在用户计算机上使用其他未经授权的相关软件进行记录。其他方式则包括在键盘或者计算机的 USB 端口中安装电子窃听的硬件设备等。

7. 即时通信软件漏洞

和电子邮件一样，即时通信也是病毒和间谍软件肆虐传播的一个常见途径。病毒和间谍软件主要是在用户之间传递文件时进行传播的。一旦用户打开这些文件，即时通信软件病毒立刻就会将其自身转发给用户好友列表上的每个人，同时在系统中安装间谍软件。

（六）计算机病毒

计算机病毒是一种能够自我复制的程序。通常，病毒还会带有其他意图不良的功能，但是自我复制和快速传播是病毒的两个标志。这种自我复制和快速传播对一个受感染的网络来说本身就是一个问题。任何快速传播的病毒都会降低网络的功能和响应速度，仅仅利用流量超负荷就可以使网络暂时瘫痪。

病毒通常主要以两种方式传播。一种方式是通过扫描与本机相连的网络，然后自我复制到对端的计算机，这通常也是最有效的病毒传播机制。然而，这种传播机制需要更高的编程技巧。另一种的方式是读取电子邮件通信簿，病毒把自己发送给所有联系人。编写这样的程序更容易，这也是这种方法更常见的原因。

通过投递一个下载的方法就更简单了，如果病毒利用这种方法传播，与其说是病毒制造者水平高，还不如说是用户太粗心了。通过网页下载打开一个文件来传播病毒应该不是常用的方法，这根本不需要任何编程技巧。

不管什么方法，只要病毒进了家门，它就要做些坏事了，同时只要病毒进入了系统，它就会同其他合法程序一样为所欲为了。这就意味着病毒可以在后台删除一些文件，改变一下系统设置，从而危害系统。

虽然在非网络环境下会计信息安全也面临这些风险，但因为没有网络环境，这些风险对会计信息安全不能构成主要威胁。非网络环境下的会计信息安全的主要风险还是来自人与计算机的互动、数据的存储和保护。这是非网络环境下会计信息安全风险与网络环境下的会计信息安全风险最大的不同之处。

（七）非授权访问

没有预先经过同意，就使用网络或计算机资源的行为被视为非授权访问，如对网络设备及资源进行非正常使用等。该行为主要包括假冒身份攻击，非法用户进入网络系统进行违法操作，合法用户以未授权方式进行操作等。

大部分会计信息系统都有口令来防止非授权人士非法访问系统。但是事实上，口令在防止非授权访问这方面起到的作用却并不是很显著。这是因为，有些计算机信息系统用户求其方便，将口令简单化或写在明显的地方。有时，有些用户可能为求工作便利，把口令告知其他工作人员。这些做法和行为使口令的作用降低。非授权的访问会导致信息系统内部的信息被修改或被删除。

（八）信息泄露或丢失

信息泄露或丢失是指敏感数据被有意或无意地泄露出去或者丢失，通常也包括信息在传输中的丢失或泄露。

（九）破坏数据完整性

破坏数据完整性是指以非法手段窃得对数据的使用权，删除、修改、插入或重发某些重要信息，恶意添加、修改数据，以干扰用户的正常使用。

二、系统风险

（一）操作系统风险

操作系统是整个网络财务的信息系统和数据库运行的平台，其安全性至关重要。由于操作系统面向所有的用户，再加上其自身的缺陷，所以它时刻面临着来自各方面的潜在威胁，这些威胁主要包括以下几个方面：（1）操作系统自身存在的缺陷，包括系统BUG、后门、安全漏洞等；（2）操作系统的稳定性；（3）操作系统的非授权访问，包括系统内部人员的滥用职权、越权操作和系统外人员的非法访问甚至破坏等；（4）各类针对操作系统的网络攻击；（5）各种病毒对操作系统的破坏。

（二）软件风险

会计信息系统在操作系统软件及会计应用软件的支持下才能够正常运行并发挥作用。如操作系统软件及会计应用软件存在着漏洞等问题，发现时这些问题可能已经导致数据的错误和损失，并且软件也可能是在有意或无意的情况下被破坏或篡改。

篡改信息是指入侵者掌握信息的格式和规律，通过各种方法将信息数据在网络传递的过程中篡改，然后再发向合法的接收者。篡改信息包括更改信息或删除信息。如果会计信息系统受到安全的侵害，直接影响会计数据准确性、真实性、完整性，进而影响会计信息使用者的决策。

（三）应用系统风险

应用系统的风险主要是指系统的开发风险、系统的运行风险和系统的维护风险。就网络财务而言，其应用系统风险可参见网络财务内部控制中的相关内容。

三、信息风险

（一）数据库风险

数据库是网络财务的核心，其面临的主要风险有以下几种：（1）针对数据库的各种恶意攻击；（2）数据的窃取、修改、增删等非法操作；（3）支撑数据库运行的硬件故障风险；（4）数据库自身的安全漏洞；（5）数据库管理上的风险。

（二）电子商务交易信息风险

全面防范电子商务的安全威胁是富有挑战性的工作，其中交易信息风险防范对于为电子商务服务的网络财务而言尤为重要。交易信息风险有以下几种：（1）信息的截获和窃取；（2）信息的篡改；（3）信息假冒；（4）交易抵赖。

（三）信息窃取风险

高速发展的信息技术让会计数据以网络为主要传播渠道，因此，会计数据在网络传递的过程中面临着被恶意截取、篡改、删除的风险。这些涉及的信息安全问题有网络传递安全、信息加密、身份认证等问题。信息是企业的重要资本，甚至决定了企业在激烈的市场竞争中的成败。因此，信息管理也成为企业经营管理的一个重要方面。利用高端信息技术手段窃取企业内部经营机密是计算机犯罪的重要目的之一，也构成了企业管理信息系统的主要风险。

未采用任何加密设施的数据信息在网络上以明文形式传递。入侵者在数据包经过的网关或路由器上可以自由截获传递的信息，在不完善的网络中非法修改、销毁输出报表、将输出报表送给公司竞争对手，利用终端窃取输出的机密信息等手段来达到作案的目的。因此，以明文形式传递的数据信息面临的安全风险是直接的。这一点常常被企业忽略掉。

四、内部人员道德风险

工作人员是一个不容忽视的问题，未经有效的训练和不具备良好职业道德的员工对系统的安全是一种威胁。无论系统本身有多完备的防护措施，也难以抵抗其带来的影响。

外来攻击者可以通过各种方式和各种渠道取得会计信息，如文档的存放、草稿的处理或从闲谈的内容中。他们不需花费一点儿气力，也不必用太高明的手法就可以取得其所需要的会计信息。如果员工在各方面都加紧防范，就可以杜绝不少漏洞。另外，许多系统遭到入侵的主要原因是它们过分依赖用户的口令。由于口令不便于记忆，用户通常选择跟自己有关的数字为密码，使保密性通常比较低。有部分员工为求方便，将自己的口令告诉他人，使口令失去其重要的意义。而且有些操作人员或其他人员不按操作规程或不经合法授权就上机操作，改变计算机执行路径。

因此，在评估一个系统是否安全，不能仅考虑系统本身采用了高端技术和先进设备，也要考虑到企业内部员工日常工作程序和行为规范是否能保证信息系统安全性。企业内部的员工无论是普通的会计财务人员还是系统维护和管理人员，只要是和会计信息系统有关联的人员，都应接受信息系统安全培训，提高保护信息安全的意识。

第二节 互联网时代防范企业财务会计信息风险的措施

一、运用网络防火墙技术

作为近年来保护计算机网络安全的新技术措施，防火墙是一种隔离控制技术，在组织网络和互联网非法访问等不安全网络之间创造了一个障碍，还可以使用防火墙来防止非法出口专利信息企业网络。防火墙是一种被动保护技术，因为它涉及网络和服务的边界，所以内部非法访问难以有效控制。因此，防火墙最适合相对独立、外部网络有限、网络服务的类型是相对集中的一个网络。任何关键的服务器都建议设在防火墙后面。对关键服务器的任何访问必须通过代理服务器，这降低了服务器的交互能力，但确保了网络的安全性。

（一）防火墙的功能

防火墙位于网络的边界，是网络安全的第一道防线，是关卡点，可强迫所有进出信息都通过这个唯一的检查点，便于集中实施强制的网络安全策略，对网络存取和访问进行监控审计。

防火墙的主要作用包括过滤信息、管理进程、封堵服务、审计监测等。具体表现在以下几个方面。

1. 保护网络上脆弱的服务

通过过滤掉一些先天就不安全的服务，防火墙能极大地增强网络的安全性，降低内部网络中主机被攻击的危险性。例如，防火墙能防止诸如 NFs 服务出入内部网络，这就避免了外部网络攻击者探测这些服务进而实施攻击的可能性，同时又允许这种服务在较小范围内（如内部网络）使用，这既减少了危险性，又减少了安全管理的负担。

2. 集中和简化安全管理

网络的安全性在防火墙上得到了加固，而不是分散在内部网络的各个主机上。这样相对来说，使用防火墙可以节省一个机构在网络安全管理方面的开支。因为所有或大多数修正的软件和附加的安全软件都可以安装在防火墙上，而不需要分布在内部网络的许多主机上。

3. 方便监视网络的安全性

对一个内部网络来说，重要的问题并不是网络是否受到攻击，而是何时会受到攻击。防火墙可以在网络受到攻击时报警，提醒网络管理员及时响应并审查常规记录。

4. 增强网络的保密性

保密性是指保证信息不会被非法泄露与扩散。保密性在一些网络中是首先要考虑的问题，因为通常被认为无害的信息实际上包含着对攻击者有用的线索。一些网络使用防火墙来阻止诸如 Finger 和 DNs 服务。

5. 对网络存取和访问进行监控、审计

如果通过防火墙访问内部网络或外部网络，防火墙就会记录访问情况，并提供关于网络使用的价值的统计信息。当可疑活动发生时，防火墙会以适当方式报警，同时也能提供关于网络和防火墙本身受到的探测和攻击的细节。

6. 强化网络安全策略

防火墙提供了实现和加强网络安全策略的手段。实际上，防火墙向用户提供了对服务的访问控制方式，起到了强化网络对用户访问控制策略的作用。

（二）防火墙的局限性

1. 防火墙不能防范恶意的知情者

防火墙可以禁止用户通过网络传输机密信息，但如果用户通过网络，比如将数据复制到磁盘或磁带上，然后放在公文包中带出去，或者入侵者是在防火墙内部，那么防火墙是无能为力的。内部用户可以不通过防火墙而偷窃数据、破坏硬件和软件等。对于来自内部的威胁只能通过加强管理来防范，如主机安全防范和用户教育等。

2. 防火墙不能防范不通过它的连接

防火墙能有效地防止通过它进行信息传输的连接，但它不能防止不通过它的信息传输。例如，如果允许对防火墙后面的内部系统进行拨号访问，那么防火墙绝对没有办法阻止入侵者进行拨号入侵。

3. 防火墙不能防备全部的威胁

防火墙被用来防备已知的威胁，一个很好的防火墙设计方案可以防备新的威胁，但没有一个防火墙能自动地防御所有新的威胁。

（三）防火墙的选择和应用

防火墙作为网络安全的一种防护手段得到了广泛的应用，有多种实现方式，但正确选用、合理配置防火墙并不容易，必须遵循一定的原则并按照合理的步骤进行。

1. 防火墙设计应满足的基本原则

（1）由内到外或由外到内的业务流均经过防火墙；（2）只允许本地安全政策认可的业务流通过防火墙；（3）尽可能控制外部用户访问专用网，应当严格限制外部人员进入专用网；（4）具有足够的透明性，保证正常业务流通；（5）具有抗穿透攻击能力，强化记录、审计和报警功能。

2. 防火墙设计的步骤

建立合理的防护系统，配置有效的防火墙应遵循以下几个步骤：（1）风险分析；（2）需求分析；（3）确立安全政策；（4）选择正确的防护手段，并使之与安全政策保持一致。

防火墙产品分为个人、政府部门和企业使用的产品，常见的有 Checkpoint、Firewall–U Net screen Firewall、NAI Gauntlet 防火墙。

二、运用系统风险防范技术

（一）数字认证系统

对于系统风险防范来说，最关键之处在于访问控制和授权管理。建设数字认证系统，可以在很大程度上解决系统风险防范的问题。

数字认证系统是实现信息系统身份认证（强身份认证）的基础平台，通过为信息系统用户制发数字身份证书，可为信息系统提供身份认证服务。

为签发证书，并达到国家对数字身份证书的安全管理要求，可将数字认证系统的认证模块分成密钥管理子系统（KMC）、签发子系统（CA）、注册子系统（RA）、发布子系统（DA）。

1. **密钥管理子系统（KMC）**

密钥管理子系统负责用户加密密钥的生成、存储、分发等，接受签发子系统提取密钥的请求，以及提供其他系统内的管理功能。

2. **签发子系统（CA）**

签发子系统是系统的核心部分，负责对其他子系统提出的请求给出应答，从密钥管理子系统提取密钥，签发证书及 CRL，管理中央数据库和管理系统内用户等。

3. **注册子系统（RA）**

注册子系统是证书业务处理子系统，负责接收用户的申请信息的录入、审核，提交给签发子系统进行签发，并将 CA 签发的证书制作完成后发给申请的用户。

4. **发布子系统（DA）**

发布子系统是证书发布模块，为证书使用者提供在线的证书、CRL（证书注销列表）的查询、下载服务。

数字认证系统的建设，只有和应用系统的开发及网络财务的内部控制结合起来才有意义，才能真正发挥作用。数字认证系统将系统的身份认证由"用户名＋口令"改为了"用户名＋口令＋数字证书"，并结合网络财务的内部控制进行了权限的设置和认证体系的设置，从而能很好地起到防范系统风险的作用。

（二）漏洞扫描技术

漏洞扫描技术是检测远程或本地系统安全脆弱性的一种安全技术，它通过与目标主机 TCP/IP 端口建立连接并请求某些服务（如 TELNET/FTP 等），记录目标主机的应答，收集目标主机的相关信息（如匿名用户是否可以登录等），从而发现目标主机某些内在的安全弱点。漏洞扫描技术的重要性在于将极为烦琐的安全检测交给程序来自动完成，这样不仅可以减少管理者的工作，而且缩短了检测时间，使问题发现得更快。当然，扫描技术也是一种网络安全性评估技术。一般而言，扫描技术可以快速深入地对网络或目标主机进行评估。具体来说，漏洞扫描是对系统脆弱性的分析评估，能够检查、分析网络范围内的设备、网络服务操作系统、数据库系统等的安全性，从而为提高网络安全的等级提供决策支持。系统管理员利用漏洞扫描技术对局域网络、Web 站点、主机操作系统、系统服务及防火墙系统的安全漏洞进行扫描，可以了解在运行的网络系统中存在的不安全的网络服务，以及在操作系统上存在的可能导致黑客攻击的安全漏洞，还可以检测主机系统中是否被安装了窃听程序，防火墙系统是否存在安全漏洞和配置错误等。网络管理员可以利用安全扫描软件及时发现网络漏洞并在网络攻击者扫描和利用之前予以修补，从而提高网络的安全性。

三、运用信息风险防范技术

在信息风险防范中，数据库的风险防范和数据的备份和恢复是关键所在。为了保证数据库中数据的安全性和可靠性，网络数据库系统必须提供统一的数据保护功能，设法防止网络数据库系统遭到各种破坏，同时还要考虑当不可避免遭到破坏时应如何尽快地恢复。根据网络数据库系统的特点，可以采用 Web 的访问控制、用户身份认证、授权控制、监视跟踪、数据存储、安全审计、备份与恢复、数据加密、反病毒等安全管理技术来构筑网络数据库系统的安全体系。其中，数据加密、安全审计、数据备份和恢复是最主要的三种信息风险防范技术。

（一）数据加密技术

数据加密技术是保证网络数据库安全的最有效技术之一。一个加密的网络数据库，不但可以防止非授权用户的搭线窃听和入网，而且也是对付恶意软件的有效方法之一。数据库加密的目的是保护网络数据库系统内的数据、文件、口令和控制信息，以及网上传输的数据，防止数据的非授权泄露。从分析的角度看，加密会把声音变成噪声，把图像变成雪花，把计算机数据变成一堆无规律的、杂乱无章的字符。攻击者即使得到经过加密的信息即密文，也无法辨认原文。因此，加密可以有效地对抗截收，非法访问数据库窃取信息等威胁。

现代密码学的一个基本原则是：一切秘密存在于密钥之中。在设计加密系统时，总是假设密码与算法是公开的，真正需要保密的是密钥。因此，在分发密钥时，必须采用安全方式。衡量一个加密技术的可靠性，主要取决于解密过程的数学问题难度，而不是对加密算法的保密。可靠的加密系统应不怕公开其加密算法。另外，可靠性还与密钥长度有关。

数据库系统的数据加密过程是：将明文加密成密文，在数据库中存储密文，查询时再将密文取出进行解密，然后便可得到明文信息。对数据库的加密过程是通过形形色色的信息加密算法来实现的，它以很小的代价提供了很大的安全保护。

传统的加密以报文为单位，加密、解密都是从头到尾顺序进行的。数据库数据的使用方法决定了它不可能以整个数据库文件为单位进行加密。当符合检索条件的记录被检索出来后，就必须对该记录迅速解密。然而该记录是数据库文件中随机的一段，故无法从中间开始解密，除非从头到尾进行一次解密，然后再去查找相应的这个记录，这显然是不合适的。因此，必须解决随机地从数据库文件中某一段数据开始解密的问题。

在电子商务安全技术中，目前使用的网络数据库的加密算法有 RsA、DEs、IDEA、MDs、椭圆曲线加密算法等。其中，DEs 为对称密钥加密算法的代表，RsA 为公开密钥加密算法的代表。电子商务中应用的数字证书、数字签名、信息完整性校验、数字信封、身份认证、控制访问权限等技术，主要基于上述算法。

（二）安全审计系统

在网络财务中，内部控制的一大难题就是如何防止数据的无痕迹修改或者删除，当然还包括一系列对数据库的操作，这些仅仅依靠系统日志的记录是远远不够的。数据库审计系统可以在一定程度上解决这一难题。它对特定的连接数据包（数据库远程连接）进行分析，从数据库访问操作入手，对抓到的数据包进行语法分析，从而可审计对数据库中的哪些数据进行了操作。它同时还对特定的数据操作制定了规则，并可根据规则产生报警事件。

数据库审计系统是安全审计系统的一部分，一个完整的安全审计系统还应该包括网络审计和主机审计。

（三）数据备份和恢复

在传统会计中，所有的会计数据都保存为了纸质资料，查询分析都需要人工进行。在网络财务中，虽然还会有纸质会计资料，但其作用仅仅是作为档案进行保存。真正有意义、有作用的数据是电子数据，因此电子数据的备份和恢复就显得非常重要了。

从广义上讲，双机热备（双机容错）是指对于重要的服务使用两台服务器，互相备份，共同执行同一服务。当一台服务器出现故障时，可以由另一台服务器承担服务任务，从而在不需要人工干预的情况下，自动保证系统持续提供服务。双机热备利用备用的服务器解决了在主服务器出现故障时如何使服务不中断的问题。但在实际应用中可能会出现多台服务器的情况，即服务器集群。一般情况下，双机热备需要有共享的存储设备，但在某些情况下也可以使用两台独立的服务器。实现双机热备，需要使用专业的集群软件或双机软件。

从狭义上讲，双机热备特指基于 Active/Standby 方式的服务器热备。服务器数据（包括数据库数据）同时往两台或多台服务器写入，或者使用一个共享的存储设备。在同一时间内只有一台服务器运行，当运行着的一台服务器出现故障无法启动时，另一台备份服务器会通过双机软件的检测（一般是指心跳诊断）将 Standby 机器激活，保证服务器在短时间内完全恢复正常使用。

在网络财务中所用到的双机热备大多是狭义的双机热备。下面介绍最简单的双机热备实现方式。

首先，需要有两台数据库服务器，一个存储设备，一套双机热备软件。

当系统工作正常时，由"主数据库服务器"响应外界对数据库的访问，即承担所有工作负载，并管理数据库磁盘阵列柜中存储的数据库数据。而"从数据库服务器"处于休眠状态，不承担对数据库的访问负载，但它会通过心跳线实时监控主数据库服务器的工作状态。

当主数据库服务器发生意外情况宕机时，从数据库服务器可以通过手动或自动的方式立刻启动数据库，响应所有对数据库的访问流量，承担所有工作负载，并接管数据库磁盘阵列柜中的数据，以保证数据库服务不因主数据库服务器的宕机而受影响，从而保证服务的高可用性。

四、设置安全协议

为了保证在线支付和在线交易的安全，IT 业与金融商贸行业的研究人员一起，共同开发和推出了一些协议，从而确保电子商务的顺利发展。下面介绍几种安全协议。

（一）安全超文本传输协议（secure HTTP）

安全超文本传输协议是在 Internet 上广泛使用的超文本传输协议 HTTP 中增加了安全特性的一种协议。它基于 ssL 技术，并利用密钥对传输的数据进行加密，保障 Web 网站间交易信息传输的安全。

（二）安全多功能因特网电子邮件扩充协议（secure MIME）

MIME 是 Internet 上的一种电子邮件扩充标准格式，但其未提供任何安全服务的功能。而 secure MIME 是在 MIME 的基础上添加数字签名和加密技术的一种协议。secure MIME 已成为产业界广泛认可的协议，支持该协议的软件企业有微软、Novell、Lotus 等著名公司。

第九章 互联网时代企业财务会计信息风险防范

（三）安全套接层协议ssL（secure sockets Layer）

安全套接层协议是由 Netscape 公司提出的安全交易协议，该协议向基于 TCP/IP 协议的客户/服务器应用程序提供客户端和服务器之间的安全连接技术。它主要解决 TCP/IP 协议不能确认用户身份的问题，在 socket 上使用非对称的加密技术，以保证网络通信服务的安全性。ssL 协议的实现简单，它独立于应用层协议，可以完成所需的安全交易操作，用于 Netscape 和微软的浏览器和服务器中，IBM 公司的网络产品也支持该协议。ssL 是一个面向连接的协议，只能提供交易中客户与服务器间的双方认证，在涉及多方的电子交易中，ssL 协议并不能协调各方间的安全传输和信任关系。

（四）安全电子交易（SET）协议

由维萨卡集团（Visa International）、万事达卡（Master Card）、IBM、微软、Netscape、RsA、sAIC、GTE、Verisign、Terisa 等组织共同研究，并公布了一个能够保证通过开放网络（包括 Internet）进行安全资金支付的技术规范，即安全电子交易（Secure Electronic Transaction，SET）协议。该协议涵盖了信用卡在电子商务交易中的交易协定、信息保密、资料完整及数字认证、数字签名等技术，并被公认为全球范围内 Internet 的安全标准，在理论上可证明它的设计是安全的。它的交易形态将成为未来电子商务的规范，为确保电子商务的顺利进行提供安全保障。

第三节 互联网时代企业运用云会计的风险与防范

一、云会计推广的目标设定

做任何工作都要先设立目标，对风险进行分析当然也不例外，唯有先确立了目标，企业管理人员才能通过比较预期效果和现实状况来确定是不是关键风险因素并通过制定方案来规避它。在考虑设定该目标时会考虑以下几方面因素：第一，企业总体宏观计划，是企业一段时间发展的蓝图；第二，企业中各部门、各组织之间的关系，与总体规划相一致；第三，企业对于风险的态度，是偏好风险还是追求稳定；第四，企业的承受能力，每个企业的财务状况都不相同，企业会留出一部分准备金，在企业发生意外时不会措手不及。

企业总体规划要根据企业自身的发展情况和管理层意愿来拟定，是大规模生产还是为了突出技术性成立很多事业部，是采用公有云还是混合云平台。总体规划拟定好后还要考虑与之有关的其他方面，比如，企业应用云会计管理成本具体是多少，经营效率可以提高多少，是不是可以计量。确立了发展规划和各部门的子目标，然后衡量一下企业可以接受的风险范围和管理层的态度，用这些来对风险进行估量，比如，企业本身的文化较保守，则可以在应用云会计的过程中划定承受较小的风险，企业的固定资金和一部分流动资金要足够充足，大于企业的负债数量。

二、云会计推广中面临的风险因素

（一）应用云服务决策风险

应用云服务决策风险主要是指在是否选择应用云服务以及决策后的选择平台过程中面临的风险。企业在选择应用何种云会计服务模式之前，首先应该对同类型的企业进行调研，明确单位需求，主要是为了减小选择云平台时的无计划性，根据企业大小选择相应的服务模式。例如，中兴通讯财务共享服务中心是在中国电信公有云平台上构建的私有云平台，这些是针对大型集团企业定制的针对企业个性化需求的云服务平台；金蝶友商网、金蝶ERP云财务、用友伟库网等则是标准化的云服务平台，是针对中小企业设计的云平台软件。不同企业关心的内容不同，大型企业由于技术较强，对云平台提供商的技术水平并不是特别在意，而对于服务提供的及时性、网络传输速度有很高的要求；小型企业则更多地关注成本和基础业务需要。因此，对云会计应用环境进行评估可以对云平台提供商服务水平和服务承诺兑现程度进行了解，对于企业加快会计信息化非常重要。该过程的主要风险主要有以下几个方面。

（1）企业是否应用云服务决策风险：放弃连续使用的财务软件和服务的沉没成本高。

（2）资金投入风险：未进行充分预测分析，成本效益超过预期。

（3）对云服务商服务水平及信誉了解不充分，选择云服务商不当造成的风险：企业过度依靠服务商平台，客观上由于其经营不善出现破产或服务商整合的需要与其他服务商合并，致使企业享受服务不连续的风险。

（4）对云计算及其相关服务缺乏了解和认识，风险认识不足：租用云平台直接使用，不考虑服务质量，对风险管控力度不够。

（5）计划准备不足：企业管理者作规划时意识不足，没有规划好企业租用云平台的年限，退出时如何应对，对单位一些基础设施准备不足。

（6）模式与目标选择不合理：企业没有根据自身需要选择云会计模式，规划不足，使企业不能完成经营目标。

（二）对服务等级协议了解不充分造成的风险

在云计算环境下，企业需要对服务协议进行深入了解，明确其中的条款。该服务协议叫作服务等级协议，又称SLA（Servise-Level-Agreement），其中包括云服务商提供服务的相关细节及资费情况说明，主要包括三方面：服务等级目标，违约处理方案，规则例外说明。对这些项目的不了解，有可能使企业不能发现协议中的漏洞，还有供应商的风险规避条款，从而给企业带来不必要的损失。该过程中主要面临的风险有以下几个方面。

（1）违约风险：平台供应商在没有兑现合同标明的效果和专业性水平服务的时候一些用户追偿条款不明确。

（2）系统可扩展性风险：企业通过一家平台倒出的数据不能倒入到另一家云会计平台上使用，服务存在壁垒。

（3）系统容灾备份功能风险：数据和服务的备份方式和灾难恢复能力描述。

（4）系统迁移风险：当企业转换使用另一家云服务商的云平台时，不能查阅之前的企业账务处理资料，服务连续性存在风险，协议中约定不明确。

（5）信息不对称风险：租用平台的企业与云服务商的市场地位相比处于明显的弱势地位，在向客户推荐产品时可能对于该协议不过多涉及，再加上企业也不追问使得服务商有逃避责任的问题。

（三）数据信息风险

数据信息风险是指企业使用云平台处理得到的会计数据及信息在资源池中存放、通过互联网传递和在用户实际操作的一系列过程中都可能存在数据丢失毁损的问题；因为数据都在同一个资源池中，其他企业员工有可能会获取相关财务数据、病毒入侵数据库导致数据泄露、出现软硬件配套基础设施和网络服务故障时数据丢失、云服务商破产倒闭后数据的保存和销毁等方面使企业面临风险，出现以上情况，企业迅速解决问题的主动权不在自己手上，很难迅速亡羊补牢。主要面临的风险有以下几个方面。

（1）会计信息存储方式改变，会计数据面临黑客攻击的风险。

（2）系统登录风险，身份认证和数据加密技术存在安全隐患，面临被其他同级别人员窃取数据风险。

（3）病毒非法入侵风险，云会计系统存在病毒侵入的风险。

（4）企业停止租用云平台，供应商对企业数据的销毁以及企业是否可以再次查阅面临的风险。

(四)组织及人员变革风险

组织及人员变革风险是指应用云平台以后企业管理机构重新划分以及人员调动等,包括职能部门和员工的重新安排、职责的分配、单位绩效考核机制的调整等。使用云会计创新了会计人员的工作模式,也改变了他们思考问题的方式,对财务工作的内容也有所调整。云会计模式的大规模实施要求单位财务、业务和管理部门人员配合好,合理评估相应人员的培训费用、租金多少等。主要风险内容有以下几个方面。

(1)组织内部冲突:财务人员希望引入云会计提升工作效率,减少工作量,信息技术人员则害怕引入会被裁员。

(2)业务变更不适应:新的工作模式使财务与业务部门不适应。

(3)人员变革抵触:云会计下从事的工作有转变,对财务人员要求更高,对新事物的接受会存在阻碍。

(4)人员培训成本高:新模式人员培训成本和财务流程重组成本高。

(5)人员操作风险:人员工作没有按照要求做、不规范导致的操作风险,容易导致单据处理不规范。

(6)人员发展不合理:财务业务一体化后,如果单位的绩效考核体系没有及时更新,晋升渠道不完善,员工也会对未来的发展出现困惑。

(五)系统操作风险

系统操作风险是指人为的或者是外部因素造成的系统违规操作给企业带来的风险,主要是人员越权操作和单位监管力度不够。主要风险内容有以下几个方面。

(1)用户操作水平更新不足:操作平台进行了更新,用户不能及时更新,仍按原来流程工作,给企业带来被动工作的风险。

(2)风险管理责任不明确,假冒合法用户使用系统:冒用他人账号登录并操作系统,或者以级别较高人的权限登录修改个人权限,给企业造成损失的风险。

(3)业务中断和市场失灵风险:操作用户过多,导致服务器运行缓慢,不能及时处理业务,造成效率低下的风险。

三、应用云会计的风险后果

对风险发生的后果进行预计,后果主要指风险没有控制好可能会发生的结果,使企业目标无法实现。对于企业应用云会计而言,其主要目标无外乎提效降费、服务企业管理层和让员工工作更加人性化,应用云会计不当的风险会导致这些目标无法实现,同时,由于它是基于互联网操作，信息存储、传输、使用的方式转变使得信息面临被窃取的风险。基于对问题的分析和到企业走访了解情况，认为可能有以下四种后果。

（一）成本费用等不降反升

企业通过云会计为了降低成本，但是面临各种风险，如果应对不好，反而会产生损失。

（二）财务工作处理效率降低

企业使用云会计之后，如果员工知识不能及时更新适应新工作，或者因为在财务共享服务中心工作枯燥积极性不高，或者是单位网络连接不畅，以及员工激励不足，都可能使新技术不能发挥应有的作用，反而不如传统信息化下的工作效率。

（三）人员流失，人才匮乏

云会计应用是人员的一种工作方式上的转变，对人员其实是要求提高了，但是很多员工可能没有了解到它的优势，会出现很多高技术人才流失。

（四）财务服务质量下降

由于财务是为管理服务的，云会计简化了会计核算流程，更侧重管理会计职能的发挥，企业会计信息的使用不当或者被非法使用会使其不能更好地为企业管理者服务，降低管理者的满意度。

四、应用云服务决策的风险防控措施

（一）增强管理者的风险意识

企业对风险的关注与否直接影响其发生的可能性，单位决策者务必要提升风险意识，作好计划准备工作，并按照自身资金状况，人员素质全面评估云平台供应商的服务。比如，按时间制定详细的规划，循序渐进，成立管理小组，提升相应职能组织或部门的地位，做到广泛、系统、具体的风险管理，作好事前防控，将损失迹象扼杀在摇篮里，最大限度地降低后续不利影响，同时，作出选择何种云平台之前要制订合理的计划，比如，在正式使用云平台之前先与云平台供应商协商进行试用，同时继续使用传统的会计信息化软件，通过两种方式并行使用，发现该平台是否符合企业的预期，为正式使用奠定基础。

（二）充分了解云服务商服务水平，选择合适云平台

企业在选择云平台时，要综合企业情况，适当选择一些大型供应商开发的平台，因为它们自身实力雄厚，信誉也较高，由于规模优势，提供的价位应该也会低一些，而且用户越多，平台的监控防御就越完善，这些都是企业需要考虑的问题。

（三）慎重签订服务等级协议

签订服务等级协议时要选择合适的服务水平。由于服务等级协议约定关于提供连线传输与相关服务品质的保证，是企业与云会计平台供应商之间签订的界定两方权利义务关系最重要的文件。企业可以根据需求选择不同的服务等级，比如，黄金、银、铜与标准级的服务，其主要不同在于较高的服务级别在网络堵塞时被置于较高的使用顺位，类似于银行 VIP 服务。一般而言，对大型企业来说，对服务等级的要求较高，对中小企业满足基本的信息安全及网络流畅即可。

（四）加强数据信息的风险防控措施

1. 通过技术手段加强数据安全保护

云计算本身作为一种计算机技术，安全防护首先要考虑的自然是技术手段，其核心是借助不同方式和功能来保护数据安全性，包括对会计信息访问权限进行设置、设置电脑对来历不明的软件拒绝安装以及定期数据备份，从而预防信息被泄露或非法使用。比如，可以采用数据加密的方式，通过专业设备才可以打开文件，如同银行优盾一样维护数据安全。

2. 对云端的数据进行监控

对于资源池中的数据要时时监控，一方面，通过设立云安全体系，对识别出的异常程序进行隔离，并将情况反映给技术人员，方便及时处理预防非法入侵；另一方面，对于业务处理是否正常也要进行监督，定期将数据处理失败情况进行反馈，对于重大的问题及时通知用户并进行维修。

3. 强化内部控制机制

云服务平台是一个相对开放的平台，企业通过付费获取接入权限，因此，在使用过程中要加强内部控制管理：（1）访问资源池中的数据应该设置相应的权限，按人员类别授权范围设定权限，登录时可以结合指纹和面部识别技术对操作人员的合法性进行监控；（2）设立岗位不相容制度，通过对会计岗位进行调整，各个操作人员之间相互制约，录入和审核相分离，单独的一个人不能完成交易，以满足云会计背景下的企业管理需求；（3）完善单位内部管理体制，制作一套流程，要求员工严格按照工作流程进行操作，并进行相应监管。

（五）加强云会计组织建设

1. 加强宣传云会计的优势，增强员工认同感

人员抵触是云会计不能在企业有效实施的关键因素，可能会有较高的人员离职的风险，因为心理安抚工作做不好，人员转型不适应，他们对于新事物会有抵触情绪。因此，务必要加强引导，及时告知员工单位的一些安排，避免负面情绪的出现，听取员工的想法，按照意愿以及单位转型的需要给他们安排合适的工作岗位。要求企业采用人性化管理，对员工定期培训，宣传企业文化和云会计带来的便利，提升大家积极性。

2. 利用云平台推动财务业务一体化

财务共享服务中心的财务系统与下属范围单位的业务系统通过云平台构成协同互动关系，企业的会计工作的重点将从基础的财务核算转移到财务分析及决策上来：（1）将单位的财务人员重新分配，将负责决策的仍然留在总部，一部分业务素质和财务素质都比较高的人员可以安排到下属的项目部，利用专业的财务专业知识和方法帮助企业实现降本增效、营销策划、流程改造及风险管控策略设计；（2）由于对财务工作人员要求的提高，需要企业财务负责人或者是各项目部骨干定期为财务工作人员培训，要让他们不仅熟悉财务知识同时也精通业务知识，拓展财务人员的角色，为单位提供更好的服务。

3. 合理划分组织职能，实施全面预算管理

企业应用云会计后，传统的财务资金控制减弱，管理功能加强，实物与账上的数据信息的真实性难以察觉。因此，应用云会计后要结合自身情况，全面监督企业财务状况，管理人员要提升自身素质，做到读懂企业报表，财务人员也要及时汇报，合理安排组织结构，及时作出预算，项目结束后要跟预算进行对比看是否有超支情况，以此来降低企业的风险。

4. 对人员进行定期培训

在互联网时代各种数据信息更新非常快，云会计平台也在不断根据会计准则和企业需求的变化进行调整，企业人员如果没有发现系统进行了更新，仍然按原来的方式进行账务处理，可能会产生偏差，甚至错误。因此，云平台供应商要及时将系统更新的通知发放给企业，并可以采用远程培训和现场培训相结合的培训方式。

参考文献

[1] 王仲兵.成本会计学[M].北京：清华大学出版社，2021.

[2] 刘莹，郝玉娟.初级会计实务[M].上海：立信会计出版社，2021.

[3] 焦桂芳，陈月玲.中级财务会计第2版[M].北京：高等教育出版社，2020.

[4] 邢菁.互联网+时代财务会计的实践与创新研究[M].北京：中国商业出版社，2021.

[5] 申仁柏.互联网+对现代会计教学改革的影响研究[M].长春：吉林大学出版社，2019.

[6] 丁皓庆，冀玉玲，安存红.现代信息技术与会计教学研究[M].北京：经济日报出版社，2019.

[7] 潘栋梁，于新茹.大数据时代下的财务管理分析[M].长春：东北师范大学出版社，2017.

[8] 王小沐，高玲.大数据时代我国企业的财务管理发展与变革[M].长春：东北师范大学出版社，2017.

[9] 吴文中，平含钰.财务管理与会计实践研究[M].成都：电子科技大学出版社，2017.

[10] 倪向丽.财务管理与会计实践创新艺术[M].北京：中国商务出版社，2018.

[11] 于新茹，潘栋梁.现代财务会计理论及实践研究[M].长春：东北师范大学出版社，2017.

[12] 刘晓玉.企业财务会计实践教程[M].西安：陕西人民出版社，2000.

[13] 许骞.财务管理与会计实践[M].西安：西北工业大学出版社，2020.

[14] 申晖.财务管理与会计实践[M].长春：吉林教育出版社，2020.

[15] 徐中伟.高级财务会计理论与实践[M].南昌：江西人民出版社，2021.

[16] 张煜.财务管理与会计实践研究[M].西安：西北工业大学出版社，2020.

[17] 席蕊.财务管理与会计实践研究[M].天津：天津科学技术出版社，2020.

[18] 吴应运，刘冬莉，王郁舒.财务管理与会计实践[M].北京：北京工业大学出版社，2018.

[19] 田媛.Excel财务会计应用思维、技术与实践[M].北京：北京大学出版社，2021.

[20] 岳洪彬.财务管理与会计实践研究[M].哈尔滨：哈尔滨地图出版社，2019.

[21] 谢经渠，付桂彦.财务管理与会计实践研究[M].长春：吉林教育出版社，2019.

[22] 王慧力.财务与会计理论探索与实践[M].北京：世界图书出版有限公司，2018.

[23] 马文艳.财务管理与会计实践应用[M].长春：吉林教育出版社，2018.

[24] 周芳.财务会计理论与实践研究[M].北京：北京工业大学出版社，2018.

[25] 范晓英.会计学与财务管理应用实践[M].延吉：延边大学出版社，2018.

[26] 李丹，苏菲，许娟娟.高级财务会计实训教程[M].北京：清华大学出版社，2022.

[27] 刘新超，付媛媛.财务管理与会计实践研究[M].咸阳：西北农林科技大学出版社，2016.

[28] 朱光明.企业财务会计（第2版）[M].沈阳：东北财经大学出版社，2019.

[29] 吴朋涛，王子烨，王周.会计教育与财务管理[M].长春：吉林人民出版社，2019.

[30] 张丽，赵建华，李国栋.财务会计与审计管理[M].北京：经济日报出版社，2019.

[31] 于文.财务会计实务[M].上海：上海财经大学出版社，2018.